JN288989

最新体育授業シリーズ

新しい柔道の授業づくり

◎本村清人＝編著
◎坂田敬一＋鮫島元成＋磯村元信／他＝著

大修館書店

● **編著者**

本村清人（もとむら きよと）講道館七段
〔担当：第Ⅰ部第 1 章、第 3 章、第Ⅱ部第 1 章〕
東京女子体育大学教授（前文部科学省スポーツ・青少年局 体育官）、㈶全日本柔道連盟教育普及委員会委員（2002 〜現在）
『新学習指導要領による高等学校体育の授業 上・下巻』（大修館書店）共編著、『新学習指導要領による中学校体育の授業 上・下巻』（大修館書店）共編著、『どう変わる 21 世紀の学校体育・健康教育』（大修館書店）共著、『柔道大事典』（講道館、アテネ書房）共編集、『Do Sports Series 柔道』（一橋出版）共著等

● **執筆者（執筆順）**

尾形敬史（おがた たかし）講道館七段
〔担当：第Ⅰ部第 2 章第 1 節、第 2 節〕
茨城大学教授、文部省主催学校体育実技指導者講習会講師（1995 〜 1998）、㈶全日本柔道連盟教育普及委員会副委員長（2002 〜現在）、㈶講道館編輯部参与

村田直樹（むらた なおき）講道館七段
〔担当：第Ⅱ部第 2 章第 3 節〕
㈶講道館図書資料部長（元香川大学助教授）、日本武道学会理事
『嘉納治五郎師範に學ぶ』単著（日本武道館、ベースボール・マガジン社）、『和英対照 柔道用語小辞典』共編著（講道館）

磯村元信（いそむら もとのぶ）講道館六段
〔担当：第Ⅱ部第 2 章〕
東京都立杉並工業高等学校教頭、㈶全日本柔道連盟教育普及委員会委員（2001 〜現在）
文部科学省『柔道指導の手引き』作成協力者（2002 〜 2003）、文部省学校体育指導ビデオ（柔道）作成協力者（1996 〜 1997）

鮫島元成（さめしま もとなり）講道館七段
〔担当：第Ⅱ部第 3 章〕
筑波大学附属高等学校教諭、文部省主催学校体育実技指導者講習会講師（1998 〜 1999）、㈶全日本柔道連盟教育普及委員会委員（1996 〜現在）、㈶講道館指導員（1978 〜現在）

坂田敬一（さかた けいいち）講道館六段
〔担当：補章〕
東京都立多摩高等学校校長、㈶全日本柔道連盟教育普及委員会委員（1992 〜 1995）、㈶講道館少年部指導員（1985 〜 1995）
『Do Sports Series 柔道』（一橋出版）共著

● **編集協力**

「高校柔道研究きさらぎ会」
　　本村清人　　　郡司正典　　＊坂田敬一　　相良健二郎　　佐藤光一　　＊鮫島元成
　　田代一郎　　　藤沢健一　　　安部 進故人　　鈴 義和　　＊竹内 章　　＊磯村元信
　　伊藤雅一　　＊河村直也　　＊植田 穣　　＊高橋秀信　　＊坂下 誠　　＊井上芳明
　　瀧沢雅彦　　＊川合卓司　　＊手島和洋　　（＊は現会員）

河野正輝（愛知県海部郡美和町立篠田小学校）

まえがき

　新しい学習指導要領においては、完全学校週5日制の下、各学校が「ゆとり」の中で特色ある教育を展開し、生徒に豊かな人間性や自ら学び自ら考える力などの「生きる力」の育成を図ることを基本的なねらいとして改訂されたものである。

　したがって、体育指導においても、「生きる力」の育成を目指して、その指導の改善・充実を図らなければならない。従前の教師主導、画一一斉指導では自ら学び自ら考える力の育成には限界がある。教えるべきところは繰り返して指導し、その基礎・基本を確実に身に付けさせた上で、生徒一人ひとりの能力・適性等に応じて自己の運動の課題を見出し、その課題を、教師の適切な支援や仲間の助言を受けながら、自ら解決することができればこの上ない喜びとなる。このような学習指導の展開によって「生きる力」をはぐくむことができると考える。すなわち、生徒主体の課題解決型の授業の展開である。

　その意味から、本書では、新しく「ステージ型の授業の展開」を提案している。

　例えば、第1ステージでは、初めて柔道を体験する生徒を対象として、教師主導による基礎・基本の定着を図ることを主なねらいとした学習指導の展開を示し、第2ステージにおいては、第1ステージとして約15時間の学習経験のある生徒を対象として、基本動作に習熟し、自分に合った技を身に付けて自由練習を楽しみ、柔道のよさを知ることを主なねらいとした学習指導の展開を示している。

　このように、一定の学習経験に即した指導計画で順次第6ステージまで生徒主体の学習を展開させていく考え方である。特に、選択制授業が強調されている今日、中学校の3年生で、あるいは高等学校の1年生で初めて柔道を履修する生徒もいるなど多様化していることから、これまでのような学校種別・学年別の指導計画では対応できない。ここに示した中・高6年間を一貫したステージ型の授業の展開例があれば、生徒の実態に応じた指導ができるし、生徒自身がこの指導計画を参考にして主体的な学習活動を展開することができる。

　本書では、中学校及び高等学校における指導者を対象として内容を構成しているが、教員を希望している学生、教員養成大学での指導、地域で柔道をご指導されている方々にも大いに参考になるものと確信している。様々な立場からのご批判をいただきたい。

　なお、この刊行に当たっては、昭和54年発足の「高校柔道研究きさらぎ会」の今日までの実践的な研究があったればこそできたものであることを申し添えておきたい。

　最後になったが、大修館書店の綾部健三氏、三浦京子氏に大変お世話になったことを記して心からの感謝の言葉に代えたい。

平成15年3月
執筆者代表　本村清人

目　次

まえがき……3

◇◆第Ⅰ部　理論編◇◆

第1章▶中・高校生における柔道の学習指導の進め方 ——— 9

第1節　これからの柔道の学習指導に求められる役割 …………… 10
1. 国際化に対応すること・10
2. 武道としての柔道のよさを味わうこと・11
3. スポーツとしての柔道のよさを味わうこと・12
4. ［生きる力］の育成に資すること・13

第2節　柔道の学習指導を進めるにあたっての基本的な考え方 ……… 15
1. 自ら学ぶ意欲、思考力・判断力を育てること・15
2. 「技」を教え込む授業の転換を図ること・15
3. 基礎的・基本的な内容を確実に身に付けること・16
4. 自己の能力等に適した得意技を身に付けること・16
5. 男女の特性を生かした学習指導を行うこと・16

第3節　新しい視点に立った柔道の学習指導の進め方 ……… 18
1. 新しい視点に立った学習指導の進め方・18
2. 一人ひとりを伸ばす学習の道すじ・19
3. 選択制授業の学習の道すじ・20
4. 新しい視点に立った中・高一貫の各ステージ・20
5. 柔道の学習指導を展開するにあたっての留意点・25

第2章▶柔道の学習指導の基礎的・基本的事項（Q&A）——— 29

第1節　教育課程に関する事項 …………… 30
- Q1　新学習指導要領において、武道の取り扱いはどうなりましたか？・30
- Q2　学校体育において柔道の授業はどのように行われてきたのでしょうか？・31
- Q3　柔道の年間計画を立てる際の留意点とはどのようなことですか？・32
- Q4　柔道の男女共習は可能なのでしょうか？・33

第2節　学習指導と評価に関する事項 ………… 35
- Q1　柔道の授業で、準備運動や体ほぐしの運動をどのように工夫すべきですか？・35
- Q2　「柔道は受け身ばかりで、痛い、面白くない」と、生徒から聞いたことがありますが、どのような工夫をすれば、誰もが柔道を楽しく学ぶことができますか？・36
- Q3　授業で初段を取らせることは可能ですか？・37
- Q4　体育理論と柔道の授業との関連をどのように図ったらよいですか？・38
- Q5　身体接触を拒む生徒や宗教上の理由で柔道を拒む生徒には、どのように対応したらよいですか？・39
- Q6　正座を嫌がる生徒には、どのような対応をしたらよいですか？・40
- Q7　柔道の授業で経験のある生徒と初めて履修する生徒がいる場合、指導の留意点はどのようなことがありますか？・41
- Q8　柔道の授業ではどのような事故が起きていますか。また、それを防ぐためにはどうしたらよいですか？・42
- Q9　柔道の授業で、評価はどのように工夫したらよいですか？・43

第3節　柔道に関する事項 …………………… 45
- Q1　ヨーロッパでは、なぜ柔道の人気が高いのですか？・45
- Q2　「柔能く剛を制す」といわれますが、本当はどういう意味ですか？・46
- Q3　柔道の段位を有していない教員、あるいは女性でも柔道の授業を行うことができますか？・47
- Q4　正式な広さの柔道場がない場合、どんな工夫が必要ですか？・49
- Q5　柔道衣は生徒に買わせるほうがよいでしょうか。それとも学校から貸与するほうがよいでしょうか？・50
- Q6　柔道創始者の嘉納治五郎はどういう人だったのですか？・51
- Q7　柔道と柔術とはどのように違うのですか？・53
- Q8　柔道と相撲の起源は同じですか？・55
- Q9　姿三四郎は実在したのですか？・56
- Q10　柔道の技は全部でいくつありますか？・57
- Q11　ブルー柔道衣について、どのように考えたらよいのでしょうか？・59
- Q12　すかし技とはどのような技ですか？・61

第3章▶新しい時代の体育の課題（各種目共通の内容）——— 63

第1節 これからの体育のめざす方向 …… 64
1. ［生きる力］をはぐくむ体育の学習指導・64
2. 運動に親しむ資質や能力の育成・65
3. 活力ある生活を支えたくましく生きるための体力の向上・66
4. 基礎的・基本的な内容の徹底と個に応じた指導の充実・67

第2節 指導計画作成の視点 …………… 69
1. 教科等の目標・69
2. 年間計画作成の基本的な考え方・70
3. 年間計画作成上の留意点・70
4. 単元計画作成上の留意点・73
5. 単位時間計画（指導案、時案）作成上の留意点・74

第3節 男女共習に対する考え方 …………… 75
1. 男女共習の背景・75
2. 選択制授業における男女共習・75
3. 男女の性差ではなく、個の特性ととらえること・75
4. 男女共習は中学校第1学年から行うと効果的であること・76
5. 男女共習の展開は弾力的に行うこと・76

第4節 評価に対する考え方 …………… 78
1. これからの評価の基本的な考え方・78
2. 教師による評価・79
3. 生徒にとっての評価の意味・79
4. 生徒による自己評価と生徒同士の相互評価・79

◇◆第Ⅱ部 実技編◇◆

第1章▶柔道の学習内容 ——— 83

第1節 学習内容の考え方 …………… 84
1. 技能の内容・84
2. 態度の内容・85
3. 学び方の内容・85

第2節 学習内容とその取り扱い …………… 86
1. 第1ステージ～第3ステージの内容例とその取り扱い・86
2. 第4ステージ～第6ステージの内容例とその取り扱い・87
3. 技の系統性とその発展・89

第2章▶新しい視点に立った単元計画の例と学習指導の展開例 ——— 91

第1節 第1ステージ「柔道を体験しよう」…… 92
1. 学習指導の進め方　2. 単元計画と学習の道すじ
3. 主な学習内容　4. 指導計画作成上のポイント
5. 安全上配慮する事項
6. 学習指導の手順と具体の評価規準
7. 学習指導の時案　8. 学習資料

第2節 第2ステージ「柔道のよさを知ろう」…… 100

第3節 第3ステージ「柔道の楽しさを知ろう」…… 108

第4節 第4ステージ「柔道の楽しさを深めよう」…… 116

第5節 第5ステージ「柔道を得意にしよう」…… 124

第6節 第6ステージ「生涯にわたって柔道に親しもう」…… 132

第3章▶柔道の技とその学び方 ——— 141

第1節 基礎知識 …………… 142
1. 礼法・142
2. 柔道衣の扱い方・143
　①柔道衣各部の名称　②柔道衣の条件　③柔道衣の着用　④帯の結び方　⑤柔道衣のたたみ方の例

第2節 体ほぐしの運動 …………… 145

第3節 基本動作 …………… 146
1. 投げ技の基本動作・146
　1. 姿勢と組み方・147
　　①姿　勢　②組み方
　2. 進退動作（移動の仕方）・148
　3. 崩しと体さばき・148
　　①崩し　②体さばき
　4. 受け身・150
　　①後ろ受け身　②横受け身　③前受け身　④前回り受け身

2. 固め技の基本動作・155
　1. 主として攻撃に必要な基本動作・155
　　①基本姿勢　②体を開く　③体を反らす　④脇を締める
　2. 主として防御に必要な基本動作・157
　　①体を横にかわす〈1〉　②体を横にかわす〈2〉
　　③体を反らす〈1〉　④体を反らす〈2〉　⑤脚を伸ばす　⑥脚を回す　⑦脚を交差させる　⑧脚を上下させる
　3. 簡単な攻め方と返し方・160
　　①相手があおむけの場合の攻め方　②相手がうつぶせの場合の攻め方　③返し方

第4節　技の練習法 ……………… 163
　1. 「技の練習法」の考え方・163
　2. ステージ別「技の練習法」・163

第5節　投げ技 ……………… 167
　1. 手技・168
　　1. 体落とし・168
　　2. 背負い投げ・170
　2. 腰技・172
　　1. 大腰・172
　　2. 釣り込み腰・174
　　3. 払い腰・176
　　4. はね腰・177
　3. 足技・179
　　1. 膝車・179
　　2. 支え釣り込み足・180
　　3. 大外刈り・182
　　4. 大内刈り・184
　　5. 小内刈り・186
　　6. 出足払い・188
　　7. 送り足払い・189
　　8. 内股・191
　4. 捨て身技・193
　　巴投げ・193

第6節　固め技 ……………… 195
　1. 抑え技・196
　　1. けさ固め・196
　　2. 横四方固め・198
　　3. 上四方固め・199
　　4. 縦四方固め・200
　　5. 肩固め・202
　2. 絞め技・203
　　1. 十字絞め・203
　　2. 送り襟絞め・204
　3. 関節技・206
　　1. 腕がらみ・206
　　2. 腕ひしぎ十字固め・207

第7節　技の連絡変化 ……………… 208
　1. 投げ技から投げ技への連絡変化・208
　　①技の連絡（自分の技→自分の技）
　　②技の変化（相手の技→自分の技）
　2. 投げ技から固め技への連絡変化・211
　3. 固め技から固め技への連絡変化・212

第8節　防御の仕方 ……………… 215
　1. 投げ技に対する防御・215
　2. 固め技に対する防御・216

第9節　試合の仕方 ……………… 217
　1. 授業における試合の考え方・217
　2. 試合の指導・217
　3. 試合の方法・218
　4. 各ステージに応じた試合の考え方・218
　5. 試合の具体例－各ステージへの対応・219
　　1. 簡易な試合－第1ステージ～第2ステージ・219
　　2. 試合－第3ステージ～第6ステージ・220

補　章 ——— 223

　1. 柔道試合審判規定・224
　　1. 講道館柔道試合審判規定（抜粋）・224
　　2. 講道館柔道試合審判規定・少年規定（抜粋）・229
　2. 初段への道・230
　　1. 講道館昇段資格・230
　　2. 柔道の形・231
　3. 日本の「柔道」から世界の「JUDO」へ・238
　　1. オリンピック柔道競技におけるメダル獲得数・238
　　2. 世界の子どもたちに柔道衣を送ろう・239

第Ⅰ部
理論編

第1章

中・高校生における柔道の学習指導の進め方

第1節　これからの柔道の学習指導に求められる役割
第2節　柔道の学習指導を進めるにあたっての
　　　　基本的な考え方
第3節　柔道の学習指導の進め方

第1節
これからの柔道の学習指導に求められる役割

1 国際化に対応すること

　学校体育において、それまで「格技❶」と称してきたものを平成元（1989）年の学習指導要領の改訂の際、「武道❷」と改称した。これは、その当時、国際理解を深め、わが国の文化と伝統を尊重する態度の育成を重視することが強調され、体育において、諸外国に誇れるわが国固有の文化として、歴史と伝統のもとに培われてきた武道を取り上げ、その特性を生かした指導ができるようにすることを目的として改められたものである。

　21世紀は、さらに国際化が進むことから、また、世界に生きる日本人を育成していく立場から、この考え方は今後とも重要視しなければならない。つまり、国際化への対応ということは、諸外国の文化に対する理解とこれを尊重する態度を育てることだけでなく、わが国固有の文化と伝統を理解し、外国に向けて発信することができる資質や能力を身に付けることである。いわば、武道を通じたコミュニケーションの促進である。

> 国際化が一層進展する中で、学校体育の学習内容に、わが国固有の文化としての武道（柔道）が位置付き、多くの生徒が履修できるように、国として環境を整備していくことは今後ともきわめて重要なことである。

　したがって、特色ある学校づくりとして、たとえば、武道に特色をもつ学校をめざすならば、すべての生徒に柔道（または剣道等）を必修として履修させたり、いくつかの武道の種目を生徒の能力等に応じて選択させ、原則として3年間を通して同じ種目を履修させることによって武道の楽しさや喜びを深く味わい、さらには将来的に「道」（人間としての生き方、在り方）を追求しようとする生徒の育成にあたっていくなど、生涯にわたってわが国固有の文化としての柔道（武道）に親しむことができるよう教育課程❸を編成することもできる。

　武道では、伝統的に精神的な面を尊重する考え方が重視されている。一方、スポーツは本来、活動自体を目的とする運動である。しかしながら、学校体育においては、武道であれ、スポーツであれ、つまるところ人間形成をめざしていることに変わりはない。

　したがって、武道としてのよさ、スポーツとしての武道のよさをそれぞれ味わうことができるようにすることが大切である。こうした学習の経験、

---

❶格技
　歴史的な経緯から、戦後、武道は禁止になった。その後昭和25年、「民主的スポーツとしての性格、内容をそなえ」たとして学校柔道が復活するが、それ以降用いられた名称がこの「格技」である。そして、学習指導要領の法的な位置付けが明確になった昭和33年から、1つの運動領域の名称として格技が用いられてきたのである。その内容としては、柔道、剣道、相撲が示され、主として男子が履修するものとされてきた。

❷武道
　平成元年の学習指導要領の改訂のとき、「格技」という名称が「武道」に改められた。その理由としては、武道は日本の伝統的な運動文化として国際的にも広く理解されていることや、武道学会、武道館などと多く用いられるようになってきたことなどから、社会的にも学問的にも武道を用いているほうが適切であるということによる。

❸教育課程
　中学校の教育課程は、必修教科、選択教科、道徳、特別活動、および総合的な学習の時間によって編成する。高等学校の教育課程は、各教科に属する科目、特別活動、および総合的な学習の時間によって編成する。

積み重ねによって、生徒は武道を語り、スポーツを語り、日本の歴史と伝統を語り、そして、外国のものの見方や考え方を語り合うことができる。それが国際化のひとつである。

2　武道としての柔道のよさを味わうこと

　武道では、なぜ「礼」が強調されるのか。それは武道、柔道の特性にある。
　つまり、柔道の歴史的な起源は柔術❹にある。柔術にあるということは武術である。武術のひとつであった柔術を嘉納治五郎❺が新しい原理のもとに集大成して、講道館柔道として創始したものが現在の柔道であり、その目的とするところは、相手との稽古などを通じて身体や精神を鍛錬修養し、それによって自己を完成し、社会に役立つ人間を育成することにあった。その考え方は現在も継承され、大切にされている。このように相手があって初めて己の完成があること、さらには、直接的に相手を制する技術（武術）で相互に鍛錬し合っているからこそ、相手を尊重する態度の表れとして「礼」を大切にしているのである。したがって、礼儀作法は、単に形のまねに終わるのではなく、相手を尊重する方法として、また、自分で自分を律する「克己」の結果としての心を表すものとして厳格に行うようにする必要がある。
　このように、単に勝敗の結果をめざすだけではなく、人間として望ましい自己の形成を重視するという武道、柔道の伝統的な考え方を理解し、それに基づく行動の仕方を武道の授業から学ぶのである。わが国固有の文化としての武道を学ぶのである。国際化の時代であればこそ、その意義も大きい。

> 　武道としての柔道のよさ、それは「礼」などに代表される伝統的な行動の仕方を学ぶことである。つまり、自己を制御しつつ、相手を尊重するなど、心身の健全な育成に資することである。

　これに対して、外来のスポーツは、本来、プレーであり、遊びが原点である。このため、活動そのものが目的であり、武道のような伝統的な考え方はない。しかし、日本においてはスポーツを教育の手段として重視してきたことから、武道と同様にその教育的価値を認めようとする傾向は強い。

❹柔術
　無手あるいは短い武器を持って、無手あるいは短い武器を持った敵を攻撃し、または防御する術のことである。和（やわら）、体術、和術、捕手（とりて）、小具足（こぐそく）などと呼ばれた。その後、このような術を体系化した流派があらわれるが、嘉納治五郎が学んだ天神真楊流や起倒流などもそのひとつである。

❺嘉納治五郎
　1860〜1938年。講道館柔道の創始者であり、初代館長。天神真楊流や起倒流などの柔術を学ぶ中から、その教育的価値を見出し、体育・勝負・修心の3つのねらいをもって1882年（明治15年）、東京・下谷稲荷町の永昌寺で講道館、嘉納塾を開き、多くの人材を育成した。

3 スポーツとしての柔道のよさを味わうこと

柔道は、武道領域の1種目として体育の学習内容に位置付いている。それを図解すると次のようである。

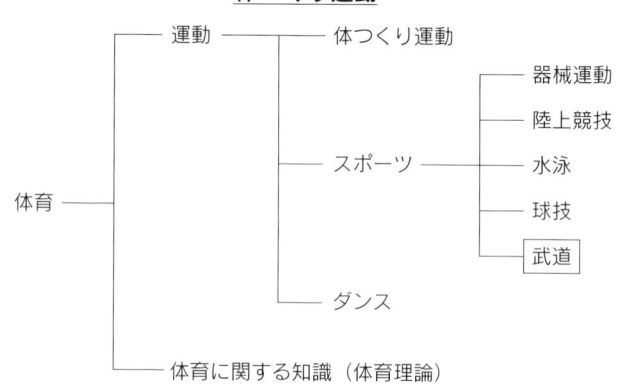

```
                             体つくり運動❻
              ┌─ 運動 ──────┬─ 体つくり運動
              │            │         ┌─ 器械運動
              │            │         ├─ 陸上競技
              │            ├─ スポーツ ─┼─ 水泳
  体育 ──────┤            │         ├─ 球技
              │            │         └─ 武道
              │            └─ ダンス
              │
              └─ 体育に関する知識（体育理論）
```

このように武道はスポーツの範疇にある。スポーツか武道かではなく、陸上競技や球技と同様、スポーツの中の武道である。これには経緯がある。

戦後、学校における体育の授業のみならず、運動部活動においても、武道は禁止された経緯がある。その後、文部省（現文部科学省）はGHQ総司令部❼との間で「現在の柔道は、完全に民主的スポーツとしての性格、内容をそなえ」たとして学校柔道の復活交渉にあたった。その結果、許可が得られ、昭和25（1950）年10月13日付で「学校における柔道の実施について」文部省事務次官名で通知。その中で、「柔道は民主的なスポーツとして新しい内容をそなえてきましたので、中学校以上の学校体育の教材として取り上げ、実施可能な学校においては、これを行ってよい」とした。これ以降、学校体育においては、スポーツとしての武道（平成元年の学習指導要領改訂以前は武道を格技と称している）の取り扱いに変わりはないのである。

したがって、スポーツとしての柔道のよさを味わうことを中軸にしながら、外来のスポーツとは違った武道の特性をふまえた指導をするという構造である。

> スポーツとしての柔道のよさは、とりもなおさず、相手の動きに対応した攻防を展開して勝敗を競い合う楽しさである。また、自己の能力・適性等に応じた技を身に付け、自由練習などで生かすことができる楽しさである。

通常はこれら2つの楽しみ方を味わっているのである。自己の能力等に応じた得意技を身に付けることや、その得意技を生かして、自由練習で相手と最善を尽くして攻防を展開したり、試合で勝敗を競い合ったりすると

---

❻ **体つくり運動**
　心と体を一体としてとらえる観点から、新たに自分の体に気付き、体の調子を整えたり、仲間と交流したりするねらいをもった体ほぐしの運動を、これまでの「体操」領域に示したことに伴って、体操領域の名称を「体つくり運動」と改めている。「体つくり運動」領域は、「体ほぐしの運動」と「体力を高める運動」とで構成されている。

❼ **GHQ総司令部**
　General Head Quartersの略。第二次世界大戦後、連合国軍が日本占領中に設置した総司令部のことであり、対日講和条約発効とともに廃止された。

ころにスポーツとしての柔道の楽しさがある。

　柔道では、「相手を見事に背負い投げで投げてみたい」「僕は内股で」「私は巴投げで」というように、柔道特有の技で相手の力を巧みに利用して見事に投げて、「一本勝ち❽」の醍醐味を味わいたいのである。サッカーであれば、ヘディングシュートであり、バスケットボールであればカット・イン・プレーによるドリブルシュートかもしれない。その運動のどこに魅力があるのか、他の種目にはないよさ、その運動固有の特性に触れて得られる楽しさや喜びにある。これを「機能的特性❾」という。

　もとより、心身の発育発達や体力の向上に着目した「効果的特性❾」や技能の構造に着目した「構造的特性❾」もある。

　前者の場合、たとえば、柔道によって筋力、持久力、柔軟性などの体力向上をめざすことであり、いわば柔道を手段として体力の向上を図ることが主眼である。このことを強調した指導となると、どうしてもその運動（柔道）が体力向上のための手段となり、その運動固有の楽しさや喜びが失われてしまうおそれがある。

　後者の場合、技能の構造を明らかにし、技能の系統性を重視することから、指導上、技能の向上にとっては効果的である。しかし、技能の向上が中心的なねらいとなってしまい、すべての生徒に一律に高い技能を求め過ぎたきらいがあった。その結果、技能的に、体力的についていけない生徒も少なくなく、それが運動への関心・意欲の低下にもなった。個に応じた指導の重要性が言われ始めたゆえんである。

　したがって、武道、柔道固有の楽しさや喜びを味わうことができるよう、個に応じた得意技を身に付け、自由練習や簡易な試合（試合）を適時・適切に位置付けるなど、単元を通して機能的特性を重視した指導を行うことが大切である。そして、その学習過程で、効果的に技を身に付け、それを得意技にしていくことができるよう、技の系統性（構造的特性）を重視した指導を取り入れ、さらには、得意技を磨くために自己の体格・体力に応じていっそう体力を高めていく（効果的特性）ことができるようにすることが必要である。と同時に、前述した武道としての柔道のよさを味わうことができるように配慮することが肝要である。

4　[生きる力]の育成に資すること

　21世紀を担う生徒にどのような資質や能力を身に付けさせたらよいか。これに対して一定の方向を示したのが、平成8年の中央教育審議会❿第一次答申である。「いかに社会が変化しようと、自分で課題を見つけ、自ら学び、自ら考え、主体的に判断し、行動し、よりよく問題を解決する資質や能力であり、また、自らを律しつつ、他人とともに協調し、他人を思いやる心や感動する心など、豊かな人間性であると考えた。たくましく生きるための健康や体力が不可欠であることはいうまでもない。われわれはこうした資質や能力を、変化の激しいこれからの社会を[生きる力]と称す

❽**一本勝ち**
　柔道の試合審判規定の中で、投げ技の場合、技をかけるか、あるいは相手の技をはずして、相当の勢い、あるいは弾みで、だいたいあおむけに倒したときに「一本」となる。勝負の判定のひとつであり、「一本」による勝ちのこと。

❾**機能的特性など**
　機能的特性などの経緯について簡単に流れを振り返ると次のようである。学習指導要領上、昭和40年代、体力の向上が大きな課題となり「効果的特性」に着目した指導が強調された。昭和50年代に入って、生涯スポーツの基礎づくりが学校体育であるとの考え方から技能の向上が求められ、「構造的特性」に着目した指導が強調された。しかし、昭和60年代以降、運動やスポーツそのものの楽しさを味わうことが重要であるという認識が高まり、その運動固有の楽しさを求める「機能的特性」に着目した指導が強調され今日に至っている。

❿**中央教育審議会**
　教育に関する文部科学大臣（旧文部大臣）の最高諮問機関。教育、文化、スポーツ、学術等に関する基本的な施策について審議し、建議する。

ることとし、これらをバランスよくはぐくんでいくことが重要であると考えた。」

したがって、これからの学校教育では、すべての教育活動を通して、この［生きる力］をはぐくむよう指導の改善・充実が求められる。

柔道は、武道のひとつとして、その特性から［生きる力］をはぐくむうえで、重要な役割を果たすことが期待されている。

前述のように柔道は、武技、武術などから発生したわが国固有の文化としての伝統的な行動の仕方⓫が重視される運動であり、相手と直接的に組み、相手の動きに対応した攻防ができるようにすることをめざし、自己の能力に応じて課題の解決（技の習得など）に取り組んだり、競い合ったりすることにその特性があるからである。

このことからわかるように、直接的に相手を制する技を利用して勝敗を競い合うなど、仲間とのかかわりを学ぶには他のスポーツ種目とは違った、相手を思いやる心や自らを律する心などをはぐくむよい学習の場といえる。

⓫伝統的な行動の仕方
　武道では、単に勝敗の結果をめざすだけでなく、技能の習得などを通して人間として望ましい自己の形成を重視するという武道の伝統的な考え方がある。その考え方に基づく行動の仕方をいう。特に、相手を尊重するなど礼儀作法を重視するとともに、勝敗に対しては公正な態度で練習や試合ができることなどが求められる。

第2節
柔道の学習指導を進めるにあたっての基本的な考え方

1 自ら学ぶ意欲、思考力・判断力を育てること

　[生きる力] の育成が強調されたように、これからの教育においては、激しい変化の予想される社会に生きる生徒たちが、自ら課題を見出し、自ら考え、主体的に判断し、行動して、よりよく解決することができる資質や能力の育成を重視する必要がある。このためには、一定の知識や技能を共通に身に付けさせてきた指導のありようから、生徒の内発的な意欲を喚起し、自ら学ぶ意欲、思考力・判断力、表現力などを学力の基本とする学力観[12]に立った学習指導へと転換を図る必要がある。

　したがって、これからは学習活動の主体を生徒におき、生徒一人ひとりのよさや可能性を生かしながら、自発的・自主的な学習活動を行えるようにする。

2 「技」を教え込む授業の転換を図ること

　柔道の授業においては、基本動作の指導から始まって、数多くの対人的技能の一斉指導、そして最後のまとめとしての試合という流れが一般的であった。加えて、技がどの程度まで達成できたかという実技テストがあった。

❶学力観
　平成4年の指導要録の改訂のときに、これまでの知識や技能を共通的に身に付けさせてきた指導と評価の考え方から、自ら学ぶ意欲や、思考力・判断力、表現力などを学力の基本とする学力観に立って教育を進めることが肝要とされたものである。

〔表1〕技を教え込む授業の指導計画例

〈単元のねらい〉①各種の技能の習得、②柔道を通しての体力の向上、③社会的態度の育成	
時間	指導内容
1	礼法、柔道の歴史、柔道衣の扱い方など
2	後ろ受け身、補強運動など
3	横受け身、前受け身、補強運動など
4	前回り受け身、補強運動など
5	姿勢と組み方、進退動作、補強運動など
6	崩しと体さばき、補強運動など
7	膝車、補強運動など
8	支え釣り込み足、補強運動など
9	大外刈り、補強運動など
中略	以下、順次、教師による技の指導
最後	実技テスト

〔表2〕生徒を主体とした授業の指導計画例

〈単元のねらい〉①柔道の楽しさ・喜びを味わう、②柔道の学び方を身に付ける、③自己の能力に応じた技を身に付ける	
時間	学習内容
1～2	オリエンテーション、学習の進め方、礼法、柔道の歴史、柔道衣の扱い方、体ほぐしの運動など
3～5	対人的技能との関連を図った基本動作　後ろ受け身─大外刈り　横受け身─（出足払い）　前回り受け身─膝車、体落とし
6～9	膝車、大外刈り、体落とし──自己評価　抑え技の工夫──相互評価　横四方固め、けさ固め、上四方固め
中略	以下、自分に適した課題の解決をめざす
最後	評価し、次のステージの課題の明確化

このような授業では、生徒は学習態度として受け身となり、自ら工夫して何かを身に付けようとすることは難しかったと思われる。

この授業スタイルをどのように変えるか。

生徒が自ら進んで運動をしようとする意欲をもち、自分に適した運動の課題の解決をめざして練習の仕方などを工夫するような授業スタイルを展開することが求められる。

3 基礎的・基本的な内容を確実に身に付けること

柔道でいう基礎的・基本的な内容は、①基本動作、②基本動作との関連からいくつかの技、たとえば、「膝車」「大外刈り」「体落とし」（「出足払い」）、③これらの技を利用して約束練習や自由練習（簡易な試合を含む）を工夫して安全に行うことができることの3つといえる。

したがって、これらの内容については、教師が適切に指導することが肝要である。特に基本動作については、対人的技能との関連を考えながら、その習熟を図る必要がある。また、かかり練習、約束練習、簡易な試合を含む自由練習の仕方については、安全の確保の観点からも、生徒が技能をしっかりと身に付けることができるようにする。

4 自己の能力等に適した得意技を身に付けること

相手を自由練習や試合で見事に背負い投げで投げてみたいという課題をもったならば、基本動作としての「崩し」や「体さばき」、技の理合い[13]としての「崩し、作り、掛け」などを自己の体格・体力などに応じて技術的にいろいろ工夫するとともに、筋力や瞬発力を高めるなど、その効果を高めていくことも必要である。運動技能は、技術や戦術の能力、それを支える体力という総合的な能力のことである。

同じ背負い投げでも、柔道を初めて経験するころの技と学習段階が相当高まったころの技とでは、かける素早さ、力強さがまったく違ったものになる。後者については、「技能[14]」としての背負い投げが身に付いたということである。こうなると立派な得意技である。得意技を身に付けることが柔道のよさを味わうことに直結していることからもわかるように、自己の必要に応じて体力を自ら高めていくことも大切である。

5 男女の特性を生かした学習指導を行うこと

平成元年度の学習指導要領の改訂で、男女とも武道を履修[15]することができるようになった。このことについては、第Ⅰ部第3章で詳述するが、男女差、性差ということではなく、男女ともそれぞれの個の特性ととらえ、

---

[13] **技の理合い**
　柔道では、投げ技において、相手を力ずくで投げるのではなく、たくみに相手を崩し（崩し）、自分の体をさばき（作り）、合理的に技を掛け（掛け）て投げることを技の理合いという。

[14] **技能**
　運動を行うためには、その運動特有の行い方がある。たとえば、陸上競技における走り方や跳び方、球技におけるシュートの仕方などである。このように一般的には、その運動特有の行い方を「運動技術」と呼んでいる。その運動技術を練習によって個々の個性に応じて身に付けたものを「運動技能」と呼んでいる。ちなみに、大相撲では「技術賞」とはいわず、「技能賞」として表彰していることからもわかる。

[15] **男女とも武道を履修**
　学習指導要領の法的な位置付けが明確になった昭和33年以降、男子は「格技」、女子は「ダンス」を必ず履修させてきた経緯がある。しかし、平成元年の改訂で格技を「武道」に改めるとともに、男女とも武道、ダンスのいずれかを選択して履修することができるようになった。

その特性を生かした学習指導を展開することが重要である。

　女子が柔道を履修するにあたっては、原則として男子のそれと変わりはないと考えてよい。

　ただ、学習活動の形態として、学習内容によっては男女別に進めるなど、配慮することが必要な場面もある。

　それは、抑え技、絞め技、関節技などの固め技を学ぶときである。このときは、むしろ男女別に学ばせたほうが効果的なようである。男女の特性に基づく心理的な配慮である。特に、女子の場合、投げ技よりも抑え技に関心を高くもつ生徒も少なくない。積極的な展開ができるようにしたい。この他に、自由練習や試合のときの配慮があろう。これは男子も含めて、学習のねらいに応じて、体力的、技能的に対戦相手を選ぶなどの配慮も必要である。

第3節
新しい視点に立った柔道の学習指導の進め方

1 新しい視点に立った学習指導の進め方

　現在、体育の授業において、生徒の能力・適性、興味・関心等に応じた指導、すなわち、個に応じた指導の充実が求められている。このことから、柔道についても、中学校から高等学校を通じて、生徒の能力等に応じて生徒自らが運動種目を選ぶ「生徒選択[16]」が原則となっている。

> 　誰もが、いつでも、自己の興味・関心等に応じて柔道を選択し、また生徒自身のこれまでの履修状況に応じて、それにふさわしい学習段階を選び、生徒自ら学習計画を立てて学び続けることができるような中学校および高等学校を一貫した単元計画モデルを考察し、提示する必要がある。

　ついては、これまでのように、中学校・高等学校別、学年別にそれぞれ単元計画[17]を提示するよりは、中・高一貫した内容として取り扱うほうがより現実的であると考える。このことから中・高一貫した単元計画のモデルとして本節「4」で述べる「ステージ」という考え方に立った新たな提案をしていく。たとえば、武道は学習指導要領上、中学校で初めて体育の学習内容の領域のひとつとして位置付いているものである。したがって、それまでに町道場などでの経験がない限り、中学校第1学年の多くの生徒にとっては初めて経験する運動である。あるいは、中学校第2学年以降になって、柔道を選択してみたい生徒も当然出てくる。このように、柔道を選択した生徒が初心者の場合は、「はじめの段階」では主として教師主導で、しかも一斉に、また状況によっては個に応じて指導することによって、柔道の基礎的・基本的な内容をしっかりと身に付けることができるようにする。なお、この基礎的・基本的な内容、特に基本動作については、どの学習段階（ステージ）でも、繰り返し指導する中で、その正確さ、素早さ、力強さなどを適時・適切に高めていくようにする。

　一定の履修経験のある生徒の場合は、自己の能力等に応じて適切な学習段階（第1〜第6ステージ）を選ぶことはもとより、自ら技を選んで学習するなど、自己の課題の解決をめざすことができるようにする。そのためには、教師の適切な指導の下、同じ課題をもつ生徒同士がグループを編成して自発的・自主的な学習活動を行ったり、相互に認め、励まし、教え合ったりすることができるようにする。

　一方、特色ある学校づくりの一環として武道に重点をおき、柔道を「学

---

[16] **生徒選択、学校選択**
　中学校および高等学校では、個に応じた指導の充実という観点から、自己の興味・関心等に応じて、学習指導要領上一定の範囲の中から、運動（領域や種目）を選ぶことができる。その際、示された複数の運動の中から生徒が自由に選ぶことを生徒選択といい、学校の実態などから学校が選んで生徒に履修させる場合を学校選択といっている。

[17] **単元計画**
　単元計画は、一定の学習のまとまりとして年間計画に位置付いた運動（種目）をどのように展開していくかの見通しを明らかにしたものである。この見通しが明確であれば、教師の意図的・計画的な指導ができるだけでなく、この単元計画を生徒にも提示することにより生徒の自発的・自主的な学習活動をうながすことができる。
　選択制授業が重視される今、これが単年度だけでなく中学校の3年間、さらには高等学校をも見通したものとすることが求められている。

校選択⓰」としてすべての生徒に履修させることもできる。その場合でも、前述の考え方や後述する単元計画モデルを参考にすることができる。

　柔道の特性に触れる楽しさや喜びを味わうためのひとまとまりの授業時数（単元、1ステージ）としては、原則として15単位時間を充てる計画とする。この背景としては、中学校における年間計画では柔道への配当時間は15単位時間程度が平均的であることによる。

　また、柔道を履修するにあたっては、その特性に触れる楽しさや喜びを味わうためには、少なくとも30単位時間程度を履修することが必要であるとの立場で計画を立てる。つまり、柔道では、その特性から、基本動作や対人的技能を学んで、自分なりの技を身に付け、自由に技を応酬し合う自由練習や簡易な試合ができるまでには30単位時間程度の授業時数を要すると考えることによる。

2　一人ひとりを伸ばす学習の道すじ

　さらに、生徒一人ひとりを伸ばす学習指導の道すじ⓲については、原則として次のように考える。

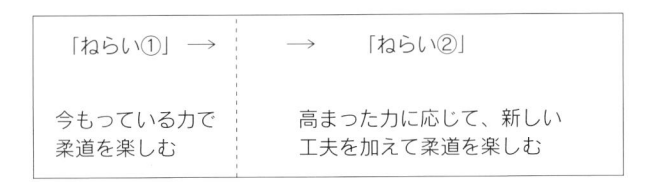

「ねらい①」 →	→ 「ねらい②」
今もっている力で柔道を楽しむ	高まった力に応じて、新しい工夫を加えて柔道を楽しむ

　この学習過程は、2つの段階からなる。単元のはじめの一定のまとまりの段階である「ねらい①」⓳は、生徒が今もっている力を発揮して柔道の楽しさや喜びを味わうとともに、その力を確かなものとする段階である。さらに、その学習活動の発展として単元の後半の一定のまとまりの段階である「ねらい②」⓴は、創意工夫や努力を重ね、さらに柔道の特性を深く味わうことができるようにしていく段階である。

　したがって、まったくの初心者の場合は、上記の学習過程はあてはまらない。別途考慮する必要がある。

　いずれにしても、教師の適時・適切な指導の下、生徒自身が活動の仕方を工夫して、学習過程に応じて、さらには学習段階（第1～第6ステージ）に応じて、柔道の楽しさや喜びを味わうことができるようにする。

　なお、留意しなければならないことは、「ねらい①」を簡単にすませて「ねらい②」にすぐに移行していく傾向にあるが、「ねらい①」で今もっている力を確かなものにしていくほうが、「ねらい②」の学習を積極的、効果的にすることができることである。「ねらい①」に時間的なゆとりをもたせ、今もっている力でいろいろな相手と自由練習や試合を意欲的に行い、柔道のよさを精いっぱい味わうことである。思い切り汗をかくことによって、その後、新たな展開に進むことができるのである。

⓲**学習指導の道すじ**
　学習過程のことをいう。とくに機能的特性に着目した指導にあたっては、一定のまとまりとしての単元をどのような道すじで学習指導を仕組んでいけば効果的なのかが実践的に研究・開発されてきたところである。

⓳**ねらい①**
　その運動についての学習経験がある場合、今もっている力でその運動を楽しむことをねらった学習活動をさしている。

⓴**ねらい②**
　「ねらい①」の発展であり、高まった力でその運動を楽しむことをねらった学習活動をさしている。

3 選択制授業の学習の道すじ

生徒一人ひとりが自己の能力等に応じて運動種目を選び、その運動の課題の解決をめざす選択制授業[21]は次のような学習の道すじを考えることができる。

「学習Ⅰ」 →	→	「学習Ⅱ」
		選択した運動種目の特性を追求する段階
	「ねらい①」 →	→ 「ねらい②」
オリエンテーション、運動種目の選択、班編成、学習計画立案などを行う選択制授業独自の段階	今もっている力で柔道を楽しむ	高まった力に応じて、新しい工夫を加えて柔道を楽しむ

このように選択制授業の学習過程は大きくは「学習Ⅰ[22]」と「学習Ⅱ[23]」の2つの段階で構成される。これまでの一般的な単元の学習過程（ねらい①→ねらい②）である「学習Ⅱ」の前の段階として「学習Ⅰ」の内容が加わっていると考えることができる。

選択制授業における「学習Ⅰ」では、生徒自身が運動種目を選ぶということが重要な学習活動である。自己の興味・関心、適性、過去の運動経験、運動の楽しさ体験、学習の見通し、追求したい運動の課題などから、自分なりに運動種目を選ぶのであるから、生徒の自発的・自主的な学習を進めるうえで重要な出発点である。そのうえで、共通の課題をもつ者同士で班をつくるなど、学習のねらいに応じて班編成をし、みんなで協力して学習活動の計画を作成することになる。これは学び方にもつながる大切な学習内容であり、重要な学習活動である。この計画に沿って「学習Ⅱ」が展開されることになるが、「計画－実施－評価」の一連の学習過程を通して、生徒自らが選んだ運動種目で自己の運動の課題を解決するなど、その運動の楽しさや喜びを味わうことができるようにすることが選択制授業のねらいである。

4 新しい視点に立った中・高一貫の各ステージ

中学校および高等学校を一貫する各学習段階のステージについては次のように考え、生徒の柔道に対する関心・意欲をはじめとする資質・能力を高めていくこととする。

いずれにしても、単純に考えれば、第1ステージは中学校第1学年で柔道を初めて履修する生徒対象、第4ステージは中学校3年間を通じて柔道を学んだ生徒が高等学校第1学年でも柔道を選択した場合を想定したものであり、柔道の学習指導を中・高一貫して高めていくことをねらっている。また、生徒の履修状況に応じて、どこからでも学習に入っていくことがで

---

[21] 選択制授業
中学校および高等学校では、個に応じた指導の充実という観点から、自己の興味・関心等に応じて、学習指導要領上一定の範囲の中から、運動（領域や種目）を選ぶことができる。したがって、選んだ運動について、自己に適した運動の課題をもち、その課題を自ら解決していくことをめざす体育の授業をいう。

[22] 学習Ⅰ
選択制授業における固有の学習過程であり、その中で、単元計画の導入の部分に当たる学習活動をさしている。ここでは、自己の能力・適性等に応じて種目を選ぶことや学習計画を立てるという学習活動が重要視される。

[23] 学習Ⅱ
選択制授業における固有の学習過程であり、その中で、単元計画の展開の部分にあたる学習活動をさしている。ここでは自ら立てた学習計画（ねらい①、ねらい②に対応）に沿って実践し、単元の目標を実現していく学習活動が重要視される。

学習段階	単元のねらい	学習の重点	授業時数
第1ステージ	柔道を体験しよう	対人的技能との関連で基本動作を習得する	15時間
第2ステージ	柔道のよさを知ろう	基本動作の習熟と、身に付けた技で自由練習ができる	15時間
第3ステージ	柔道の楽しさを知ろう	新しい技を身に付け、試合ができる	15時間
第4ステージ	柔道の楽しさを深めよう	得意技を身に付け、自由練習や試合で生かすことができる	15時間
第5ステージ	柔道を得意にしよう	技の連絡変化を身に付けるなど、得意技を磨く	15時間
第6ステージ	生涯にわたって柔道に親しもう	形や試合を中心にして初段（弐段）をめざす	15時間

きるようにしたものである。

なお、各学校の実態、あるいは特色ある学校づくりの一環として、これ以上の授業時数を充てることができる場合には、各ステージの学習活動に「ゆとり」をもたせて補充的な学習[24]をしたり、次のステージの一部を取り込み、発展的な学習[25]をしたりすることができる。さらには、学習内容として取り扱う対人的技能の幅を拡大するなど、第6ステージ以上の学習をいっそう発展させていくこともできる。

以下、具体的な学習過程を例示する。

1 第1ステージ「柔道を体験しよう」

❶単元のねらい
対人的技能との関連で基本動作を身に付けるなど、柔道の基礎・基本を身に付けることができるようにする。

❷対象とする生徒および学習指導上の留意点
・中学校第1学年、または、中学校第2学年以降初めて柔道を選択する生徒を対象としている。
・「柔道を体験しよう」という第1ステージでは、いわゆる初心者コースであることから、「今もっている力」はないといえる。したがって、第

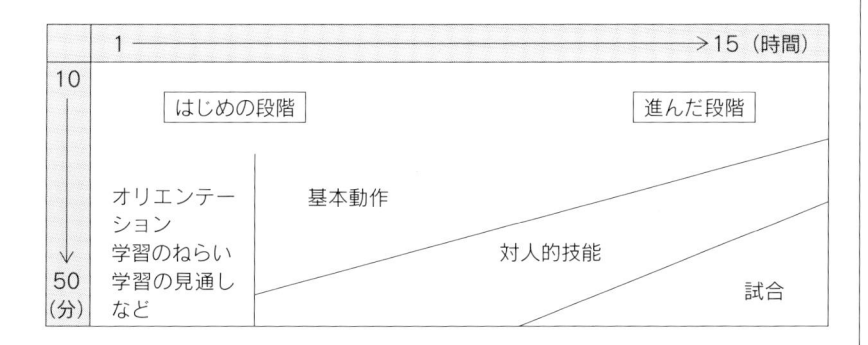

[24] 補充的な学習
　個に応じた指導の推進ということからいわれてきた学習指導である。一斉指導では、特に学習の遅れがちな子どもも出てくる。こうした学習に遅れがちな子どもに対して、繰り返して指導するなど、その学習の遅れを補うことを目的として行われる学習指導をいう。

[25] 発展的な学習
　補充的な学習とは違って、十分にわかっている、できている子どもに対して、その理解や技能をより深めたり、応用したりするなどの指導を行うことで、個性のさらなる伸張を図ることを目的として行われる学習指導をいう。

2ステージ～第6ステージのような「ねらい①」「ねらい②」の学習の道すじの考え方をとることができない。
・柔道の特性から、「はじめの段階」は主として教師主導で柔道の基礎的・基本的な内容を身に付けることができるようにする。
・基本動作については対人的技能との関連で指導する。
・学習が進むにしたがって、生徒自身が学び方を身に付け、第2ステージに発展していくことができるようにする。
・生徒の能力等に応じた簡易な試合を工夫し、その学習経験から自らの運動の課題を見出し、解決していくことができるよう、その基礎づくりに努める。
・練習法としては、かかり練習㉖や約束練習㉗が中心となる。

2 第2ステージ「柔道のよさを知ろう」

❶単元のねらい

基本動作に習熟するとともに、例示された技の中から自己の能力等に応じて技を身に付け、それを自由練習に生かすことができ、柔道のよさを知ることができるようにする。

	1	→ 15（時間）
10 ↓ 50 (分)	学習Ⅰ オリエンテーション、班編成、活動計画の作成など	学習Ⅱ ねらい① / ねらい② 今もっている力で柔道を楽しむ / 新しい技を身に付け柔道のよさを知ろう

❷対象とする生徒および学習指導上の留意点

・第1ステージを学んだ生徒を対象としている。
・第1ステージで学んだ力を「ねらい①」として基本動作の習熟を図るとともに、今もっている力で柔道の授業を楽しむことができるようにし、その発展で「ねらい②」として新しい技を身に付けるなどして柔道のよさを知ることができるようにする。
・柔道のよさを味わうためにも、初心者は少なくとも第1ステージと第2ステージを合わせて履修することが望まれる。このことを生徒に十分理解させることが必要である。したがって、生徒が初めて柔道を履修しようとするときに、教師は相手と直接的に攻防するという柔道の特性から、少なくとも第1および第2ステージを履修するよう指導・助言することが大切である。
・新しい技を身に付けようとするときは、その場でのかかり練習、そして、移動しながらのかかり練習、さらには相手と約束通りに動いて技をかける約束練習が中心となる。また、相互に技を自由にかけ合う自由練習㉘を行い、積極的にその技の効果を確かめることが大切である。

㉖ **かかり練習（打ち込み）**
同じ技を繰り返し練習することによって、崩し、体さばき（作り）、掛けの要領や力の用い方などを体得する練習法のひとつである。打ち込みともいう。

㉗ **約束練習**
かかり練習で習得した個々の技をさらに上達させるため、技や移動条件を互いに約束したうえで、崩し、体さばき（作り）、掛けの要領や力の用い方などを調和的に体得する練習法のひとつである。

㉘ **自由練習（乱取り）**
かかり練習や約束練習で習得した崩し、体さばき(作り)、掛けの要領や力の用い方などを総合的に練習する方法であり、技能の程度に応じて自由に攻防し合うことである。「乱取り」ともいう。なお、かかり練習や約束練習は基礎的段階であって、自由練習で初めて柔道のよさが味わえるようになる。これらの練習法を相互に関連させることが必要である。

3 第3ステージ「柔道の楽しさを知ろう」

❶単元のねらい
例示された技の中から自己の能力等に応じて新しい技を身に付けるとともに、試合ができるようにするなど、柔道の楽しさを知ることができるようにする。

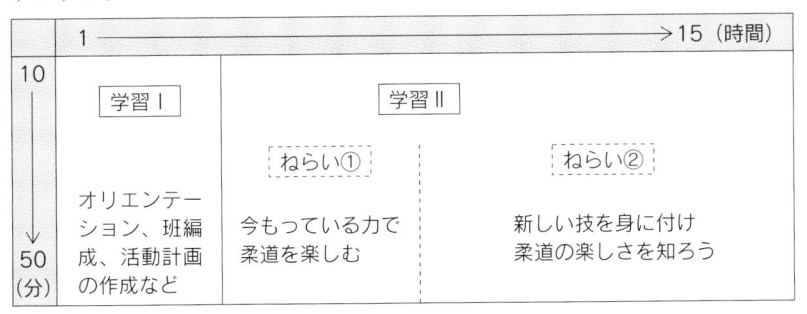

	1 → 15（時間）		
10↓50(分)	学習Ⅰ オリエンテーション、班編成、活動計画の作成など	学習Ⅱ	
		ねらい① 今もっている力で柔道を楽しむ	ねらい② 新しい技を身に付け柔道の楽しさを知ろう

❷対象とする生徒および学習指導上の留意点
・第1ステージと第2ステージで柔道を約30時間学んできた生徒を対象としている。
・第2ステージまで学んできた力を「ねらい①」とし、自由練習を積極的に行うなど、柔道のよさをしっかりと味わうとともに、その力を確かなものとしつつ、「ねらい②」に発展させる。そして、幅広く身に付けた技を自由に応酬し合うなど、柔道固有の楽しさを知ることができるようにする。
・新しい技を身に付けるとき、全員が等しく同じ技を練習するよりも、得意技をもつことを視野に入れ、自己の能力等に応じて選んだ技ごとに班を編成し、班別で学び合うようにする。
・練習法としては、この段階では自ずと自由練習が中心となる。この自由練習の延長上として簡易な試合㉙を計画し、その自由練習や試合を通して自分なりの課題を把握することができるようにする。

4 第4ステージ「柔道の楽しさを深めよう」

❶単元のねらい
これまで身に付けた技の習熟を図る中で得意技を身に付けるとともに、新たに例示された技の中から自己の能力等に応じて新しい技を身に付け、自由練習や試合に生かすなど柔道の楽しさを深めることができるようにする。

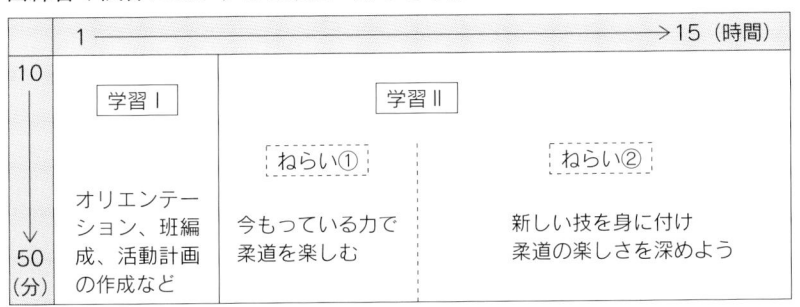

	1 → 15（時間）		
10↓50(分)	学習Ⅰ オリエンテーション、班編成、活動計画の作成など	学習Ⅱ	
		ねらい① 今もっている力で柔道を楽しむ	ねらい② 新しい技を身に付け柔道の楽しさを深めよう

㉙簡易な試合
試合は、基本動作、対人的技能、態度、学び方などについて学習してきたことを総合的に発揮し合う場である。技能の程度に応じて、試合時間、試合場、活用する技の範囲、ルールや審判法などを工夫しながら行うことから、正規の試合に対して簡易な試合という。学校体育における試合はすべて簡易な試合といってもよい。

❷対象とする生徒および学習指導上の留意点

・第1ステージから第3ステージで柔道を約45時間学んできた生徒を対象としている。
・第3ステージまで学んできた力を「ねらい①」として柔道固有の楽しさを十分味わい、「ねらい②」に発展させ、さらに新しい技を身に付けるとともに自由練習や試合に活用するなど柔道の楽しさをいっそう深めることができるようにする。
・自己の能力等に応じて得意技㉚を身に付けることができるよう、生徒が選んだ技ごとに班別で学び合うようにする。生徒相互の教え合いなど、仲間とのかかわりを大切にする。
・柔道の楽しさをいっそう深めることから、練習法としては自由練習が中心となる。自由練習を通して自分なりの得意技を身に付けていくことになる。その得意技を試合で試すのである。

5 第5ステージ「柔道を得意にしよう」

❶単元のねらい

自己の能力等に応じて技の連絡変化㉛を身に付けるなど、得意技を磨き、柔道を得意にすることができるようにする。

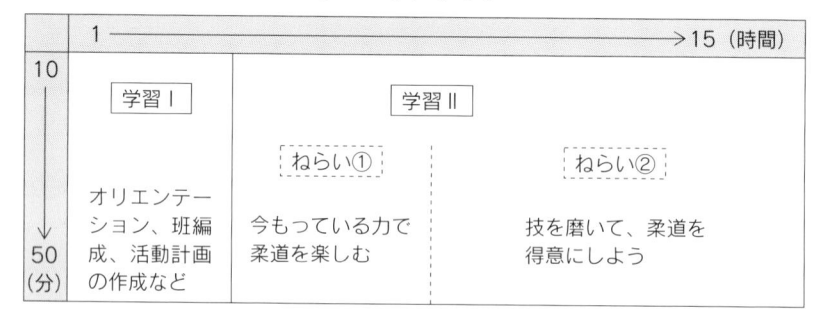

	1 → 15（時間）
10 ↓ 50（分）	学習Ⅰ / 学習Ⅱ ねらい① / ねらい② オリエンテーション、班編成、活動計画の作成など / 今もっている力で柔道を楽しむ / 技を磨いて、柔道を得意にしよう

❷対象とする生徒および学習指導上の留意点

・第1ステージから第4ステージまで柔道を約60時間学び、自分の得意技を生かして自由練習や試合ができる生徒を対象としている。
・第4ステージまで学んできた力を「ねらい①」として自分の得意技を自由練習や試合に生かすことができるなど、柔道の楽しさを深め、「ねらい②」でその得意技をいっそう磨くことによって、柔道そのものを得意にすることができるようにする。
・自己の能力等に応じた得意技を繰り返し学習することによって、その技の正確さ、素早さ、力強さなどを高め、自由練習や試合で生かすことができるようにする。
・習熟度別、または得意技別の班編成による活動を中心とし、生徒の能力等に応じた伸長を図る。
・練習法としては、第4ステージと同様に自由練習が中心となる。さらに、自由練習でも次のような3つの練習の仕方がある。つまり、①自分より相手が強い場合には守り（防御）にはいることなく積極的に技をかけ、かつ受け身をとる「捨て稽古㉜」、②同じぐらいの力をもっている者同

㉚得意技
自分が最も得意とする技をいう。とくに、柔道においては、自己の体格や体力はもとより能力・適性等に応じた技を身に付けることができたか否かによって、柔道の楽しさや喜びを味わうことができたか否かにかかわってくる。

㉛技の連絡変化
自分の技を複数組み合わせ連続して相手を攻めていく「技の連絡」（連絡技）と、相手の技を切り返したり、たくみにかわしたりして自分の技をかけていく「技の変化」（変化技）とがあり、これらを総称して「技の連絡変化」という。

㉜稽古
昔の物事を考え、調べることであり、武技、武術などから発生したわが国固有の文化としての武道では、技の上達や心身の鍛練をめざして練習することを稽古と称してきた。

士が積極的に技を応酬し合う「互角稽古」、③自分より相手が弱い場合に相手の技を引き立てていく「引き立て稽古」がある。これらの練習の仕方を相手に応じて多様に使い分けて自由練習を行うことができるようにすると、いっそう得意技を磨くことになるとともに、柔道の奥の深さが理解できるようになる。

６ 第６ステージ「生涯にわたって柔道に親しもう」

❶単元のねらい

形や試合を中心に学習することによって初段（初段の人は弐段）を取ることができるようにするなど、生涯にわたって柔道に親しむ資質や能力を養うことができるようにする。

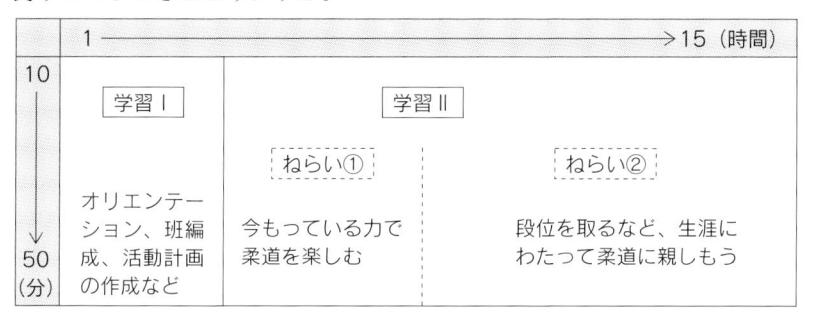

	1	→15（時間）
10 ↓ 50 (分)	学習Ⅰ オリエンテーション、班編成、活動計画の作成など	学習Ⅱ
	ねらい① 今もっている力で柔道を楽しむ	ねらい② 段位を取るなど、生涯にわたって柔道に親しもう

❷対象とする生徒および学習指導上の留意点

・第１ステージから第５ステージまで柔道を約75時間学び、「初段（弐段）」をめざすことができる生徒を対象としている。
・第５ステージまで学んできた力を「ねらい①」として得意技に磨きをかけるとともに柔道そのものを得意にし、「ねらい②」で形や試合を中心に学習することによって段位を取ることができるようにする。このように、第１ステージから第６ステージまで段階を追って学習することによって生涯にわたって柔道に親しむ資質や能力を養う。
・段位をめざさなくとも、学習の積み重ねによって生涯にわたって柔道に親しむことができるようにする。
・形は投の形、固の形、極の形、護身術、柔の形、五の形、古式の形などがあるが、昇段との関連で投の形㉝、固の形㉞、柔の形㉟に重点をおいて指導するとよい。

5 柔道の学習指導を展開するにあたっての留意点

１ 基本動作

柔道における基本動作としては、「姿勢と組み方」「進退動作」「崩しと体さばき」、そして「受け身」がある。

> 基本動作は、対人的技能との関連を図って指導するとともに、各学習段階（ステージ）に応じて対人的技能と一体的に取り扱って習熟を図ることが大切である。

㉝投の形
　手技、腰技、足技、真捨て身技、そして横捨て身技から代表的な技をそれぞれ３つ選び、技の理合い、つまり、崩し、体さばき、掛けの動作を体得することができるよう構成されたものである。

㉞固の形
　抑え技、絞め技、そして関節技から代表的な技をそれぞれ５つ選び、固め技の攻防の理論と実践を体得することができるよう構成されたものである。

㉟柔の形
　第１教、第２教、および第３教にそれぞれ５本の代表的な技が示されており、「柔よく剛を制する」の理合いを教えている。柔らかく静かな形で、場所も服装も限定されず、老若男女の区別なく広く行われ得るものである。特に女子柔道でよく行われている。

第３節 新しい視点に立った柔道の学習指導の進め方　25

このような工夫によって、学習活動が積極的・意欲的になるばかりでなく、基本動作の重要性に自ら気付くことができる。ひいては、対人的技能の習得が容易になる。基本動作については、いわば柔道の基礎的・基本的な内容の部分なので、柔道を履修するすべての生徒が自他の安全確保の観点からも、しっかりと身に付ける必要がある。

　特に「受け身」については、多様な学習活動の工夫が望まれる。たとえば、低い姿勢から高い姿勢に、弱い衝撃から強い衝撃に、その場（近いところ）から移動（遠いところ）して、単独の練習から相対の練習に、個々の受け身から対人的技能との関連でというように練習の仕方を高めていくなどの工夫であるが、詳しくは「実技編」を参照されたい。

2 対人的技能

　対人的技能については、「投げ技[36]」「固め技[37]」そして「技の連絡変化」がある。「形」を含めてもよい。技は多様にあることから、各学習段階（ステージ）に応じて、また生徒一人ひとりの体格や体力などに応じて選択的な取り扱いをするほうがよい。すべての生徒に同じ技を一律に習得させようとしても無理がある。崩しや体さばき、受け身などの基本動作との関連や技の理合いなどから技を分類し、系統性を示すことによって生徒自身の選択的な取り扱いをしやすくする。

> 　投げ技の指導では、個々の技を毎時間の授業で一律に指導していくのではなく、系統的に示された技をひとまとまりの技として簡潔に指導したうえで、生徒個々の選択的な取り扱いをし、重点的な学び方にもっていくとよい。

　こうした工夫によって早い段階から得意技が身に付く。つまり、自由練習や試合において、「今もっている力」で柔道を楽しむことができるうえに、新たな課題意識も高まり、さらなる意欲、向上心を燃やすことができる。

　固め技の指導では、特に抑え技を重点的に行い、学習段階の高まりに応じて絞め技、関節技を取り扱うとよい。

　なお、中学生については心身の発達段階から、抑え技のみを扱うことが適切である。抑え技にも多くの技があるが、相手との対応から各種の抑え技に連絡することができる。したがって、系統的に指導していくと効果的である。

　技の連絡変化の指導は、生徒一人ひとりが身に付けている、あるいは身に付けたい得意技を中心にいろいろと考えることのできる場であることから、最も技の研究をさせやすいときである。同じ課題をもつ生徒同士が相互に教え合ったり、教師の適時の指導を受けながらいろいろ工夫し合ったりすることが楽しい。なお、「連絡」は自分の技から自分の技へ、「変化」は相手の技を利用して自分の技へという分類をしている。両者を含めて技の連絡変化である。

　形は、技の理合いを知るうえできわめて効果的である。したがって、学習の段階に応じて工夫することができる。たとえば、一般的に難しいといわ

[36] 投げ技
　立ち技ともいう。投げ技には、手技、腰技、足技、真捨て身技、そして横捨て身技から構成されている。

[37] 固め技
　寝技ともいう。固め技には、抑え技、絞め技、そして関節技から構成されている。

れている「払い腰の崩しと体さばき」を理解するために形の要領で行うなど、技の学習に関連させた取り扱い、系統性のあるいくつかの技を学習したうえでのまとめとしての取り扱い、形のもつ本来の価値を追求する取り扱いなどが考えられるが、学習のねらい、および指導時数や生徒の技能の程度に応じて適切に取り扱うとよい。段位の取得をめざす場合には、やはり形のもつ本来の価値を自己の能力等に応じて学ぶことができるようにする。

3 試　合

試合[38]は生徒にとって最も興味のあるところである。それにもかかわらず、これまでの指導では基本動作、対人的技能の順に学習を積み上げ、しかる後に単元の最後のまとめとして試合を行うという傾向が強かった。しかも、安全上の配慮などからか、最終学年のみの取り扱いである。それなりに技を身に付けてはきたものの、いざ試合をやってみるとほとんどうまくかからない。戸惑ううちに柔道の授業は終了したという経験をもつ生徒は少なくない。柔道の面白さに気付き始めたら、もう終わりということにならないようにしたいものである。

> 学習のねらいを明確にしたうえで、学習段階や技能の程度に応じて、試合場の広さや試合時間、使用する技、勝敗の判定の仕方を決めるなど、試合（簡易試合）を単元の最後だけでなく、学習過程において適時・適切に位置付けるよう工夫することが重要である。

工夫された簡易な試合を経験する中で、柔道の楽しさや面白さと同時に難しさを味わうことができ、自己の課題がより明確になり、技能の向上と意欲の喚起を図ることができる。簡易な試合（試合）を行うにあたっては、対戦相手として体格、体力、技能の程度など十分配慮して行うことはいうまでもない。また、審判[39]については、一部の生徒だけでなく、全員が相互にできるようにすることが望ましい。審判は勝敗の判定だけでなく、礼法、態度、事故防止、試合の進行など、試合全般の運営にあたっていることから、柔道について総合的に学ぶことのできる貴重な学習の場でもある。

4 態度の内容

態度の内容としては、伝統的な行動の仕方にかかわる態度、公正・協力・責任などの社会的な態度、健康・安全にかかわる態度とがある。

> 特に柔道では、単に勝敗の結果をめざすだけでなく、基本動作、対人的技能、そして試合の学習を通して、人間として望ましい自己の形成を重視するという武道の伝統的な考え方を理解させることが大切である。そして、それに基づく行動の仕方を態度として身に付けさせることが求められる。

そのためには、特に自由練習や試合において生徒が気を抜くことなく最善を尽くして行うようにしなければならない。最善を尽くして初めて自分で自分を律する「克己」の心を養うことができ、相手を尊重することの大切さを実践的に学ぶことができる。また、礼儀作法は「克己」の結果とし

[38] 試合
　柔道の授業を通して身に付けた基本動作や対人的技能を総合的に試し合う学習内容のひとつである。それぞれの学習段階に応じた試合を工夫するが、個人戦や団体戦のほか、体格別や習熟度別の試合などがある。

[39] 審判
　試合の勝敗、技の効果、反則の判定だけでなく、礼法や公正・安全などにかかわる態度も含めて、試合全般の円滑な進行を行う。

ての心を表すものとして、相手を尊重する態度の表れとしてしっかりと行わなければならないことに気付かせる。お互いに遠慮し合った自由練習や試合では本来の態度を学ぶことはできない。まして勝敗に対する公正な態度など身に付けることはできない。単なる表面的な楽しい柔道では望むべくもないのである。

健康・安全にかかわる態度についても同様である。用具や服装、練習場などの安全にいつも目を配ることはもとより、危険な動作や禁じ技⓾を用いないよう学習全体を通じて指導する。特に自由練習や試合で危険な動作や禁じ技を用いないようにするということは、言葉を換えれば、伝統的な行動の仕方が態度として身に付いたかどうかということと同意といえる。

他のスポーツ種目と違って、相手を投げたり、抑えたり、絞めたり、関節をきめたりするなど、直接的に相手を制する柔道であればこそ、真剣、かつ最善を尽くしてはじめて柔道のもつ態度にかかわる特性に気付くことができるというものである。

5 学び方の内容

運動の学び方⓫は、自己の能力等に応じて柔道の技能を高めるなど、運動に親しむ資質や能力を高めるために重要な学習内容であり、自ら学び、自ら考える力を身に付け、柔道の楽しさや喜びを味わうことにある。

> 学び方とは、①自己の能力等に適した目標を設定する、②目標を達成するうえで自分の課題を把握する、③課題を解決するための練習内容を決める、④合理的な練習計画を立てる、⑤自主的・主体的に実践する、⑥自由練習や試合等の実践（学習活動）を通じて適時に自己・相互評価し、その成果を確認する、⑦新たな課題を把握する、または課題を見直すといった一連の学習活動のことである。

したがって、生徒は、自分の課題の解決をめざして、基本動作と対人的技能との関連を図って、かかり練習や約束練習の仕方を工夫したり、学習段階に応じて自由練習や試合の仕方を工夫したりすることとなる。

特に、柔道においては、得意技を身に付けることが大きな課題となる。自分はどんな技を得意技にしたいか。そのためには、各学習段階（第1～第6ステージ）に応じた練習の仕方を工夫することが大切である。たとえば、初期の段階では、崩しと体さばきを正しく行い、ゆっくりでよいからしっかりとしたかけ方を身に付ける。次の段階では、「崩し、作り、掛け」という技の理合いに基づいて、力強さと素早さを高めていく。最終的には、連絡変化技を工夫して得意技をしっかり身に付ける。さらには、これらの学習の過程における自由練習や試合で、身に付けた得意技がどの程度効果的なのかを試すことである。同じ技でも学習段階（ステージ）で、練習の仕方や試合の仕方を工夫して着実に高めていくことが肝要であり、ここにそれぞれのレベルに応じた学び方の重要性がある。

⓾禁じ技
　試合で禁止されている技をいう。柔道の授業における試合では、それぞれの学習段階に応じて履習した技を生かした試合を展開することとなる。したがって、履習していない技を施すことは安全上禁じることとなる。

⓫運動の学び方
　新しい学習指導要領では、自ら学び、自ら考えるなどの「生きる力」を育成することから、すべての運動領域における内容を、①「技能の内容」、②「態度の内容」、そして③「学び方の内容」の3つで示されている。つまり、運動の学び方が、体育における基礎的・基本的な内容のひとつとして初めて位置付けられたということである。

第2章

柔道の学習指導の基礎的・基本的事項(Q&A)

第1節　教育課程に関する事項
第2節　学習指導と評価に関する事項
第3節　柔道に関する事項

第1節
教育課程に関する事項

Q1 新学習指導要領において、武道の取り扱いはどうなりましたか？

A 新学習指導要領における武道は、基本的には平成元（1989）年の改訂と同じ考えで扱われている。平成元年の改訂では、「格技」が「武道」と改称され、わが国固有の武道の特性を生かした指導ができるように改善された。新学習指導要領では、さらに武道の特性を生かした指導の展開が求められている。

● 国際化に対応すること

格技から武道に変更された際の学習指導要領改訂の理念のひとつに、国際化への対応がある。国際化への対応とは、諸外国の文化に対する理解を深め、それを尊重する態度を養うだけでなく、自国の文化を理解しそれを愛するとともに、自信をもって外国に向けて発信することができる資質や能力を身に付けることである。

地球上には、多様な民族、国家があり、それぞれの文化を有する。国際化とは、外国と同じようになることではなく、それぞれの文化を認め合うことであり、それぞれの違いを尊重することができることである。

武道は、わが国固有の文化のひとつであり、礼法などの伝統的な行動様式や相手を尊重する態度などが重視されている。武道を学ぶことは、自国の文化に裏打ちされた国際人としての基礎を学ぶことに通じている。

● 武道としての柔道のよさを味わう

武道種目である柔道は、武術としての柔術を母胎としているが、「体育」「勝負」「修心」を目的として学ばれる。柔道では、格闘技として激しい攻防の方法を学びながら、体育として、護身術として、また人間形成の道として己を律することを学ぶのである。お互いに全力を尽くして相手を制する技術を学ぶのであるが、相手があるからこそ自分が進歩することができるのであり、そこでは「克己」の気持ちや相手を尊重する「礼法」の心を学ぶことができる。このように単に勝敗の結果だけを求めるのではなく、人間として望ましい自己の形成を重視する武道の伝統的な考え方を理解し、それに基づく行動の仕方などを柔道の授業から学ぶのである。

● スポーツとしての柔道のよさを味わう

柔道は、武道領域の1種目であるとともに、スポーツ種目でもある。スポーツとして柔道の運動特性をみると、技の多様性がある。

まず、投げ技があり、その内容は立ち技と捨て身技に分かれ、立ち技は手技、腰技、足技に分類される。捨て身技は真捨て身技と横捨て身技に分けることができる。

次に、固め技があり、抑え技、絞め技、関節技

柔道の授業から「克己」の気持ちや「礼法」の心を学ぶことができる

に分類できる。これらの多様な技の中から危険な関節技などを除いて学ぶことにより、バランスのとれた体育としての活動が可能になる。スポーツとしての柔道のよさは、これらの多様な技を利用して相手の動きに対応した攻防を展開し、勝敗を競い合う楽しさにある。

● 「生きる力」の育成に資する

新学習指導要領では、価値観の多様な社会において、自ら課題をみつけて自ら学び、自ら考え、主体的に判断し、行動し、よりよく問題を解決する能力を身に付ける教育が求められている。柔道では、相手と直接的に組み、相手の動きに対応した攻防ができるようにすることをめざし、自己の能力等に応じて技の習得を行うなど、課題の解決に取り組んだり、競い合いを行ったりする。このように、直接的に相手を制する技で勝敗を競い合うためには、克己の心を学んだり、相手への思いやりの心を学ばなければならず、その学習過程が「生きる力」を学ぶ学習に結びつくのである。

Q2 学校体育において、柔道の授業はどのように行われてきたのでしょうか？

A　現在、学校体育において、柔道は武道種目として学習されている。武道は、日本の伝統的な格闘技の総称であるが、その意味や位置付けは時代とともに変わってきた。また、柔道は武道であるとともに、オリンピック種目として国際的なスポーツでもある。

● 課外活動として発展

柔道は、嘉納治五郎により明治15（1882）年に講道館柔道として創始され、その価値が認められるのに伴い、旧来の柔術に代わって学ばれるようになった。柔道が学校に初めて取り入れられたのは、嘉納が最初に教師であった学習院であり、明治16（1883）年には柔道場が開かれた。明治20（1887）年には海軍兵学校、東京大学などで講道館から指導者を招いて柔道が行われるようになった。明治30（1897）年ごろには、高等師範学校、学習院、慶應義塾など、多数の東京にある学校の他、地方でも行われるようになった。さらに明治30年代には学校対抗試合が行われるようになり、課外活動として発展した。

● 授業へ導入

課外活動から、やがて授業にも採用されるようになり、明治44（1911）年、体操（正科）の一部として行ってもよいことになった。

今の保健体育である「體操」は普通體操と兵式體操であったものが、「體操ハ教錬及體操ヲ授クヘシ又撃剣及柔術ヲ加フルコトヲ得」と改正され、柔道は随意科（選択科目）であるが、正科の時間内に加えることができるようになった。大正15（1926）年には、撃剣および柔術は、剣道と柔道に改められ、技術の修練を通じて人格の完成をめざす、いわゆる「道」修練を尊ぶ精神が名称の上に生かされるようになった。

また、「剣道及柔道、競技等ニ在リテハ特ニ禮節ヲ重ンシ徒ニ勝敗ニ捉ハルルカ如キコトアルヘカラス」とされ、特に礼節を重視することが明示された。

● 正科柔道

昭和5（1930）年、文部省（現文部科学省）令の農学校規程中の改正で「体操（武道を含む）」となり、その他工業学校、商業学校、商船学校、水産学校など同様の扱いを受け「成ルベク必須科目トシテ奨励」された。昭和6（1931）年、師範学校規程、中学校令施行規則の改正が行われ、師範学校においては「男生徒ニ就キテハ剣道及柔道ヲ加ヘ授クベシ」、中学校においては「體操ハ體操、教練、剣道及柔道、遊戯及競技ヲ授クベシ」となり、必修の扱いとなった。

● 武道の名称、そして中止

昭和14（1939）年、「尋常小學校第五學年以上及高等小学校ノ男兒ニ對シテハ教授時間ノ外ニ於テ前二項ノ教授取扱ニ準シ武道ヲ授クヘシ」と法

令が変更され、剣道及柔道といわれていたのが、「武道」と総称されるようになった。第二次大戦中の昭和18（1943）年には、體操科が體錬科となり国防を目的とする教育に組み込まれた。そして昭和20（1945）年、日本は無条件降伏して終戦となり、連合国軍総司令部（GHQ）の指導の下で、教育から戦時色を払拭するため、體錬科武道（剣道、柔道、薙刀、弓道）の授業は中止された。

● 格技から武道へ

昭和25（1950）年、武道の名称は使わず「格技」として学校柔道が復活された。武道は、昭和39（1964）年の第18回東京オリンピックを契機に、日本武道館の名称に見られるように、日本古来の格闘技の総合名称（martial artsではなくBUDO）として復活している。

その後、平成元（1989）年の学習指導要領改訂で、心の教育の充実や、文化と伝統の尊重と国際理解の推進などの新たな教育目標のもとに、格技から武道へ名称が変更された。この改訂で初めて女子も履修できるようになり、現在に至っている。

Q3 柔道の年間計画を立てる際の留意点とはどのようなことですか？

A　保健体育において授業の年間計画を立てる際にまず留意すべきことは、中学校の3年間あるいは高等学校を卒業するまでを視野に入れて作成することである。そして、体育でめざす目標を実現するような内容を選定し、いつ、どのように指導するかを検討する必要がある。

● 学校柔道でめざすべきこと

中学校の3年間あるいは高等学校を卒業するまでを視野にいれた柔道の指導とは、ひと言で表すとどうなるであろうか。学校体育の柔道では、対人的な技能を発揮して攻防を展開する楽しみを身に付けることである。それは、体力や関心・意欲などに考慮した学習内容を選定し、初心者でも単なる受け身だけの指導に終わったりすることがなく、対人運動としての柔道らしさを味わう機会を与えることである。対人運動としての柔道らしさとは、投げられて受け身ができることであり、技をかける者は相手に受け身をとらせることができることである。そこに、対人的な攻防の楽しみを見出すことができる。

● 時期を考慮する

学習内容の検討とともに、実施時期も配慮する必要がある。水泳は屋内プールなら年間を通して実施可能であるが、屋外プールでは時期が限定される。柔道は年間を通して実施可能である。しかし、初心者に対しての授業を考えると、季節的に厳しい時期は避けるべきである。

柔道の授業に対する意識調査では、「寒い」「投げられると痛い」「投げられてけがをするかもしれない」など、マイナスのイメージがもたれていることがある。これは、柔道には寒稽古や暑中稽古など伝統的に鍛えるというイメージがあり、授業もサッカーなどと同様に冬場に行われる場合が多いためと思われる。

教室は暖房されていても、更衣室や柔道場まで暖房がある学校は少ないのが現実である。このような環境では、初心者は着替えのときに寒さを感じるだけでなく、冷たい畳の上では受け身の単独練習だけでも「痛み」を感じてしまうだろう。

次に、梅雨どきや長雨のある9月など蒸し暑い時期では、運動をしなくても汗で不快な思いをするものである。直接的に組み合う柔道では、汗でぬれた柔道衣は初心者にとって不快感を生じさせるだろう。さらに、学校の柔道衣が貸与される場合など、衛生的な面でも管理が大変である。

また、天候とは異なる理由から、時期を考える必要もある。たとえば、新入生の新学期に武道種目を経験させることを考慮してもよい。武道では、態度の内容として、礼法などの伝統的な行動の仕方に留意して練習や試合ができるようにする。柔

道を新年度、新学期に行うことにより、それらの態度の内容がより容易に普段の生活に反映されるようになると考えられる。

●実施形態の検討

実施時期を選ぶと同時に、種目を集中して行うか、他の種目と平行して行うかなどの実施形態を検討する必要がある。特定の単元を連続的に行う場合は、授業内容を集中して学習できるので、効果を上げやすい。

柔道の授業を集中して行えば、実技が短期間に続けて行われるため、学習の効率は確かに上がる。一方で、部活動で柔道を経験する生徒にとっては何でもない運動量だとしても、他の生徒たちにとっては「筋肉痛」でつらいことにもなろう。しかし一般的には、週に3時間程度の授業が割り振られているので、集中型で実施しても生徒たちがつらい思いをすることもなく、むしろ集中して楽しく取り組むことができるだろう。

柔道の授業の実施時期だけでなく、実施形態も検討したい

Q4 柔道の男女共習は可能なのでしょうか？

A 結論的には、男女共習は可能だといえる。ただし、共習を行うにはいくつかの条件があり、指導の際には、次に述べるような配慮が必要になる。

●男女の差とは

柔道は、20年程前までは男のスポーツとされていた。今では柔道をはじめ、ほとんどのスポーツにおいて女性が男性同様に取り組んでいる。

男女には生理学的に体力差があり、競技としては一般的に男女別に実施される。

女性は体脂肪率が男性の約2倍あり、筋肉の量が男性に比べて少ない。同体重の一般成人では、女性は男性の約60％の筋力しかない。陸上や水泳では、一流選手の場合、女性は男性の80〜90％の記録を示す。

柔道は格闘技のため、男女の比較を数字では表せないが、筋力測定の結果などから類推すると、女性選手はやはり陸上や水泳などと同様の能力を有している。

男女の体力差が生じるのは、急激な成長が始まる中学生からである。小学生では、むしろ高学年では女子のほうが平均して身長、体重とも男子を上回っている。その後、中学1年生から2年生にかけて男女の体格が逆転し、体力も差が開いてくる。

●指導は個への配慮

小学生では、男女の関係なく指導が可能であり、一般的に小学生の大会では男女の区別はされていない。中学1年生までは男女別の考慮はしなくても実施可能であり、1年生の授業では共習を行うこともできるだろう。しかし、中学校の大会では男女が区別されているように、体力差への配慮も必要である。

投げ技では、相手のバランスや姿勢を瞬間的に崩して投げるため、大きなパワーが必要であり、筋力が劣る女子ではやや不利である。一方、抑え技は相手を制するための手順をふんで攻防を展開することが多く、男女の別なく取り組むことが可能である。また、抑え技のほうが傷害の危険性が少ないので、抑え技を利用して全力を出し切ることができる。

しかしながら、安全に配慮して、1年生には抑

え技だけを指導したり、女子に抑え技ばかりをやらせるのは、誤った考え方である。また、体力差とはいえ上述のように絶対的なものではなく、女子でも運動部で活躍する生徒などは体力的には男子と遜色なく、むしろ考慮すべきことは体格・体力など個々の生徒への配慮である。

　柔道の特性は、投げ技や抑え技などの多様な動きを使って全力で相手を制することの醍醐味や面白さにある。したがって、男女ともに投げ技の醍醐味を経験させつつ、抑え技も指導することが必要である。そのためには、組み合う相手の身長や体重を考慮しつつ、かかり練習（打ち込み）では男女一緒に投げ技の習得を図り、自由練習（乱取り）では習熟度別の活動を考えるなど、工夫が必要になる。

● **精神的な特性への配慮**

　また、体力の問題の他に、精神的な問題がある。発育発達が著しく、また感受性が最も強い思春期にある中学生や高校生のときには、男女が互いに組み合うことへの心理的な抵抗感がある。そのため、これまでのように男女別に実施してきたような授業ではなく、男女が共通で行う学習の場や機会を設けることを、学校教育全体の中で考えることが必要である。体育では、中学1年生からダンス領域で共習を経験したり、他教科での男女一緒の取り組みなどにより、格闘技の柔道でも抵抗感なく男女で組み合うことができる環境を整えることが重要である。

第2節
学習指導と評価に関する事項

Q1　柔道の授業で、準備運動や体ほぐしの運動をどのように工夫すべきですか？

A　柔道は対人の格闘技であり、相手の力を直接的に受けたり、自らも大きな力を出して相手を倒そうとするので、準備運動は必ず行わなければならない。

柔道は、格闘技の中でも技の種類が多く、投げ技や固め技など合わせて100以上の技がある。投げ技では、相手の姿勢やバランスを崩すためには瞬間的に大きな力を必要とする。抑え技では、相手の動きに対応した攻防のためにその力を出したり、抑えた相手を逃さないように持続的にその力を出したりする。このため、投げ技でも抑え技でも基礎体力が不足していると筋肉や関節を負傷する可能性がある。これらの傷害の予防には、体力に合わせた内容で基本通りに行うのはもちろんであるが、補助運動や補強運動を計画的に行わなければならない。

また、格闘技をあまり好まない生徒は負傷への恐れから、実技に対して積極的になれない者もいるので、投げ技の扱い方や準備運動の工夫など多面的な配慮が必要である。これらの生徒には、準備運動などを体ほぐしの運動として工夫することにより、積極的に授業に参加できるようになる。

●体ほぐしの運動のとらえ方

体ほぐしの運動は、新学習指導要領の「心と体を一体としてとらえ……」という目標から、生涯体育・スポーツを念頭におきながら、児童・生徒の体力・運動能力の低下や、運動好きと運動嫌いの二極化などの問題を解決するために考えられたものである。そのねらいは、①体への気付き、②体の調整、③仲間との交流の3つである。しかし、体ほぐしの運動は新たな運動が作られたのではな

準備運動などを体ほぐしの運動として工夫したい

く、今までの運動やスポーツの部分を見方や考え方を変えて組み立てることが求められている。

したがって、柔道の授業でも特に新たな運動を考えるのではなく、これまで行ってきた準備運動や補助運動、補強運動などをできるだけ2人で組んで行い（交流）、いろいろな動きを経験する（調整）、その際の疲れ方や汗のかき方の違いを知る（気付き）など、生徒にとって楽しく運動ができるように工夫することである。

●準備運動などの工夫

準備運動の目的は、大きな力を出したり速さのある動きをスムーズに行うため、あるいは傷害予防のためにウオーミングアップを行うべきであるといわれるように筋肉を温めることである。しかし、授業は限られた時間の中で行われるので、準備運動は、技の基礎や技を覚えるための運動あるいは体つくりとしても考えなければならない。柔道の準備運動では、マット運動的な動きや、各種の組み体操的な動きなどが行われたり、受け身や技に関連する動作が補助運動や補強運動として行

われ、効率化が図られている。

補助運動では、技の習得やその基礎づくりのために技の動作を部分的に取り出して練習したり、技の動作に類似する動きを練習する。足で刈る・払うなどの動作を1人または2人で行ったり、相手を抑え込むための動作、あるいは相手の抑え込みから逃れる動作などが行われる。

補強運動では、体力の向上を目的に、各種の回転運動や倒立運動などが単独で行われたり、手押し車のような2人組で行う運動、あるいはグループでの運動が行われる。また、腕立て伏せや上体起こしなどの単独運動、あるいは相手をおんぶしてのスクワットなどのトレーニング的な運動が行われる。さらには、負荷をかけて技のかかり練習（打ち込み）などが行われる。

以上、これらの運動はできるだけ単独動作を避けて2人組で行うようにしたり、運動の内容も自分たちで考えさせるなど、生徒たちが自主的に取り組めるようにすることが必要である。1つのやり方として、各種の運動を競争的にする方法がある。小学生では他者との競争に興味があるので自然に意欲的に取り組むが、中学生や高校生では、他者との競争ではなく自己あるいは自分たちの記録を目安に努力することにより、楽しく意欲的に運動に取り組むことができる。結果として、準備運動や補助運動、補強運動として十分な効果が得られるとともに、体ほぐしの運動として格闘技に積極的になれない生徒も、柔道に楽しく取り組むことができるようになる。

Q2 「柔道は受け身ばかりで、痛い、面白くない」と、生徒から聞いたことがありますが、どのような工夫をすれば、誰もが柔道を楽しく学ぶことができますか？

A 柔道の受け身は投げ技の習得のために省略することはできないが、取り扱いに関する考え方や方法を工夫することにより、楽しく学ぶことができる。

特に柔道の楽しさは、投げ技で相手を宙に舞わせ「一本」をとる醍醐味にあり、無心に決まった「一本」の技は芸術的でさえある。見事な投げ技が決まるためには、見事で安全な受け身が必要であり、その習得には工夫が必要である。

●なぜ受け身の練習が嫌われるか

受け身が嫌われる大きな理由は2つある。まず、受け身は単独で行われることが多く、単調な運動の繰り返しなので、面白みが感じられないことである。表題のような質問が出る理由の1つに、単元の授業時数が少ない場合など、投げ技の練習でけがをされては困るからと、第1学年では受け身の学習はしても投げ技の学習はせず、抑え技しかやらせない単元計画があげられる。

次に、痛みに対する本能的な嫌悪感がある。受け身の練習で感じる痛みは、ボールを足で蹴るときや、手で受けたり打ったりするときに感じる痛みと大差ないものである。実際、受け身の練習で腕に内出血をしたり突き指をしたりというような事例はみあたらない。にもかかわらず嫌われるのは、ボールを蹴ったり当てたりすればボールの行方が結果として目に見えるのに対し、畳をたたくことは、自分の体だけのことであり、その効果を理解しづらいからである。

●受け身の必要性を理解させるには

雪国の人たちは雪の積もった道を歩くときでも、小さいときから経験的にバランスを身に付けたり、安全な転び方を身に付けている。柔道では、投げられたとき頭や体の重要な部分を守るために、手足で畳を打つことにより、衝撃の緩衝をしている。人は後ろに倒れると本能的に手をついて身を守ろうとするが、これでは腕の関節を痛める危険性がある。受け身は、本能とは異なる新たな動作を身に付けるのである。このように、本能的な動作と異なる動きを身に付けるには、新たな神経回路をつくりださなければならず、繰り返しがどうしても必要である。

また、投げ技の見事な「一本」が成立するため

には、投げられた者は受け身をとり、投げた者は受け身をとらせることが必要である。この「受け身をとる」と「受け身をとらせる」ことは、柔道の基本として最も重要なことの1つである。

● **安全な受け身の練習方法**

基本的な受け身の動作や姿勢を1人で練習したら、できるだけ早く2人組で技による受け身の練習に移る。これは単元のごく初期に行うことが可能である。技を使う受け身の練習は、ゆっくりとした、しかも弱い動作で行うのである。

たとえば、「五教の技」第一教の最初の技である「出足払」を用いる方法がある。出足払いは、ゆっくり練習すれば衝撃はほとんどないので、「受け身をとる」ことと「受け身をとらせる」ことを練習するのに都合がよい。これにより、「取（取り）」と「受（受け）」の関係を早い時期から学ぶこともできる。また、投げ技を使う受け身の練習は、しだいに投げ技そのものの練習へと移行することができる。

なお、身に付けることが難しい「前回り受け身」は、日常生活や他のスポーツでの安全確保にも役立つ有用な技術なので、時間が許す範囲で習得させることも必要である。

このような技を使った受け身を経験することにより、生徒からは「投げられたとき、空中に浮いている感じが楽しい」というような感想も出てくる。

Q3 授業で初段を取らせることは可能ですか？

A 初段に必要とされる能力を獲得することができれば、授業でも初段を取ることは可能である。

柔道の段位は100年以上の歴史があり、剣道の段位などと同様に社会的にも認められている。ヨーロッパなどでも黒帯の保有者は尊敬され、「ブラックベルト」が雑誌のタイトルとして使われたりしている。柔道の段位は、（財）講道館が認定し発行するものであり、段位の取得には一定の条件が必要とされる。

● **昇段審査のシステム**

柔道の段位認定は昇段審査によって行われる。講道館では、男子は年齢や年限の条件を満たした者が、毎月の月次試合や春秋に行われる紅白試合において必要な成績を獲得した場合、形の審査に合格すれば昇段することができる。

講道館以外では、昇段推薦依託団体である都道府県の柔道連盟や柔道協会が昇段審査を実施している。都道府県では、初段から五段までを審査し推薦することができる。六段から八段までは、地区の柔道連盟（連合会・協会）で審査され、九段、十段は講道館において特別に審査される。

● **昇段の条件**

講道館審査会規則に「昇段資格に関する内規」が定められている。授業の履修者でも初段の実力に達した者は、昇段審査を受ける資格ができたと考えられるが、内規で定められている次のような条件を満たしていなければならない。

◇最少年齢

初段は、男女とも満14歳が審査を受けることのできる最少年齢である。

◇経験年数

男女とも、初段の審査を受けるためには最低1年間の経験が必要である。なお女子では、試合が科されないので、競技力の基礎になる練習量について、1日2時間、週4日以上の経験が必要とされ、週8時間以上の練習を1年間続けることが初段の条件となる。

◇試合成績と形の審査

男子は、競技力が試合によって審査され、加えて「投の形」が審査される。これに対して、女子では試合は科されないかわりに、「投の形」に加えて「柔の形」が審査される。

「投の形」は、初段では、「投の形」15本のうち、手技（浮落、背負投、肩車）、腰技（浮腰、払腰、釣込腰）、足技（送足払、支釣込足、内股）

の合計9本が審査される。

「柔の形」は、女子の初段では、「投の形」9本に加えて、「柔の形」15本のうち第一教（突出、肩押、両手取、肩廻、腮押）の5本が審査される。

● 昇段審査の実際

以上のように、授業での柔道経験者でも、昇段審査を受けることができる。しかし、実際の昇段審査は、一般的に部活動で毎日のように柔道を続ける生徒たち向けに行われている。授業の経験者では、試合が科される男子には厳しい条件といえる。また、女子でも「投の形」や「柔の形」の習得には時間がかかり、授業の中で習得することは困難なことが予想される。

授業経験者が初段に合格した具体的な例をあげると、ある武道研究推進校の中学校の場合がある。この中学校では、3年間柔道の授業を受けた生徒の中から、野球部やサッカー部などの運動部に所属する男子生徒たちが「投の形」を放課後などに柔道部員と一緒に練習し、昇段審査を受けた結果、十数人が見事に合格した。しかし、この場合は研究指定校であり、かつ運動能力の高い部活動経験者が初段を受けたのであり、特殊な例ともいえる。

このように特に高い運動能力がない場合でも、適正なカリキュラムに従って一定期間柔道を続けて学習すれば、初段の力量は獲得できるものと考える。部活動で毎日練習を続ける者だけではなく、授業での経験者も立派な柔道人口の構成員である。そういった生徒たちが初段に合格できるよう、推薦依託団体に検討をお願いする必要があると考えるものである。授業経験者が初段に合格することにより、柔道は生涯体育・スポーツとしてより普及発展するものと思われる。

（補章230ページ「初段への道」参照）

Q4 体育理論と柔道の授業との関連をどのように図ったらよいですか？

A 体育においては、心と体を一体としてとらえることを重視し、運動についての理解と運動の合理的な実践を通して、高度な運動技能を習得できるようにし、心身ともに健全な人間の育成をねらいとして改訂が行われている。体育理論の目標は、「体育・スポーツに関する知識を理解できるようにし、運動の合理的な実践及び健康の増進と体力の向上に活用することができる資質や能力を育てる」とされている。

専門学科における科目としての「体育理論」の内容は、①社会の変化と体育・スポーツ、②運動技能の構造と運動の学び方、③体ほぐしの意義と行い方、④体力トレーニングの内容と行い方、⑤運動と安全、⑥体育・スポーツの運営管理、以上の6項目である。専門学科の内容ではあるが、柔道の授業でどのように生かすことができるか概観してみよう。

● 社会の変化と体育・スポーツ

社会生活の変化と体育・スポーツの必要性や体つくり運動の多様な意義などを学ぶとともに、個々の運動種目の技術・戦術および規則なども時代とともに変わるものであることを理解し、社会とスポーツとの関係や諸問題などを学ぶ。柔道では、カラー柔道衣の問題など国際スポーツとしてのルール変更や、それに対応する日本選手や日本国内の受け止め方など、技術面だけでなく文化的な面で学ぶところが多い。

● 運動技能の構造と運動の学び方

運動技能とは、運動の技術を実践する能力である。運動の学び方は、個人や集団の能力等に応じた目標に対して実践し評価に至るまでの過程を理解することである。柔道では、技を知的に理解し、相手と体験して体得する。さらに、それを試合で使える得意技にまで高める。これらの過程を通して運動の学び方を理解する。

● 体ほぐしの意義と行い方

「体ほぐしの運動」の考え方は、誰もが運動することの心地よさや楽しさを味わいながら、運動を通して「自分（心・体）」「自然」「他者」と対

話してみようということである。柔道では、準備運動や補助運動などを参考に、できるだけ2人で組んで行い、工夫したいろいろな動きを経験することにより、体ほぐしの効果が得られる。

● **体力トレーニングの内容と行い方**

体ほぐしの運動と同様に、準備運動や補助運動、補強運動などを計画的に行い、体力の向上を図る。また、格闘技としての運動の強さから、技の練習や試合練習も体力トレーニングになり得ることを理解することにより、充実した学習が展開できるようになる。

● **運動と安全**

柔道の受け身は、投げられた者が自己の安全を確保するために行う技術である。しかし、安全な受け身は、技をかける者が投げ捨てたり同体で倒れたりせず、相手に受け身をとらせてやることにより成立する。技をかける者のこの動作は、相手に対する思いやりの心である。一方、受け身をとらせる動作は、投げ技から抑え技に攻撃を連絡するための基本でもあり、この動作を習得することは運動の質を高めることにつながる。

● **体育・スポーツの運営管理**

体育・スポーツにかかわる運動施設の整備や管理、運動へ参加する側のあり方などの諸問題について理解できるようにする。柔道は、弾力のある床に畳を敷いた道場で行われ、関連する施設として更衣室や洗面所などがある。これらの施設と授業の形態との関係などをもとに安全管理の観点から諸問題を学ぶことができる。

Q5 身体接触を拒む生徒や宗教上の理由で柔道を拒む生徒には、どのように対応したらよいですか？

A 現在の学習指導要領では、柔道は、剣道、ダンスなどとともに選択して学習することになっているので、単位修得のためには必ずしも履修しなくてもよい。身体接触を何らかの理由で拒む生徒には、ダンスを選択することが勧められる。しかし、いかなる生徒に対しても、柔道の意味や解釈について正しい情報を示すことが必要である。

● **体育・勝負・修心**

柔道を拒否する理由の1つは、その技術の起源が武術であるという点にある。嘉納治五郎は、戦場武技を起源とする柔術から講道館柔道を創始したが、柔道の目的を「体育・勝負・修心」とした。嘉納は、柔道の修行を通して人間を完成し、世の中に貢献することを目的とし、次のような言葉を残している。

「柔道は心身の力を最も有効に使用する道である。その修行は攻撃防御の練習に由つて身体精神を鍛錬修養し、斯道の神髄を体得することである。さうして是に由つて己を完成し世を補益するが、柔道修行の究竟の目的である。」

嘉納の言う「勝負」とは、柔道を護身法として学ぶことであり、相手を殺傷することを目的としてはいない。具体的には、相手の攻撃に対応して身を守る方法を「形」として学ぶことができる。また、今日的な「勝負」は、「競技スポーツ」としての柔道と解釈することができ、世界選手権やオリンピックなどの柔道競技として盛んに行われている。

「体育」や「修心」としての柔道は、東京高等師範学校の校長など教育者として活躍した嘉納の精神を最も表すものであり、まさしく教育としての柔道である。

● **武道と武士道**

第二次世界大戦が日本の敗戦という形で終戦となり、学校体育における武道種目は連合国軍総司令部（GHQ）の指導の下で中止された。武道が武士道と同一視された結果である。武士道は、武家社会における行動規範であり、「武士道とは死ぬことと見つけたり」などと表されるように、戦

争につながる死生観を有していた。これに対して武道では、柔道における危険な技の取捨選択に見られるように殺傷を目的とせず、技術の鍛錬を通して、知徳体を兼ね備えた人間をつくることが目的とされている。戦時体制の中では「體錬科武道」として指導されたが、武士道精神を涵養するような内容で行われたわけではない。したがって、東京オリンピックを契機に武道の名称が復活される際にも、柔道、剣道などの総合名称（martial artsではなく、BUDOである）とされ、人間形成の道として再確認されたのである。

● 国際スポーツとしての柔道

柔道は、嘉納治五郎によって創始された日本発祥の国際スポーツとして、オリンピックでも実施され、世界中に普及発展している。柔道の競技面について統括する国際柔道連盟では、その規約において次のように定義している。

「国際柔道連盟は、非政治的、かつ非営利的団体であり、人種や宗教による差別を認めない。国際柔道連盟は、嘉納治五郎により創始され、なおかつ心身の教育の一体系であり、オリンピック実施種目としても存在するものを柔道と認める。」

このように、国際的にも柔道は単なるスポーツ種目ではないことが認められている。国際柔道連盟では、世界選手権大会やオリンピック柔道競技などを行うだけでなく、IOCソリダリティーコースにおける指導者派遣事業などの活動を通し、世界平和への貢献をしている。

Q6 正座を嫌がる生徒には、どのような対応をしたらよいですか？

A　柔道は「礼に始まり礼に終わる」と言われる通り、練習や試合の前後には、気持ちを静め、服装を整えて、相手を尊重する気持ちで、礼法が行われる。礼法は、礼の心を形で実現したものであり、礼をすることは、心がふれ合う出発点になる。言い換えると、礼法は「心の教育」の基本であるともいえる。

柔道の礼法には立礼と座礼があり、立礼は道場への出入りのときや、試合のときに行われ、座礼は授業の始めや終わりのとき、寝技の練習などで行われる。座礼は正座をして行われ、正座は礼法の基本姿勢である。また、技の解説のときなども正座をして説明を受けるのが一般的である。この

ように正座は、礼のために姿勢や心を整えたり、集中して相手の話を聞くためなどの手段であって、正座そのものが目的ではないことを理解する必要がある。

● 正座の効用

かつて日本では、生活の中で床や畳に座ったり立ったりする動作が多く、自然に足腰が鍛えられていた。現在では生活が西洋化され、食事や勉強などをはじめ、仕事でも椅子に座ることがほとんどであり、下半身の衰えや運動不足が指摘されている。そのような生活の中で、畳に座る正座は見直されるべきであろう。

正座は、礼法の基本として、あるいは対座姿勢として、日本の居住文化において経験的にできた姿勢であるが、次のような心理的、生理的な効用が確かめられている。

・禅僧が瞑想にふけるとき$α$波が出やすくなるなど、心理的な効果がある。
・正座すると脊柱が正しい形に伸びて、姿勢教育の面で効果がある。
・他の姿勢より腰への負担が少なく、腰痛になりにくい。

礼をすることは心がふれ合う出発点となる

・正座することは、膝の関節へ刺激を与え、運動不足による膝関節痛の予防になり得る。

このような効用が認められる一方で、正座が長時間に及ぶと、神経細胞が酸素不足のために痛みを感じたり、しびれたりする。間違っても罰として座らせることなどがあってはならない。

●座る・立つとつま先立ちの姿勢

正座には、座る動作と、立つ動作が関連して行われる。このときの動作は、「左座・右起」あるいは「右起・左座」として順序が決められている。座るときは、まず左足のつま先を立てて片膝立ちの姿勢になり、次に右足も同様につま先を立てて両膝つきになり、その後に正座する。逆に正座から立ち上がるときは、まず両足のつま先を立てて両膝つきの姿勢になり、続いて右足、左足の順で立ち上がる。

このようにつま先を立てて動作を行う理由は、下肢の全体に力が入り、どの時点でも素早く動いたり瞬時に姿勢を変えることができるという合理的な姿勢だからである。柔道の抑え技の攻防でも、つま先を立てることにより、相手の動きに素早く対応することができ、全身の力を合理的に使うことができる。

●蹲踞(そんきょ)の姿勢

つま先立ちの姿勢のひとつに蹲踞がある。蹲踞は、下肢を深く折り曲げ、つま先を立てて上体を正した姿勢であり、正座と立位の中間姿勢であり「中腰の姿勢」ともいわれる。蹲踞は、相撲の仕切りや剣道で両者が対峙したときなどに見られ、静かな姿勢だがいつでも相手の動きに対応することができる出発姿勢でもある。またこの姿勢は、いわゆる「うさぎ跳び」の姿勢でもあり、下半身の筋力を鍛えるのに役立ち、足先や足首の力も鍛えられる。うさぎ跳びは過去において、正座と同様に罰として科されたり、鍛錬を目的にして過度に行われ、下肢の疲労骨折などの問題が起きたことがある。しかし、生活の中で床に座ることの少ない現代では、適度な回数や行い方のうさぎ跳びや蹲踞の姿勢は下半身を鍛える方法として、見直されるべきであろう。

下半身の筋力不足が、少年規定における反則行為「両膝を最初から畳についた背負投」の要因のひとつとして指摘されている。座る・立つという動作、つま先立ちの姿勢や蹲踞の姿勢などにより下半身が鍛えられ、そのような技のかけ方を予防できると考えられる。

以上のように、正座そのものの効用、および正座に関連する動作から得られる効果を知ることにより、正座に対して積極的になれるであろう。

Q7 柔道の授業で経験のある生徒と初めて履修する生徒がいる場合、指導の留意点はどのようなことがありますか?

A 質問のような状態が最も多いのは、高校の体育授業においてであろう。特に平成元年の学習指導要領からは選択制が導入され、中学校での選択履修の結果、柔道だけの経験者、剣道だけの経験者、あるいはダンスだけの経験者など多様な経験の実態がみられる。また、中学校においても小学生のときに町道場やスポーツ少年団などで柔道や剣道を経験している生徒がいるので、条件は同じであるといえる。

このような授業における経験者の割合は、地域における柔道の普及程度や環境条件など、いろいろな要因により変わるものであろう。いずれにしても、授業においては、経験者の扱いをどのようにするかが課題になってくる。ここでは、経験者の割合を次の3段階に分類して学習指導を考えてみよう。

●ごく少数の経験者がいる場合

クラスの全員が初心者の場合を考えてみよう。教師は、対人的な柔道の技を1人で示範するわけ

にはいかず、未経験者を相手に示範することになる。初心者にとっては、早い動きや力強い動きは必要としないが、完成された技が目の前で示されるのと、何となく示されるのとでは、説得力に差が出るであろう。なお、経験者がいない場合は、VTRなど補助教材の活用が考えられる。

クラスに数名の経験者がいる場合は、これらの生徒を教師の指導補助として活用することができる。教師は彼らを相手にして示範することにより、生きた教材を示すことができる。また、彼ら経験者も教師の相手を務めることにより、自らの技能を高めることができるであろう。

●経験者がある程度いる場合

経験者の数が増えてきた場合、彼らをグループ学習のリーダーとして活用することが可能になる。経験者が各グループに配置されることにより、準備運動や補助運動、補強運動の段階から、より柔道に関連性をもたせた活動ができる。また、学習内容もグループごとに経験者がいることにより、多様な課題を見出しやすく、課題の解決も容易になる。さらに、活動内容や課題によって、グループを組み替えたり、ときには経験者のみを1グループに集めて活動させるなど、学習指導の幅が広がるであろう。

●経験者が多い場合

経験者がたくさんいると、グループ学習をする場合でも、個別の活動をする場合でも、彼らを有効に活用することにより、学習指導の効率を上げることができる。グループ学習の場合、初めは経験者が均一にグループに割り当てられるようにし、全体のレベルアップを図るのが一般的である。

少し進んだ段階では、経験や技能の程度別にグループをつくり、課題とする技や活動内容を能力や関心・意欲に合わせたものにすることが可能になる。

以上述べたように、経験者を活用することにより学習指導の効率を上げることができる。しかし、経験者にとっても技能向上を図る学習の場であることを忘れてはならない。経験者とはいえ、小学生のスポーツ少年団活動などでは、体得する技能も限られている。また、中学校での授業程度の経験では技能の程度はそう高くはないものである。

一方、中学校で部活動を経験した生徒の場合でも、主として試合を目標に活動しているので2、3の得意技しか体得していないのが現実である。これらの経験者は、指導補助として活動することにより、彼ら自身の学習になるのである。

Q8 柔道の授業ではどのような事故が起きていますか。また、それを防ぐためにはどうしたらよいですか？

A　実技種目で事故の起きる理由の主なものは、基礎体力の不足と技能の未熟が考えられる。また、人には闘争本能があり、熱中すると、けがに対する理性的な判断や防衛本能の働きよりも、体力の限界を超えた活動をすることがある。したがって授業では、体力に見合った内容、安全な技のかけ方などを徹底し、事故を未然に防ぐことが必要である。

●柔道で起こる事故とは

全国的な傷害事故に関する調査（スポーツ安全協会）によると、柔道では骨折、捻挫、打撲・挫傷などが多い。骨折は他の種目でも多く、バレーボールやソフトボール、軟式野球、サッカーなどのほうが柔道より多い。しかし、それは活動している総人数をみていないので、一概にどの種目が多いとはいえない。

次に、柔道の傷害事故の具体例について、I県の中学校、高等学校の柔道の試合、部活動、大会などにおける調査結果（平成10年度日本体育・学校健康センター）からみると、次のようにまとめられる。

・傷害事故は年間567件あり、部活動中297件（52.0％）、授業中197件（35.0％）、大会中73

- 件（13.0％）であった。それぞれの活動中における傷害の発生傾向は、ほぼ同じであった。
- 傷害名別の発生件数は、骨折244件（43.0％）、捻挫158件（28.0％）、打撲・挫傷81件（14.0％）、脱臼21件（4.0％）、靱帯損傷・断裂17件（3.0％）などであった。
- 受傷部位別では、鎖骨89件（15.7％）、足指76件（13.4）、足首40件（7.1％）、手指38件（6.7％）、膝34件（6.0％）などであった。
- 技の内容は、投げ技430件（89.2％）、寝技52件（10.8％）であり、投げ技がほとんどである。
- 投げ技では、技をかけられたとき341件（79.3％）、技をかけたとき89件（20.7％）であり、投げられた者のほうが圧倒的に多かった。
- 投げ技について、技名が記載されていないもの259件（60.2％）、記載されていたもの171件（39.8％）であった。
- 技名が特定される傷害では、背負い投げ62件（36.3％）、大外刈り24件（14.0％）、足払い18件（10.4％）などの順となり、背負い投げが多い傾向にあった。

●傷害を防ぐためには

以上のように、柔道における傷害では、骨折が多く、部位としては鎖骨が多いことを考えなければならない。しかも、技をかけられたときが多く、投げられたとき肩から落ちることが傷害の主な原因と考えられる。技名が出た背負い投げは、使われる頻度が高いためとも思われるが、技のかけ方にも問題があり得る。柔道の試合審判規定（少年規定）では、最初から相手を引き落とすような低い背負い投げは相手の頚椎や自分の膝を傷める危険性があるため、「両膝を最初から畳について背負投をかける」ことは反則行為とされている。

体育の授業では、体力にみあった内容で安全な行い方を徹底し、傷害を未然に防ぐことが必要である。柔道では、背負い投げに対する少年規定の配慮のように、技のかけ方が最も重要である。技をかけて潰れる、かけながら倒れ込む、同体で倒れるなどということは絶対にしてはならない行為である。「受け身をとる」だけでなく、相手に「受け身をとらせる」技能を習得することが、傷害の予防につながることを銘記しなければならない。

Q9 柔道の授業で、評価はどのように工夫したらよいですか？

A　平成元年度の学習指導要領では、「自ら学ぶ意欲や、思考力、判断力、表現力などを学力の基本とする」新しい学力観に立ち、「めあて学習」や「選択制授業」など、生徒一人ひとりの能力・適性に応じたさまざまな指導の工夫が行われるようになった。

そこでの評価は、①運動への関心・意欲・態度、②運動についての思考・判断、③運動の技能、④運動についての知識・理解、などの観点を十分にふまえ、生徒一人ひとりのよさや可能性を積極的に評価する姿勢が求められる。

平成10年度の学習指導要領の改訂では、さらに知識や技能の量的な側面だけでなく、自ら学ぶ意欲や思考力、判断力、表現力など学力の質的な向上をねらいとしている。したがって評価では、学習指導要領に示される目標に照らしてその実現状況をみる評価、いわゆる絶対評価が重視されることになる。その際、観点別学習状況の評価を基本として、学習の到達度を適切に評価することが大切である。

●教師による評価

日常の教育活動は、計画、実践、評価という一連の活動を通して、常にフィードバックされながら、よりよい学習指導が求められる。したがって、指導と評価は一体化しながら行われるのであり、単元の終わりに評価されるだけにとどまるものではない。

柔道では、対人的な投げ技や抑え技の攻撃防御の方法を学習するのであるが、教師は学習過程においても、観点別の評価の視点をもちながら指導にあたることが肝要である。したがって、観点別

の評価は、単元の終わりに行うのではなく、そのつど行われるので、評価の規準は学習課題別に検討されなければならない。学習課題は、教師の一斉指導による同一内容ではないので、生徒一人ひとりの目標や課題によって決まってくる。したがって、学習カードや短時間で解答できるミニテストなどを工夫し、指導と評価が一体化したシステムをつくる必要がある。

　たとえば、運動の技能をみると、これまでは強さが指標とされることが多く、試合での勝敗が評価の対象とされてきた。しかし、新しい学力観では、試合での強さではなく技の習熟の程度や技の達成度などを評価することになる。受け身の技能では、最初は単独での受け身が評価の対象となり、しだいに相対的に投げられたときの受け身から、自由練習や試合での受け身が評価の対象になるだろう。投げ技では、個々の関心・意欲に基づく技が課題として選ばれ、約束練習での達成度から自由練習や試合での習熟の程度を評価するなど、それぞれの段階で評価の対象が変わってくることになる。

●生徒にとっての評価

　生徒にとっての評価は、教師に評価されるという消極的な意味ではなく、生徒自らの学習活動や学び方を高めていくための積極的なものでなければならない。柔道では、生徒自らが課題を見出し、その課題をいかに解決していくか、そのための練習や試合の仕方の工夫、実践、学習過程などにおける評価が、再び生徒の課題にフィードバックされ、自ら学ぶ意欲や思考力・判断力などが高められなければならない。

　柔道の投げ技では、「一本」「技あり」「有効」などの評価基準があり、学習活動の中で客観的な評価の目を養う機会があるといえる。試合のときはもちろん、技を学習する段階でもこれらの評価基準を学ぶことができるので、ものを見る目を養うことができる。また、生徒同士の相互評価を行うことにより、他人からの評価を受容する能力を養うとともに、仲間とともに学び合うことのよさに気付くこともできる。

第3節
柔道に関する事項

Q1 ヨーロッパでは、なぜ柔道の人気が高いのですか？

A 格闘技が好きだからである。ヨーロッパにおける格闘技の歴史は古く、遠く紀元前にまで遡ることができる。古い歴史を有するということは、以前からヨーロッパの人々が格闘技を支えてきたということであり、それだけ格闘技に対する情熱をもっていたということができよう。ヨーロッパの柔道人気を支える基盤をここに見ることができる。

●格闘形式が各国異なった理由とは

格闘技とは本来、人類に共通した生命を守る手段である。原始時代、われわれ人類の祖先は、まず食料や衣料などを獲得保持するために努め、また子孫を残すことなどが生きるうえでの重要な事柄であった。その道は決して平坦であったはずはなく、ときには動物、ときには同じ人間同士で争うことがあったであろうことは想像に難くない。そのような闘いにおいて、木片や石などは有用な武器であったろうし、もちろん、徒手空拳の場合もあったであろう。それらの方法は、技術的に見て素朴なものであったに違いない。

この素朴で原始的で人類共通ともいえる格闘形式は各国それぞれ異なった形態に発達し、今日に至っているのだろう。なぜ異なった形態に発達したのか。考えられることは気候風土の違いによる戦闘衣や武具の違い、また民族間による考え方の違いなどであり、それらのうえでの長い年月に渡る研究、伝統などが、それぞれ異なった形態の格闘形式に発達させたのであろう。

たとえば、わが国では、これが相撲や柔術、柔道へと形づくられ、中国では拳法として発達し、ヨーロッパでは相手を倒してその肩をマットにつけるレスリングへ、また握り拳で殴打し突き合ってダウンを奪い合うボクシングへと発達した。投げる、抑える、あるいは打突するという動作は、人類共通の格闘方法のようである。しかし、その技術はといえば、各民族それぞれ、また各地方によっても一様ではなく、さまざまに、微妙にその違いを見せている。

●ヨーロッパの徒手空拳から発展したレスリングとボクシング

ヨーロッパにおける格闘技の歴史を概観しておく。エジプトは人類の文明発祥地といわれているが、ナイル河のほとり、首都カイロから南へ下ること約200kmにあるベニハッサンの墳墓内に発見された壁画にある線画のレスリング図は、紀元前約2500年のものと推定され、当時のレスリン

少年のボクシング。右手にだけグローブをつけており、左手はガード専用であったことをうかがわせる。紀元前1500年ごろ

グの様子をよく伝えている。古代ギリシアから発したヨーロッパの徒手空拳による格闘方法は、その後、レスリングとボクシングというそれぞれの形式に発展し、今日に至っている。

ギリシアの古代オリンピックは紀元前776年に始まり、以後、4年ごとに夏期に行われ、紀元394年までの約1200年間続けられた。古代オリンピックにおいて、レスリングは五種競技にも加えられた。当時の五種競技とは、走る・跳ぶ・槍投げ・円盤投げ・レスリングを指し、その目的は肉体のバランスのよい発達という哲学に支えられていた。一方、ボクシングは、両手の指や手首、前腕を粗い革で巻いて互いに力いっぱい打ち合い、最終的に相手を殴り倒すことを目的に競い合う格闘技術として発達した。

● フランスにおける柔道の歴史

ヨーロッパでも特に柔道の人気が高い国々は、フランス、オランダ、イギリスなどであり、南米のブラジルも同様に柔道の普及や競技力などで、世界的に高い水準を示している。これらの国々はともに長い柔道の歴史をもっている。

柔道創始者嘉納治五郎が人生初の海外渡航において、若き日、最初にその足跡を遺した国がフランスであった。嘉納はマルセーユ到着後パリに行き、そこで約2ヵ月滞在した。詳細な記録は今のところ見当たらないが、すでに講道館柔道の創始後数年を経ていたこと、警視庁武術大会において、講道館柔道の技術はめざましい活躍を天下に示していたことなどから推測すれば、嘉納がフランスの地においても柔道普及の種蒔きをしたに違いないことは、十分想像できるといってよいだろう。

格闘技好きと礼儀作法好きとの両面をもつ文化的誇り高きフランス人が、礼の心と総合格闘の技術を備える東洋の運動文化柔道に浅からぬ興味を示したことは、その後のフランス柔道史が如実に語っている。近代オリンピックの提唱者ピエール・ド・クーベルタンもフランス人であった。嘉納治五郎は、後年、このクーベルタンからIOC（国際オリンピック委員会）委員に推されたが、これも広義にはフランス人と柔道との因縁のうちといえるかもしれない。

現在、フランス柔道連盟に登録している柔道愛好者数は約58万人であり、そのうち18歳以下の占める割合が約80％である（1999年度調べ）。

Q2 「柔能く剛を制す」といわれますが、本当はどういう意味ですか？

A　相手の力に逆らわず、相手の力をもって勝つ、という意味であり、また柔軟性のある者がかえって剛直な者を抑える、という意味である（以上『三略』上略）。少しく敷衍（説明を加えること）してみよう。

● 楊柳の風になびくがごとく

力をもって人を制しようと思えば、人もまた力をもって拒む。これでは小兵非力の者が剛強な者に勝ちを得るはずはなく、故に、ここで術が必要とされてくるのである。柔術とはまさしく小兵非力の者が剛強の者に勝つ技術であり、そこに用いられる理を柔術諸流は、しばしば「柔能く剛を制す」と表現した。すなわち、相手の力に応じて逆らわず、己の力を捨て、相手の力をもって勝つ。

そのためには力を頼まず、体を心に素直に従わせ、楊柳の風になびくがごとく相手の変化に応じ、自らの体を失わず、軽く柔らかに力を用いる。これが柔の理であり、柔とは、かくなる状況を意味し、表現した言葉に他ならないと思われる。柔道の創始者嘉納治五郎にも、この理に関する次のような説明がある。

「ここに1人10の力を持っている人が在って、7の力の人に向かって全力を出して突っ掛かって行くと仮定する。その時、7の力の人は全力を尽くして抵抗してもかなわぬのは当然である。しかし、その時、自己の姿勢を崩さずして、相手の力に順応しながら抵抗しないで退く時は、自身は依然7の力を維持しているが、相手は前には10の力を持っていたが、突っ掛かって行った力を支え

るものが無く外されたのであるから、前方によろけて2とか3とかの力に減じてしまう道理である。こうなると元来の10対7の関係は変じて、2或いは3対7の関係となり、前には劣っていた力の者は楽に相手に勝てるようになる。それが柔能制剛の理である。略。これは強い者が弱い者に勝つという普通の道理に反した事実であるから、これがその術なり道なりの特色として考えられ、それから柔術とか柔道とかいう名称が生まれてきたのであると思う」(「作興」)

● 変化・応用に富んだ心と体の在り方

もう1つみてみよう。わが国柔術の一流派「楊心流」の流祖秋山四郎兵衛義昌に、次のような話が伝わっている。秋山は武芸を志し、研究に励んでいたが、あるとき、風に揺れ、積もった雪を柔軟に跳ね返す柳の枝の動きを見て、忽然と悟った。それは変化・応用に富んだ心と体の在り方であった。

「略。因って由時（秋山義昌）之を歎き、筑紫太宰府の天満宮に百日の間祈願して、手数を工夫し、之を三百三手となす。また神廟の前に柳樹在りて、大雪の際にも其の枝に雪の積もらざるを見て感悟し、遂に楊心流と号す」(『柔術極意教授図解』)

「太宰府の天満宮に詣で、祈請すること数日、一夜忽ち老翁の楊柳に帯雪し賜うを夢見、豁然として開悟す」(『柔術期』)

これらの古文書には、ともに流祖の太宰府参籠祈願後、あるいは参籠数日（あるいは百日）後、大雪があり、他の喬木（きょうぼく）(高い木の意味)は枝折れするのに、楊柳に積もった雪は枝があるところまで撓（たわ）むとひとりでに跳ねて雪を払い落し、決して枝折れしないことの発見などが記されている。流祖秋山は、柔術の技を用いる場合もこの理に則るべきであると悟ったのである。そして、その精神に基づいて技の研鑽に励み、研究を重ね、ついに起こした流派名も「楊心流」と名づけたということである。ここにも、大きな力に逆らわず、むしろ順応して、しかも自らは自らを保ったまま最後にはその大きな力をかわす理、「柔の理」がみてとれよう。

中国の『三略』では、「柔能く剛を制し、弱能く強を制す。柔は徳なり、剛は賊なり。弱は人の助くる所、強は怨の攻むる所」の記述がある。ここに言われる柔は、老子の思想で尊ばれた柔の徳に基づいている。それは柔こそ宇宙の大法、自然の理法であるとするものである。老子の言う柔弱とは、絶対の柔弱であり、絶対の柔弱は絶対の剛強であり、すべて絶対の域に至れば、柔もなく弱もなく、剛もなく強もなく、柔剛の相対もなくなるというのである。

● 柔の意味の深さを認識したい

このようにみてくると、「柔能く剛を制す」の意味が、単に「小さな人が大きな人に勝つ」などというような単純な意味でないことがわかり、われわれは改めて「柔」の意味の深さを認識すべきであろう。次のような例はどうか。

「お母さん、うまいですねぇ。お父さんに意見するのにあんなに優しく言って、ちゃんと思う通りにさせているんだから」

「柔能く剛を制す、よ。こっちがガミガミ怒って言ったって、逆効果なのよ！」

類語として、「柳に雪折れなし」、あるいは「歯（し）亡（ぼう）舌（ぜっ）存（そん）」など。

Q3 柔道の段位を有していない教員、あるいは女性でも柔道の授業を行うことができますか？

A 行うことができる。この場合、教員自身も生徒とともに学習者の位置をとり、単元である柔道を一緒に学んでいくという方法をとることが肝要である。その際、学習内容をどう設定するか。これがまず解決すべき課題として浮かび上がってくる。それは同時に柔道に充てる時間数の問題とも絡んでいる。

ここでは具体的時間数を設定した論は展開でき

ないので、標題について、おさえておくべき基本的内容を述べることにしたい。

●目標は「投げ技の約束練習が円滑にできる程度」

まず、学習成果の目標点をどこにおくか。それは「投げ技の約束練習が円滑にできる程度」と設定するのが妥当であろう。その理由は、柔道の学習として生徒が学ぶべきものは柔道の醍醐味であり、柔道の醍醐味とは投げ技にあるからである。醍醐味を味わうことによって、相手へのいたわりと感謝という礼法学習の意義も自ずと理解されてくるだろう。

ただし、そうはいっても、自由練習ができる水準にまで到達させるのは難しいと思われる。その理由は、技を自由に使う自由練習の水準は、約束練習の段階に比べて技術指導および安全管理の両面において相当高度であり、柔道の段位を有していない教員にとっては相当困難であると思われるからである。敷衍すると、自由練習の指導では、技の使用、すなわち生徒の施技の善し悪しを判断できなくては指導にならない。

一方、その間には絶えず危険防止の安全管理も要求されている。技術的側面においても、安全管理の側面においても、段位を有する教員には何ら問題ではない常識的に見えるさまざまな点が段位を有していない教員には見えず、その結果、見落とすことになってしまいがちである。これは大変危険なことである。このような内容をもつ自由練習を、段位を有していない教員に求めるのは無理があると思われる。

しかし、約束練習ができる程度にまで到達させるという目標設定ならば、段位を有していない教員にとっても妥当であり、正しい動作および安全面双方の管理も十分可能と思われる。投げ技の約束練習ができるようになると、施技において格闘的運動としての興味がふくらみ、投げ技学習に対するモチベーションがかなり高まってくるものである。この水準まで到達してくると、生徒の学習に対する自主性がより発露されてくる。また、運動量もかなりの程度が確保され、体力的側面の価値もより高い水準で得られるようになり、体育の授業として大変望ましいものとなってくる。

●理論・実技ともに基本動作の習得が重要

それでは「投げ技の約束練習が円滑にできる程度」になるためには、どのようにしたらよいだろうか。

それは姿勢と組み方、歩き方、崩しと体さばき、受け身などにかかっている。

姿勢が悪いと、望ましい投げの動作が困難である。正しい組み方は投げの動作のほとんどすべてを支配する。継ぎ足をすり足で行う歩き方ができなければ、投げの動作はぎこちないままである。不十分な体さばきは投げ技を成立させない。受け身ができなければ、生徒は柔道の学習が恐くて、けがばかり心配する授業となるだろう。以上はすべて柔道における投げ技の基本動作である。

段位を有していない教員は、ぜひともこの基本動作を習得する必要がある。この場合の習得とは、実技および理論の両方を指す。少なくとも基本動作については行うことができ、また、理解している水準にあることが求められる。そうでなければ柔道の授業運営は困難であるといえるだろう。

さて、段位を有していない教員は、自分自身の研修が必要となってくるが、このとき誰に教わればよいだろうか。

最初に考えられるのは、地域の柔道協会である。夕方、担当指導員のもとで柔道の稽古が行われているので、期間を区切った集中的研修を実践する努力が必要である。もちろん、研修内容は主として基本動作の正しい習得を目標に集中すべきである。そして、その進歩に応じて、容易な投げ技の学習に進むのが望ましい。

●投げ技の学習と同時に受け身の学習を含ませる

投げ技学習のための一般的原則を示すと、①簡単なものから難しいものへ、②遅い動作から速い動作へ、③低い動作から高い動作へ、④単純な動作から複雑な動作へ、などが考えられている。初期の段階の投げ技学習では、体さばきの動作の比較的少ない技が教材として選ばれるべきだろう。

一例を挙げておくと、出足払いや、その応用として送り足払いなどが妥当である。この種の足技は比較的体さばきの運動量が少なく、低い位置で倒されて、安全性の面でも問題は少ない。さらに

受け身の練習とも関連づけることができる。投げ技の学習と同時に受け身の学習を含ませる方法は、受け身の学習の興味を保たせやすい。基本動作の習得を重点的に行い、容易な技を選択して研修する。段位を有していない教員の経るべき体験がここにある。

研修過程では、「作り」「掛け」の理を十分に理解することが必要である。そして「崩し」の理解も求められる。これらを正しく理解しておくことが、目標である「投げ技の約束練習が円滑にできる程度」への到達の鍵を握っているのである。

ある程度基本動作が習得され、袖をもって相手を「崩し」、正しく「作り」「掛け」を施す学習に集中できるようになれば、めったにけがをするものではない。ここから次の段階である自由練習へつながっていければ、授業の質もさらに高いものとなるであろう。

Q4 正式な広さの柔道場がない場合、どんな工夫が必要ですか？

A 柔道を投げ技と固め技との2つに大きく分けてとらえていく場合は、体操用マットを利用するのが一般的だろう。その理由は投げ技では衝撃の問題解決を、固め技では体に接触する部分＝床の安全性の考慮を、それぞれしなければならないからである。そういう点で、体操用マットを敷けばその両方の解決が図れる。ただし、それで問題がないわけではない。

体操用マットの上に立つと、足がやや沈むという状態になることによって、少なくとも2つの問題が生じる。1つは柔道の投げ技の本質的問題であり、もう1つは運動における安全性の問題である。

●投げ技における問題点

[投げ技の本質的問題]

投げ技の重要な基本動作の1つに「歩き方」がある。「継ぎ足」「歩み足」がこれにあたるが、両方とも「すり足」で行う。柔道では「継ぎ足」「歩み足」を「すり足」で行いつつ、基本姿勢から体をさばき、投げ技を施すというように技術が構造化されている。投げ技という運動技術の機序は、この「歩き方」で成立している。それだけに、投げ技という運動技術の出発点ともいうべき歩き方は、しっかり学習、習得する必要がある。この部分をおろそかにすると技術は成り立たず、その必然として技能としての技術的伸展がなくなり、学習者は伸び悩んでしまう。

「すり足」をスムーズに行うためには、足の接触する床表面が平らで固く、滑りのよいものがよい。しかし、多少柔らかい体操用マット上では足が沈み、上述の「すり足」が困難となってしまうのである。

[安全性の問題]

体操用マットの表面には、中身を安定させるための縫い目があり、表面は平らではないために、運動中つまずきやすい。投げ技練習の初心者であれば、転倒した弾みで手をついて手首や肘、肩などの捻挫や脱臼につながらないとも限らない。

では、問題解決のためにはどうしたらよいだろうか。

進退動作など、動きを伴う段階の投げ技の学習（＝自由練習）を体操用マット上ではさせないことである。その段階の学習は、できる限り畳の上で行わせるべきである。人数を制限してでもそうさせるほうが、技術学習の効果を狙うためにははるかに望ましい。柔道における投げ技という運動技術の基本、出発点ともいうべき「歩き方」こそ、しっかり学習、習得させるべきである。

●固め技における問題点

投げ技を前提に述べてきたが、固め技、特に抑え技となると問題は異なった様相をみせてくる。端的に言って、投げ技の場合ほど問題性はないので、動きのある学習も体操用マット上で可能である。

しかし、一般に、抑え技（以下、寝技という）の攻防の技術的展開を支えているのは、平らで固

い畳である。立ち技の場合、接触面は足であったが、寝技の場合は主として柔道衣そのものが畳との接触面である。投げ技、寝技ともに、接触条件として平らで固く、円滑な表面がそれぞれの技術の成立を支えている。この点において、寝技でも体操用マットには問題が残されているのである。しかし、安全性の面での問題点はほとんど皆無といってよいだろう。

● **正式な試合場の広さを生徒に体験させよう**

広さの問題ではもう1、2点、注意を要する事項がある。それは学習者の人数と広さの問題、試合時の広さの問題などである。前者は安全性の問題、後者は規定との問題が生じている。

安全面では、ゆったりとした余裕ある空間で学習させるのが理想であるが、広さに制限がある場合は人数を制限して行うなどの工夫が必要となる。一般に、1組（2人）に対して最低6畳の広さが必要とされていることを覚えておいていただきたい。

学習のまとめとして試合を行わせる際、「講道館柔道試合審判規定」に基づく正式な広さの試合場を経験させることには意義がある。規定に定められた時間中、50畳の広さの空間を自ら管理する能力は、正式な試合場でこそ身に付けることができるものであり、ぜひとも体験させるべきである。可能ならば、そのときだけでも施設の借用、つまり近くの公立武道館や正規の柔道場をもつ学校で授業を行うなど、弾力的工夫がほしい。それらがかなわないならば、体操用マットなどで広さを補い、できる限り正式な試合場の広さを確保するよう努める。その際、技の練習時でも試合時でも、畳が動かないように十分注意することは、安全性の確保につながる。

Q5 柔道衣は生徒に買わせるほうがよいでしょうか。それとも学校から貸与するほうがよいでしょうか？

A 生徒に買わせるほうがよいだろう。これには、主として2つの理由がある。1つは衛生の問題であり、2つは態度の問題である。

● **柔道衣の認識から衛生観念を助長する**

柔道衣は肌身に直接着衣するため、発汗、軽微な負傷による出血、その他、いっさいの生体より排出するものが付着する。こういうものを他者に着せることは、衛生上、するべきではない。伝染性の罹患、疾病の可能性を極力排除しなければならない。

逆に柔道の授業により、肌身に付ける柔道衣の認識から衛生観念を助長することが可能であり、衣類も含めた身辺の清潔を指導する好機会とすべきである。ただし、疾病を強調する指導方法は望ましくない。その理由は、いたずらに疾病を気にし過ぎる消極的な子どもをつくらないとも限らないからである。そういう方向ではなく、むしろ強調すべきなのは、身辺の清潔に気をつけることがお互いの爽快な気分を呼び覚まし、結局、相手を尊重することにつながっているということ、そういう態度で相互に丈夫な体づくりに励むことが、体育科教育の主眼のひとつであること等々を理解させることである。

● **礼節の中心的命題は「謝恩の心」**

柔道の単元を学習することの重要かつ必須の基本的事項は、わが国固有の文化性を理解、習得することであり、そのうちの主要なものがどの武道にも共通している礼節である。ここに礼節とは謝恩の心を指す。それは具体的には師に対する恩であり、武具に対する感謝であり、場所に対する作法である。武道におけるこれらの礼節の底に流れるものは、自分自身の能力の開発、向上などはその実、自分自身を取り巻く人々や環境から教えられ、助言されて成るものであり、決して自分1人だけで成就されるものではない、という謙譲の思想である。つまり、自分の能力を練り上げ、磨き上げるのは他者だという考え方である。そして、自分自身の向上、成長ほど尊くありがたいことも

ない。

このように考えてくると、武道における礼節の中心的命題が、謝恩の心にあるということがよく理解できるだろう。これが柔道の単元を学習させることの重要にして、かつ必須の基本的事項であるわが国固有の文化性であり、礼節である。柔道衣はこの意味において、自分自身を練り、鍛え、磨き上げる武具であり、その取り扱いは感謝というの礼の心をもって行わせなければならない。

柔道衣のたたみ方、持ち歩く際の扱い方、洗濯の仕方、保管の仕方など、わかりやすく説明し、指導しながら、日本の伝統文化に触れさせるとともに、その心の応用を説くべきである。すなわち、平素から自分自身を取り巻く環境や物事に対して、感謝と尊敬の心をもって接する態度を積極的に表していくことを、である。

● 柔道衣は二重(ふたえ)の良品を選ばせる

柔道衣については、どこで購入するのがよいだろうか。通常は柔道衣店である。経験が深いという点から、老舗の柔道衣店が望ましい。経験が深いということは、それだけ製品に対する研究が積み重ねられており、破損、綻びなどに強く、丈夫である。

織り方には一重(ひとえ)と二重(ふたえ)があり、どちらが望ましいかといえば、二重のほうが望ましい。その主たる理由は、組んだ際の持ちやすさ、握りやすさにある。一重の柔道衣は薄いため、よほどしっかり握らないとその握りが放れやすく、生地をたぐって厚く持たないと、技がかかりにくい。これで興味が半減する。するとどうするか。技を首尾よく施すために、力を入れて握るようになる。これでは技術よりも力の柔道に入っていくことになり、初心者の技術学習としては好ましくない方向となる。

二重の柔道衣の場合、この種の問題はほとんどない。握った感触が手の内に豊かで、別段力を入れずとも、しっかり手の中に柔道衣が納まっているという感じをつかみ得るからである。軽い握りでも柔道衣が手の中にきちんと納まっているので、精神的にも安定感があり、気持ちがよい。この感触こそ、真の柔道入門と言ってよいだろう。

柔道衣の購入について、通常は柔道衣店としたが、もちろんスポーツ運動具店でも手に入る。スポーツ運動具店で購入する場合も注意点は同様である。廉価の魅力で購入するのではなく、常に質に注意を喚起させ、二重の良品を選ばせることが望ましい。その際、帯も同様で、薄っぺらなものは避けるべきである。

最後に大きさとしては、試着して自分の体に適したものを選びたい。

ここに規定による規格を図示しておく。

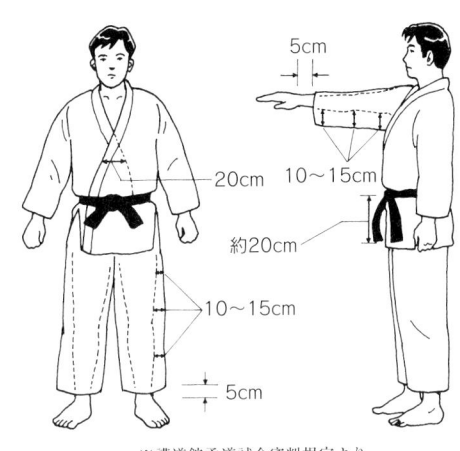

※講道館柔道試合審判規定より
〔図1〕柔道衣の規格

Q6 柔道創始者の嘉納治五郎はどういう人だったのですか？

A 性格的には大きなことを好み、何くそ精神の負けず嫌い。知的には高度に聡明で論理的。身体的には生来の短身虚弱を強・健・用の、丈夫な体となる肉体改造に成功した人等々が、まず挙げられるその輪郭であろう。

● 性格はおおらかでのびやか

万延元(1860)年生まれで昭和13(1938)年没。享年77歳。以下、嘉納の人格識見をもう少し詳しくみていくことにしよう。

嘉納治五郎の性格はおおらかでのびやかだった。何ものをも大きく包容し、悠々迫らぬ大海の

ようなスケールだったという。自然の風景の美しさをこよなく愛し、機会あるごとに世界の名だたる風景を訪ねて、その鑑賞に平素の労を忘れた。明治35（1902）年9月、嘉納42歳のとき、清の招請を受けて中国に遊び、岳州・長沙の名跡を探り、洞庭湖に明月を賞した（このとき、湖上、海賊に襲われるという劇的エピソードがある）。

ヨーロッパでは北欧のフィヨルド海岸の雄大な峡谷を賞で、朝鮮では金剛山の壮大さを絶賛してやまなかった。嘉納が好み、かつよく説いたものに孟子の次の句がある。

「天下の広居に居り、天下の正位に立ち、天下の大道を行く。志を得れば民と共に之に由り、志を得ざれば一人この道を行なう。富貴も淫する能わず、貧賎も移す能わず、威武も屈する能わず、此をこれ大丈夫と謂う」

視野の広く、大きなものをみつめていた様子がわかるだろう。

教育者としての人生を歩んだ嘉納は、後進に対して常に正々堂々とした人生を歩め、と唱道してやまなかった。教員養成学校の高等師範学校ではあったが、卒業生に対して必ずしも教師になることを強要しなかった。

「教壇人に終始するの要はない。広い意味の教育精神を失わぬ限り、その資質志望によっては学界でも良い、政界でも良い、或いはまた経済界、産業界何れに進出しても良い」と諭した。

●議論好きで、ユーモアの持ち主の一面も

議論好きの面だが、嘉納は平日、談話を好み、興が高じれば終日の談論も厭わない性格だった。その議論も静かで巧まず、水が高きより低きに流れるがごとく自然でありながら、理路が整っていたという。その様はあたかも水の低きにつくがごとく流れ、やがて大海に出るようであった。ときにユーモアを交え、応酬誠に自在なものがあった。たとえば、オリンピック東京大会の招致に成功した帰国の途上、船中でのエピソードに次のような話がある。

同乗した米国の一女性が、東京大会9月開催について異議を唱えたときのこと、嘉納はすかさず得意の英語でユーモアを忘れず、こう逆襲したという。

「日本選手は暑さに慣れているから、8月開催なら全部勝ってしまう。それではフェアプレーにならぬではないか」

このような機知、および辛辣味は嘉納弁論の特有さであった。

また、次のような話もある。ある外国人と対話するとき、相手が何語で話そうかと言って、英語、

講道館富士見町道場（1886〜1889年）の稽古。師範席にいるのは嘉納治五郎であろう

ドイツ語、フランス語などと知っている限りのヨーロッパ語を挙げたので、嘉納も向こうの知らない日本語、朝鮮語、中国語等々、数多くの東洋語を並べ挙げたうえで、最後に"and English"と言って、彼の最も得意な英語で話した。ここにも嘉納が相当の機知、ユーモアなどの持ち主だったことがうかがえよう。

「美しい眺めや良い音楽を楽しむ喜びは、ちょうど我々が筋肉を使うことにより生ずる喜びが肉体的鍛練の結果であるのと同じように、或る種の知的能力の鍛練の結果である。我々が舞台を眺めて喜びを感じ、また楽しみを感じる理由は、知的鍛練から生ずる満足感である」

これは嘉納の英文日記の一部である。わが国が初めて参加したオリンピック大会期間中、組織委員会よりオペラに招待され、その鑑賞の際、頭に浮かんだこととして記されたものである。肉体的訓練と同様に知的訓練から生ずる喜びの発見、指摘である。嘉納は非常に筆まめであった。多くの場合、意見の発表には自ら筆を執って草案を起こし、来た文書や手紙などに対しては、即座に毛筆を執り、達意な答書をしたためた。胸のポケットには常に2、3本の万年筆と鉛筆が収められていたという。

●指導者であるとともに体育の忠実な実践者

嘉納は体育実践について、どのように心がけていたのだろうか。大谷武一（後の東京高等師範学校教授）によれば、電車の中で空席があっても腰かけず、吊革につかまって立っていた。吊革にぶら下がるのは一種の運動だと言って、いかにも気楽そうに、満足そうに見受けられた。たとえ暑くても、いっさい扇子を使わなかった。しばらく気を静めて我慢していると、涼風自ずから至ると言った。また、寒くても火鉢にあたらなかった。若い連中が火鉢の周囲に集まっているとき、嘉納が現れると皆が一斉に座を譲ったが、「若い者はあたれ、自分は寒くない」と言って、決して暖をとろうとはしなかった。

入浴の際、誰かが「背中を流しましょう」と言っても、固く断って自分で洗った。おそらく柔軟体操やマッサージに通じていたものといえよう。靴の脱ぎ履きの際、一度も腰掛を利用しなかった。「これは僕の平均運動だよ、君もひとつやってみたまえ」と言ってからからと大笑した。

精力善用については、長途の旅行から帰ったとき、出迎えの弟子たちが「先生、お疲れでしょう」と言うと、「君らは僕をよぼよぼの爺さんとでも思っているのか、それとも精力の乱用者とでも思うのか、自分はまだこの通り元気だし、また精力を善用しているのだから少しも疲れない」と抗弁した等々である。合理性を尊び、終生、負けず嫌いの性分だったことがみてとれよう。

嘉納は晩年、体育を生活化して、常に健康状態の向上とその維持に努めていた。体育家としての嘉納は、指導者であるとともに体育の忠実な実践者だったのである。

嘉納師範筆

Q7　柔道と柔術とはどのように違うのですか？

A　ひと言で言えば、柔道は近代における人間形成の道、柔術は前近代における武士の必修科目のひとつである。ともにそれぞれ固有の形態と機能を有し、武術的技術とそれに伴う精神とで構成されている点が共通している。発生および形成という誕生と成立の歴史は、柔術のほうが柔道よりもはるかに古く、長い。柔術史から順にみていこう。

● 戦場の技術の鎧組討

　ころは、源氏と平家の時代に遡る。厳島神社に平家納経を収め、京に在って平氏が栄華を極めたころ、源氏の棟梁頼朝は、平氏追討の戦の武運を箱根、伊豆山の両社に祈った。そして、ついに壇之浦にこれを討つ。ここに遠きより射、近寄っては長刀で薙ぎ、太刀で打ち、あるいは突き刺し、あるいは斬り、矢尽き刀折れれば組討って生死を争う源平争乱の世が、その幕を閉じた。

　鎌倉武家政権成立後、史上、武士が登場する。この時代、武士とはいかなる者を指したのだろうか。それは弓馬の術に長じ、また相手を組み敷き、甲冑の隙間から刀を使って生命を断ち、あるいは相手のそっ首を刎ねるという組討に優れた者のことであった。柔術はこの鎧組討より始まったものと言える。後世、徳川の戦なき時代に入り、徒手武芸として武士の嗜む処となっても、なお諸流の伝書に「流儀の心意、組討也」、あるいは「先ず第一に戦場組討の為に今日身骸（しんがい。体の意）自由の業（わざ。技の意）をなす」等々とあるのは、皆等しく、組討に重きをおいていたからである。

　また、技術修錬を支える精神として、「小兵なる者でも非力なる者でも、其の志次第で上手名人の場へ至られぬということ無し。故に柔術の修行に就いて、形の大小、力の強弱をば一向論ぜぬ事なり」（『柔術大成録』）という考え方が、一般に柔術諸流に共通の理として貫かれていた。

● 嘉納治五郎、日本伝講道館柔道を創始

　他方、その柔術だが、ひと言ではなかなか把握しにくい。明治22（1889）年5月に行われた嘉納治五郎の講演録から引いてみよう。嘉納は柔術をどのように説明していたか。

　「柔術という言葉は誰しも聞いて居りますが、さてその解義を与えよと言われた時、何と答えて宜しいかに困らぬ人はおそらく少なかろうと思います。柔術には流派が幾つも有りまして、等しく柔術という名称で大層違ったことを致しもします。また他の名称で同じようなことをも致します。例えてみれば、咽喉を絞めたり、手を捻ったり、蹴ったり、突いたりすることの稽古をするものを柔術と称えるかと思えば、ただ投げることのみ稽古するものを柔術と称えます。また体術、和、柔道、小具足、捕手、拳法、白打、手搏など種々の名称がございますが、皆一種の柔術です。ただ小具足とか捕手とか申せば、多くは捕縛する稽古を指し、体術とか柔道とか申せば、多くは鎧組討の修行でして、投げることを専らとするくらいの区別がございますのみです。斯く名称も沢山有り、稽古の仕方にも種類が色々有ることですから、判然区別を立て、何はどうこれはこう、と一々説明することは到底出来ませぬ。しかし、これらのことを総括してみるときは、『無手或いは短き武器を持って、無手或いは武器を持っている敵を攻撃し、また防御するの術』と申して宜しかろうと思います。そうして柔術という名称は一番広く人に知られておりますから、従前の体術、和、小具足などを論ずるにあたって、いま仮に柔術をその総称と致しておきましょう」

　柔術は、もちろん、封建時代にあって、殺傷の技術＝武術の一種であった。青年嘉納治五郎は、身体的に他者より劣ることの克服をもくろみ、柔術を学んだ。それらは「天神真楊流」と「起倒流」の二流であったが、それぞれの修行過程を通して、柔術が単に封建時代の遺物に留まるようなものではなく、工夫しだいでは人間形成の手段として、立派な教育の道になり得ると洞察。その後、研究を重ね改良を加え、ついにその名も一新し、明治15（1882）年5月、日本伝講道館柔道を創始したのである。23歳の初夏であった。

　嘉納の始めたものは単に武術のみならず、武術的側面を残しながら、体育、修心の機能をもあわせもつ明確なる教育の手段とし、その最終目標を「己の完成」「世の補益」とした。ここに柔術の止揚に成功し、改めて講道館精神としての精力最善活用、相助相譲自他共栄を提唱したのである。

　名称も術から道へと改め、技術も精神も一新した嘉納は、しかし、先師先達の意を汲むことを忘れなかった。「日本伝」講道館柔道という命名にその面目躍如たるものを見ることができる。「相手の力に逆らわずして勝つ」という「柔の理」を基礎に、「心身の力を最も有効に使用する」という「精力善用」の理を導き出し、次いでこの理を

もとに、「社会生活の存続発展のために応用する」という「自他共栄」思想を導き出し、提唱してやまなかった。嘉納は、この柔道の技術と精神とを海外へ普及すべく尽力。いまや柔道は世界187ヵ国に普及し、世界選手権大会が開催され、オリンピック競技大会の正式種目にも認定され、文字通り国際社会の老若男女を魅了し、今日もその友好の輪を広げつつある。

柔術の永き伝統性、柔道の新しき国際性の二面性を有するわが国の誇るべき武道文化がここにある。

Q8 柔道と相撲の起源は同じですか？

A 同じというのが定説である。柔道も相撲もともに格闘の技術で成り立つ運動文化といえるが、柔道の場合はさらに、柔術がその母体として位置付いている。このことを考えると、冒頭の文は、柔術と相撲の起源が同じというのが定説である、と言い換えられよう。わが国の格闘技の歴史を概観しなくてはならない。

● 『古事記』にみるわが国における最初の投げ技

わが国における格闘に関する記述的初見は、『古事記』に登場する力競べである。『古事記』について小記しておこう。『古事記』とは、現存する日本最古の歴史書であり、全3巻より成る。稗田阿礼（ひえだのあれ）が天武天皇の勅で誦習した帝紀および先代の旧辞を、太安万侶（おおのやすまろ）が元明天皇の勅により撰録して、和銅5（712）年、献上したもので、神話・伝説や多数の歌謡を含み、天皇を中心とする日本統一の由来を物語っている。

『古事記』には出雲の国譲りにおける建御雷神（たけみかづちのかみ）と建御名方神（たけみなかたのかみ）の力競べの記述がある。以下にその概要を記す。

天照大神（あまてらすおおみかみ）はその子、天忍穂耳命（あめのおしほみみのみこと）を中つ国へ天降りさせるにあたり、すでに中つ国を治めている大国主神（おおくにぬしのみこと）の同意を得るために、数次に渡って使者を派遣したが、いずれも円満な解決をみなかった。そこで新たに勇武に優れた建御雷神を派遣した。建御雷神は出雲の国（島根県）の伊那佐の浜に天降って、大国主神の一族と交渉にあたった。

交渉はまず大国主神と、ついでその子である事代主神（ことしろぬしのかみ）と行われ、それぞれ承諾を得た。しかし、3番目に登場した事代主神の弟、建御名方神との交渉は決裂。ついに対決となり、力競べで決着することになった。建御名方神の記述だが、千人でなければ動かせないような岩石を手先に差し上げながら来た、というようにものすごい力の神に表現されている。

その建御名方神が言った。「私が先にあなたの手を取ろうぞ」。そして、建御雷神の手を取った。建御雷神はその手を取らせながら、「立氷（たちひ）に取り成し、また剣刃（つるぎば）に取り成し」たので、建御名方神はその力強さに驚嘆。恐れおののき、思わず後ろへ引き下がった。そこで次に建御雷神が言った。「今度は私があなたの手を取ろうぞ」。建御雷神は建御名方神の手を取り、建御名方神をちょうど若い葦（よし）を取るかのように掴み拉（ひし）いで投げ放った。さすがの建御名方神も、「これはとてもかなう相手ではない」と言って、東へ東へ逃げて信濃の国（長野県）の諏訪湖に至ったという。

この力競べの記述を技術的観点から推量してみよう。立氷とは上から垂れ下がった垂氷（つらら の意）の落ちた雫（しずく）が下で凍り、上に向かって垂直に立つ氷柱のことであり、剣刃は剣の刃で、当時の剣は反りのない直刀であったから、直刀の刃を意味するといえる。つまり、建御雷神は建御名方神に手を取らせた後、寄り身か関節技のような方法で建御名方神の体か腕を、立氷か剣刃のようにまっすぐに反らせ、身動きのできないように制したと思われる。次に、建御雷神が建御名方神の手または腕を取ったときは、その手を掴み拉いで、

その体を投げ放ったというのであるから、今日でいう投げ技を思わせる。ここにわが国における最初の投げ技を見ることができるといえるだろう。

● 『日本書紀』に記された柔道と相撲の起源

次に現れてくるのは、『日本書紀』に散見する格闘の記述である。『日本書紀』とは、奈良時代に完成したわが国最古の勅撰の正史であり、神代から持統天皇までの朝廷に伝わった神話・伝説・記録などを修飾の多い漢文で記した編年体の史書30巻である。養老4（720）年、舎人親王（とねりのしんのう）らの撰である。その『日本書紀』の中で最も古いのは、垂仁天皇7年7月7日の条に伝える野見宿禰（のみのすくね）と当麻蹶速（たいまのけはや）の格闘の記述である。

大和国の当麻村に当麻蹶速という牛の角をへし折るほど力の強く勇敢な男がいて、日ごろから、力競べのうえであれば死ぬようなことがあっても構わない、と言っていた。そこで出雲の国で一番勇ましい男と言われていた野見宿禰を朝廷へ呼んで、両者を闘わせることになった。闘いの状況はどうであったかというと、両者相対峙し、互いに足を挙げて蹴り合った。ついで、野見宿禰が当麻蹶速を倒し、蹶速の肋骨を踏み折り、さらに腰の骨をも踏み挫いて、ついに蹶速を死に至らしめたのである。

天皇は蹶速の所有地を取り上げ、これを宿禰に賜ったのが、現在、腰折れ田と呼ばれている所だという。この格闘で用いられた技術は、ほとんど蹴る動作であったと思われる。当麻蹶速の名前も、蹴ることが速い、ということから蹶速という名で呼ばれていたほどである。古き時代の勝負は投げ、当て、蹴り、骨を折り挫く等々、死生を論じないほどすさまじく、かつ野性味をもっていたことが、この格闘の記述から想像できよう。用いられた技術は総合的なものであり、後世の柔術に近似するものといえよう。今日、わが国では、この野見宿禰と当麻蹶速の格闘が柔道と相撲の起源と言われている。

Q9 姿三四郎は実在したのですか？

A 実在しない。姿三四郎は直木賞作家富田常雄の代表作の題名である。実在人物そのものではない。

しかし、そのモデルとされた人物は実在した。西郷四郎である。西郷は「山嵐」という技の使い手だった。姿三四郎も小説の中で「山嵐」を最も得意な技としており、柔術古豪と闘い、これを「山嵐」で破っている。実在した西郷四郎とよく符牒が合っている。

● 講道館四天王のひとり、西郷四郎がモデル

作家富田常雄も柔道の有段者だったが、彼の父富田常次郎は講道館最初の入門者として、その名を燦然と柔道史に残している。誓文帳の始めに山田常次郎（後の富田常次郎）の名を残す柔道草創期の人であり、後に講道館四天王といわれた。富田の入門は講道館創設と同時の明治15（1882）年5月だが、次いで同年8月、志田四郎、後の西郷四郎が入門した。西郷も講道館四天王の1人に数えられている。「名人」の名をほしいままにした柔道草創期の大功労者であった。姿三四郎のモデルとされた西郷四郎とはどのような人物だったのだろうか。

富田常次郎が西郷のことをこう記している。

「古流柔術及び柔道の名人は、概して小兵であると言われているが、我が西郷四郎君もその選に漏れず、彼は身長僅かに五尺一寸、体重十四貫にも足らない男であった（筆者注：身長約155cm、体重約53kg）。最も注意すべきは、彼の足の指先がみな下を向いていたという特殊な事実である。そして、それが山嵐に大切なる関係を持っていた。弓の鎮西八郎為朝は身の丈七尺あまり、左腕が右腕より四寸長い人であった由で、これが即ち彼をして先天的に強弓を引くに都合良く、古今無双の達人となった所以であろう。然るに我が西郷君はこれとは反対に、全体が短小に丸く出来ていた。

山鹿素行はかつて鞠身の術という形容詞を用いたが、我が西郷君は実際生まれながらにして鞠身であった。だから、講道館の初期時代によくあった他流試合の激戦に際しても、もし相手に抱き上げられて畳に叩き付けられることがあっても、彼は滅多に背中を畳に着けなかった。恰も猫のように中途でひらりと体をかわして四ツ這となって平然としていた」

●山嵐は払い腰と背負い投げのコンビネーション

富田はまた山嵐についても述べている。

「（略）この技は西郷君の得意技と言うよりも、むしろ彼がその体格と気象(ママ)とに似せて、彼自身が創造した実に得意以上の技である。だから、虎と加藤清正は離すことが出来ても、山嵐と西郷君とは礼としても、実際としても分離して説明出来ない。これ即ち西郷の前に山嵐なく、西郷の後に山嵐なき今日の有り様である。山嵐はその名のごとく、高山の頂きから俄然嵐の吹き下ろす有り様を形容して、嘉納師範が命名せられた。技そのものと名称とが、まことに良く合致した奇抜なる投技である」

ではいったい、その山嵐という技はどう組んで、どうかける技だったのであろうか。再度、富田の説明を聴こう。

「山嵐という技は、決して腕力や体力の技ではない。乗るか反るかという気合いの技である。力学上から言うと相手の重心を出来るだけ最短距離に崩し、しかも、最大速力を以て掛ける技であり、諸技の中でも最も進んだ技であると見るべきである。実際の掛け方は（右組みの場合）、右手で相手の右襟を深く取り、左手で相手の奥袖を握り、同時にかなり極度の右半身となって、相手を引き出す手段として、先ず自分の体を浮かしたり沈めたり、また或る時は腕先で、或る時は全身を以て巧みに、押すと見せないで相手を後方に制するのである。そこで自然に相手が押し出る途端を、即ち嶺から嵐の吹き下ろすが如く全速力を以て十分に被って肩に掛けると同時に、払腰と同様に相手の右足首を掬うように払い飛ばすのである。であるからこの技を払腰と背負投のコンビネーションと見ても差し支えあるまいと思う。襟を取る手は親指を内に入れても良し、またその反対に外に出して取っても良い。実際、西郷は両方用いたように記憶する。云々」

西郷四郎六段は講道館柔道資料館に設置されている殿堂に入り、その功績が永く顕彰されている。西郷は後年、長崎の東洋新聞で記者として、社長鈴木点眼を助け、雄渾な筆をふるった。途中神経痛に悩み、気候温暖な尾道の親戚に招かれ静養に努めたが、その神経痛がもとで衰弱し、大正11（1922）年11月23日午前8時8分、死去。享年57。翌大正12年1月14日講道館鏡開式で嘉納治五郎師範は、故西郷四郎五段へ直筆で次のような昇段証書を贈った。

── 講道館柔道創闢ノ際　予ヲ助ケテ研究シ投技ノ蘊奥ヲ窮ム　其ノ得意ノ技ニ於テハ幾万ノ門下　未ダ其ノ右ニ出タルモノ無シ　不幸病ニ罹リ　他界セリト聞ク　惋惜ニ耐エス依テ六段ヲ贈リ　其ノ効績ヲ表ス ──

師範は述懐している。

「事あって西郷の出入りは差し止めたが、自分が講道館柔道を創るにあたっての研究相手であり、実に名人だった。自分は西郷を以て斯界絶後の名人と言って良かろうと思っている」

Q10　柔道の技は全部でいくつありますか？

A　124ある。その内訳を分類すると、投げ技67、固め技29、当て身技28である。これら投・固・当の各技はさらに次のように分類される。

［投げ技］
・立ち技－手技15　腰技11　足技21
・捨て身技－真捨て身技5　横捨て身技15
［固め技］
・抑え技7

・絞め技 12
・関節技 10
[当て身技]
・腕当て 19
・足当て 9
（以上総計 124）

● 投げ技とは

以下、詳しく見ていこう。

投げ技とは、相手を投げ、倒す技である。これは3つの方法で施され得る。①自由練習（乱取り）、試合などで許される投げ技、②関節技を利用した投げ技、③当て身技を利用した投げ技、である。

①は、現在、自由練習（乱取り）や試合などでその効果が認められているもので、一般に修行者はこの範囲で稽古に取り組む。②は、立ち姿勢で腕ひしぎ腕固めや腕がらみを施し、その効果を利かせて相手を投げる場合をいう。ただし、安全面の配慮から、現行の試合ではこの技の効果は認められていない。③は、当て身技を利用して相手を投げる場合をいう。そのときの当て身は、必ずしも一撃必殺の技ばかりとは限らない。相手のあごや額に、手のひらの柔らかい部分を当てて押し倒す。相手の顔面に強い衝撃を与えて破壊的に倒すというのではない。しかし、もちろん、一撃必殺を狙って当て、相手がひるんだその効果を利して投げ技を施し、ついに相手を制するという技法もある。ただし、これも安全面の配慮から、現行の試合ではこの投げ技の効果は認められていない。上述、①②は通常、形で修錬する方法がとられている。

● 固め技とは

固め技とは、相手を抑え、首や胴を絞め、関節を逆にするか、または捻って制する技である。それぞれ抑え技、絞め技、関節技の3つに分類され

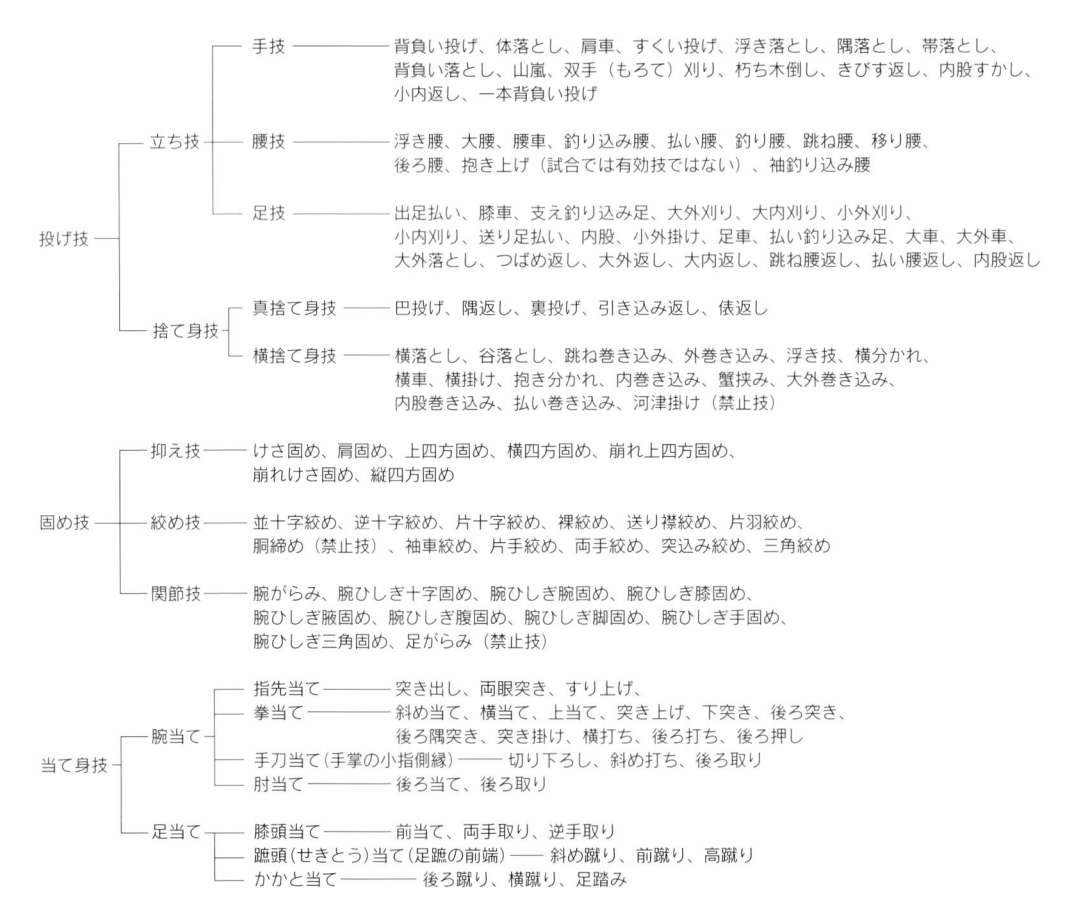

投げ技
├─ 立ち技
│ ├─ 手技 ── 背負い投げ、体落とし、肩車、すくい投げ、浮き落とし、隅落とし、帯落とし、背負い落とし、山嵐、双手（もろて）刈り、朽ち木倒し、きびす返し、内股すかし、小内返し、一本背負い投げ
│ ├─ 腰技 ── 浮き腰、大腰、腰車、釣り込み腰、払い腰、釣り腰、跳ね腰、移り腰、後ろ腰、抱き上げ（試合では有効技ではない）、袖釣り込み腰
│ └─ 足技 ── 出足払い、膝車、支え釣り込み足、大外刈り、大内刈り、小外刈り、小内刈り、送り足払い、内股、小外掛け、足車、払い釣り込み足、大車、大外車、大外落とし、つばめ返し、大外返し、大内返し、跳ね腰返し、払い腰返し、内股返し
└─ 捨て身技
   ├─ 真捨て身技 ── 巴投げ、隅返し、裏投げ、引き込み返し、俵返し
   └─ 横捨て身技 ── 横落とし、谷落とし、跳ね巻き込み、外巻き込み、浮き技、横分かれ、横車、横掛け、抱き分かれ、内巻き込み、蟹挟み、大外巻き込み、内股巻き込み、払い巻き込み、河津掛け（禁止技）

固め技
├─ 抑え技 ── けさ固め、肩固め、上四方固め、横四方固め、崩れ上四方固め、崩れけさ固め、縦四方固め
├─ 絞め技 ── 並十字絞め、逆十字絞め、片十字絞め、裸絞め、送り襟絞め、片羽絞め、胴締め（禁止技）、袖車絞め、片手絞め、両手絞め、突込み絞め、三角絞め
└─ 関節技 ── 腕がらみ、腕ひしぎ十字固め、腕ひしぎ腕固め、腕ひしぎ膝固め、腕ひしぎ腋固め、腕ひしぎ腹固め、腕ひしぎ脚固め、腕ひしぎ手固め、腕ひしぎ三角固め、足がらみ（禁止技）

当て身技
├─ 腕当て
│ ├─ 指先当て ── 突き出し、両眼突き、すり上げ
│ ├─ 拳当て ── 斜め当て、横当て、上当て、突き上げ、下突き、後ろ突き、後ろ隅当て、突き掛け、横打ち、後ろ打ち、後ろ押し
│ ├─ 手刀当て（手掌の小指側縁） ── 切り下ろし、斜め打ち、後ろ取り
│ └─ 肘当て ── 後ろ当て、後ろ取り
└─ 足当て
   ├─ 膝頭当て ── 前当て、両手取り、逆手取り
   ├─ 蹠頭（せきとう）当て（足蹠の前端） ── 斜め蹴り、前蹴り、高蹴り
   └─ かかと当て ── 後ろ蹴り、横蹴り、足踏み

〔図2〕技の分類

る。絞め技のうち胴絞めが、関節技では肘関節以外の部位を取ることが、それぞれ禁止されている。通常、それらの技は、形で修錬する方法がとられている。

●当て身技とは

　当て身技とは、相手の急所を肘や手のひら、手、指などで、また膝や足などで打ち、突き、蹴るなどして相手を制する技である。大きく2つに分類され、腕当てと足当てがある。当て身技は安全面の配慮から、試合では認められていない。形で修錬する。以上、投・固・当の各技術体系を図2に示したので参照されたい。

●講道館が分類した投げ技の体系「五教の技」

　柔道の技について、われわれが知っておくべき事項がある。それは「五教の技」と称されるもので、講道館が技術指導の指針として分類した投げ技の体系である。歴史的には明治28（1895）年に制定され、大正9（1920）年改編された。ともに基本方針は指導の順序である。一般に前者は旧「五教の技」、後者は新「五教の技」と呼称されている。固め技には、この「五教の技」に相当するような分類はない。講道館がいかに投げ技を重視してきたか、その主張を垣間見ることができる。

[旧「五教の技」42本（明治28年制定）]

第一教：膝車、支釣込足、浮腰、体落、大外刈、出足払、横落

第二教：隅返、大腰、小外刈、腰車、背負投、巴投、谷落

第三教：送足払、払腰、後腰、裏投、内股、帯落、跳腰

第四教：浮落、浮技、抱分、肩車、引込返、外巻込、釣腰、移腰、大外落、俵返

第五教：横車、横分、内巻込、小内刈、足車、背負落、横掛、払釣込足、山嵐、大外車、釣込腰

[新「五教の技」40本（大正9年制定）]

第一教：出足払、膝車、支釣込足、浮腰、大外刈、大腰、大内刈、背負投

第二教：小外刈、小内刈、腰車、釣込腰、送足払、体落、払腰、内股

第三教：小外掛、釣腰、横落、足車、跳腰、払釣込足、巴投、肩車

第四教：隅返、谷落、跳巻込、掬投、移腰、大車、外巻込、浮落

第五教：大外車、浮技、横分、横車、後腰、裏投、隅落、横掛

※旧「五教の技」から除かれた技8本

帯落、抱分、引込返、大外落、俵返、内巻込、背負落、山嵐

※新「五教の技」へ加えられた技6本

大内刈、小外掛、跳巻込、掬投、大車、隅落

Q11　ブルー柔道衣について、どのように考えたらよいのでしょうか？

A　世界にはいろいろな考え方があること、および世界での決め事は多数決で決められていくこと等々と考えたらよい。

●各国、各民族により、文化には異同がある

　ここに文化の最も広い定義として、「人間の知性を通して創造されたもの」と措定すると、人類社会とは一面、文化社会であるということができよう。各国、各民族は固有の文化を生み出し、それぞれその伝統を受け継ぎ、発展させ、今日に至っている。文化には異同があり、たとえば食文化ひとつを取り上げてみても、国、民族、また時代などにより、選ばれる食材、調理方法など、比較してみれば同じようなものもあり、また異なる仕方もある。具体的に食べ方をみてみると、右手で食べる文化もあれば、箸の文化もあり、またフォークの文化もある。

　もう1つ、体育・スポーツについてみてみれば、ベースボールと野球の違いなども以前から人口に膾炙（広く言われていること）し、話題にあがっ

てきた。

このように国際社会では、同じテーマを前にしても、国や民族、また時代などが違うと、そこに考え方、とらえ方などに異同の生じてくることがわかる。

そこで次にわれわれは、文化の国際化とはどんなものかという問題に逢着する。文化の国際化とは上述した異同の存在を前提に、国境や民族を越えた共通普遍の在り方の提示と推進であろう。また、われわれ人類社会において、「共通普遍」を承認決定するのは関係当事者である。つまり、人間は自分たちのことを自分たちで決めているのである。そしてその決め方、方法を多数決の原理に拠る方法としているのである。

● 柔道衣カラー化の歴史的流れ

以上の前提を心に留め、ここにまず柔道衣の色について、その沿革を敷衍してみよう。

長きに渡って使用されてきた白色の柔道衣に、色彩の問題を提起したのは、もちろん、日本人ではない。この考えを最初に示したのはオランダ人であった。その人は昭和39（1964）年10月に開催された東京オリンピック競技大会柔道無差別優勝者アントン・ヘーシンクである。ヘーシンクの主張は、「髪も背丈も同じ2人が同じ格好をしていたら、どちらが誰か、見分けるのが非常に難しいでしょう」という、少なくとも表面的にはごく単純なものであった。

ヘーシンクはこの考えを昭和61（1986）年10月に、IJF（国際柔道連盟）理事会へ提案。決議には至らなかったが、ヨーロッパ柔道連盟が賛同の形で反応した。2年後の昭和63（1988）年5月のヨーロッパ柔道選手権大会（スペイン・パンプローナ）で青色の柔道衣を採用したのである。同年9月、ヨーロッパ柔道連盟はIJF技術総会へブルー柔道衣案を提出。IJF技術総会はあくまで参考という位置付けで、決を採る。賛成33ヵ国、反対51ヵ国だった。以下、IJF総会での賛否の推移をみてみると、賛成50・反対87（ユーゴスラビア・ベオグラード、1989年）、賛成52・反対92（カナダ・ハミルトン、1993年）、賛成127・反対38（フランス・パリ、1997年）。ヘーシンクがIJFへ提案してから10年の歳月が流れていた。

● ブルー柔道衣の賛否論

ブルー柔道衣について論ずる際、少なくともわれわれが認識しておくべき事項は、賛否双方の主張内容、および文明論であろう。

賛否論それぞれの側の主たる論点をみてみよう。
［賛成論］
・関係者（審判員や観客など）の見やすさ
・テレビ映りのよさ　など
［反対論］
・白の伝統美を損なう
・選手が各2着ずつ用意しなければならなくなる不経済性　など

折しもIOC（国際オリンピック委員会）が、「各競技団体に対するIOC収益配分をテレビの視聴率に応じて行う」と示唆。これが柔道の国際社会を少なからず刺激した。IJFは以後、テレビ映りを気にし始めたのである。

反対論の主張は、結局、敗れた。伝統美の主張は国境を越えた次元での論議には不向きであることが露呈されてしまったし、不経済性論もリバーシブル柔道衣（表が白、裏がブルーになっている柔道衣）を柔道衣が足りない大陸へ、IJF会長が個人として寄付することである程度解決が図られ、その後は寄付する国々をGNP（国内総生産）を指標にして決めるなど、さらに救済の努力が続けられている。

文明論において、いっさいは価値観の問題に帰着するようである。その価値観は他ならぬ人間によって決められる。ある国の人々にとっての美＝価値観が、必ずしも他の国の人々にそのまま伝播するとは限らない例を、この柔道衣の色彩化問題は如実に見せたといえるだろう。

すると、文明社会に生きるわれわれ現代人は、再び大きな知の地平線に出くわすのである。それは、「柔道の国際社会における価値観とは果たして何であるのか」という課題である。

講道館柔道の発祥国はわが日本である。今後、発祥国日本としては、一方で将来の柔道の新世紀

Q12 すかし技とはどのような技ですか？

A 一般に、相手のかけてきた投げ技に対して、タイミングよく自分の体をその攻撃からはずすようにさばき、相手に空を切らせ、そのまま相手の動作や力を利用して崩し、投げて一本を取る技のことである。

● ドゥイエ選手対篠原信一選手戦にみる「内股すかし」

「すかし」の名称は、「内股」に対する場合にのみ用いられ、「内股すかし」という。「内股すかし」とは、相手の「内股」をすかし、その崩れた方向へ瞬間的に両手で捻り落として投げる技、およびこれに類する技をいう。高度な応じ技（連絡変化技）であり、最近では 2000 年シドニーオリンピック大会柔道競技 100kg 超級決勝戦で、篠原信一選手がダヴィド・ドゥイエ選手（フランス）の内股に対して施した。ドゥイエ選手の体は見事にもんどり打って、篠原選手の「内股すかし」が完全見事なる「一本」を取ったと、柔道を知る人なら誰しもそう思った。しかし、判定はドゥイエ選手の内股の「有効」。その瞬間、世界中を（おそらく柔道史上、長きにわたり語り草として、必ずや後世に遺されるであろう）論議の渦に巻き込んだ。これは多くの人々の記憶に今なお新しいところであろう。

少し説明してみよう。ドゥイエ選手は篠原選手に「内股」をかけた。篠原選手の体は、その「内股」で崩され、空中に飛び、体の側面から落下して、「有効」程度に着地した。しかし、その間、ドゥイエ選手の「内股」に多少かかりながら、篠原選手は自分の体の傾く中で、得意の「内股すかし」を施したのである。それは見事に効を奏し、これ以上はないだろうといえるほどの素晴らしい立派な「一本」だった。しかし、結果はドゥイエ選手の「内股」の「有効」。柔道を知る人は皆、口をそろえてあの裁定は誤審だ、と言ってはばからなかったし、今なお、そう思っているだろう。

柔道の投げ技にはこのように、相手の技を巧み

シドニーオリンピック柔道100kg 超級決勝戦。篠原信一選手（右）対ドゥイエ選手（写真提供/読売新聞社）

第3節 柔道に関する事項

にはずし、そのまま相手の力を利用して投げ、「一本」を取る技がある。上述の「内股すかし」はその代表例といえるが、ここではその他いくつかを紹介してみよう。いずれも微妙なタイミングと俊敏な体さばきが要求される高度な技である。

●隅落（すみおとし。通称空気投げ）

相手に触れずに、相手を倒すことはできないか。こう考えた人がいた。柔道の投げ技とは、組んで施すものではなかったのか。だからそれは不可能だった。その人は次に考えた。それができないならば、触った瞬間に相手を投げることはできないか。それもかなわないならば、組んで後、体のさばきだけで投げることはできないか。このように考えを次々と発展させた。

思う一念、岩をも通す。その人はついにその技を完成させる。空気投げ。世に名高い故三船久蔵十段の逸話である。柔道にかけたその人生は、技に魅せられ、技のロマンを追い求めた。三船十段は次のように記している。

「私は一つの空想を描いた。即ち敵と取り組まずに倒す方法はないものか、という一点に思いを凝らしたのである。相手に一指も触れず、ただ気合いと風格によってのみ敵を倒すことは出来ぬものか――しかし、それはなかなか出来そうにもない。しからば、それに最も近い形は何か、即ちさわった瞬間に敵を倒す方法はないかと考えた。しかし、それもなかなかありそうにない。そこで第三段として、手に触れて、体の捌き体の動きによって敵を倒す方法に思いつき、遂にこの空気投げなるものを生み出すに至ったのである」

「私はもともと体の変化は速いほうだが、空気投げをやるにあたっては、特に動く方法を熱心に研究したものである。空気投げは敵の両袖を取って、動く瞬間に身を低めつつ、敵を押し上げてその中心を奪うのである」

この技は講道館の分類では空気投げとはいわず、「隅落」と称する。「隅落」は、自分の左足を立っている相手の右足側に踏み込みながら、体のさばきと両手の働きとで、相手の体を右後ろ隅へ崩し、その方向へ押し落として投げる技である（右組み想定）。

●燕返（つばめ返し）

「燕返」は、自分は相手の足払いを瞬間的にすかし、払われたその足で足払いに連絡変化して投げる技である。技の名称は、素速い燕の変化がこの技に似ていることに由来し、古くからこう呼ばれた。従来は剣術の手の一種で、ある方向に振った刀の刃先を急激に反転させて斬る方法をいう。

燕返（つばめ返し）

第3章

新しい時代の体育の課題
〈各種目共通の内容〉

第1節　これからの体育のめざす方向
第2節　指導計画作成の視点
第3節　男女共習に対する考え方
第4節　評価に対する考え方

第 1 節
これからの体育のめざす方向

1　[生きる力] をはぐくむ体育の学習指導

　[生きる力] をはぐくむことの重要性を指摘したのは、平成8 (1996) 年7月、中央教育審議会第一次答申（「21世紀を展望した我が国の教育の在り方について」）である。このことが指摘された背景については、「先行き不透明な社会にあって、その時々の状況を踏まえつつ、考えたり、判断する力が一層重要となっている。（中略）入手した知識・情報を使ってもっと価値ある新しいものを生み出す創造性が強く求められるようになっている。」（同答申）からである。この答申に基づいて、平成10年7月、教育課程審議会❶が「幼稚園、小学校、中学校、高等学校、盲学校、聾学校及び養護学校の教育課程の基準の改善について」答申している。これらの答申の趣旨や教育課程の実施状況などをふまえて、今次の学習指導要領は改訂（平成10年12月中学校の改訂告示、平成11年3月高等学校の改訂告示）されている。

　したがって、各学校・生徒の実態などに応じて、各教科等学校教育活動全体を通じて、すべての生徒たちに [生きる力] をはぐくんでいかなければならない。

　[生きる力] とは何か。

> ①自ら学び、自ら考えるなどの資質や能力（自分で課題を見つけ、自ら学び、自ら考え、主体的に判断、行動し、よりよく問題を解決する資質や能力）
> ②豊かな人間性（自らを律しつつ、他人とともに協調し、他人を思いやる心や感動する心など豊かな人間性）
> ③たくましく生きるための健康や体力

　体育においては、当然のことながらたくましく生きるための健康や体力を高めていくが、運動の課題を自ら見出し、教師の適時・適切な指導・援助の下、その課題を解決して運動の楽しさや喜びを味わうことができるようにする。さらに、体育の学習活動は、たとえ個人的なスポーツであっても、基本的に相手がいてはじめて学習が成立する教科であり、ここに他人を思いやる心など、自他の関係をさまざまに学ぶことができる。

　このように、これからの体育のめざす方向は、これまでの「丈夫な体をつくる」ことだけでなく、心と体を一体としてとらえ❷、生涯にわたって

---

❶**教育課程審議会**
　中央教育審議会の答申（主として教育理念）をふまえ、学校の教育内容の組織・編成のための具体的な内容を審議し、提言を行う。これらの答申をふまえ、文部科学省（旧文部省）が、学校教育法施行規則に基づき、学習指導要領を定めて告示するものである。現在、平成13年1月の省庁再編に伴い、中央教育審議会初等中等教育分科会として位置付いている。

❷**心と体を一体としてとらえる**
　生徒の心身ともに健全な発達を促すためには心と体を一体としてとらえた指導が重要であることから、今回の改訂で強調されたものである。心と体の発達の状態をふまえて、運動による心と体への効果や健康、特に心の健康が運動と密接に関連していることなどを理解することの大切さを示している。そのために、「体ほぐしの運動」など具体的な活動を通して心と体が深くかかわっていることを体得するよう指導することが必要である。

仲間とともに積極的に運動に親しむことができるようにすることといえる。

2 運動に親しむ資質や能力の育成

これまで、技能の向上が生涯にわたってスポーツに親しむことができるといわれてきた。このことを否定するものではないが、すべての生徒に一律に技能の向上を求めても難しい。人にはそれぞれ能力と適性がある。自己の能力と適性などに応じて運動を選び、運動の楽しさや喜びを味わうことができるようにすることが大切である。

では、運動に親しむことのできる資質や能力[3]とは何か。

①運動への関心や自ら運動をする意欲
②仲間と仲よく運動をすること
③運動の楽しさや喜びを味わえるよう練習の仕方や試合等の仕方を工夫する力
④運動の技能
⑤運動の知識・理解

以上のことからもわかるように、運動に親しむことのできる資質や能力をただ単に技能とはとらえていない。むしろ、運動への関心や意欲という、いわば情意領域を重要な要素ととらえている。また、運動の楽しさや喜びは、仲間とともに頑張ったときに得られたり、自分なりに課題を解決して技能が高まったりしたときに味わうことができる。その技能も教師の適時・適切な指導・援助のもと、さまざまに練習や試合等の仕方を工夫して得られたとすれば、その喜びはいっそう大きいものがある。運動についての知識・理解も重要である。これらは有機的に関連し合うものであって、運動に親しむことのできる資質や能力としている。

では、このような資質や能力はどのようにして育てていけばよいか。そのためには、各学校の施設・設備、教員数などの実態および生徒の能力・適性等に応じて、適時に、運動を選ぶことができるようにすることである。そして、どのような技能をどのような方法で身に付けていけばよいか、自分なりの課題を見出し、解決していくことができるような学習過程を工夫することである。教師主導ではこのような資質や能力を身に付けさせることは難しいし、自ら運動をする意欲を引き出すことや運動の課題を解決する力を養うことは難しいと言わざるを得ない。基礎的・基本的な内容については教えるべき内容として繰り返し指導するなどその徹底を図るとともに、生徒一人ひとりが自己の課題を解決できるよう認め、励ましていくことが求められる。

[3]**運動に親しむ資質や能力**
新しい学習指導要領における保健体育科の具体的目標は3つである。すなわち、①運動に親しむ資質や能力の育成、②健康の保持増進のための実践力の育成、③体力の向上。したがって、学習指導においては、運動に親しむことのできる資質や能力とは具体的にはどういうことを意味しているのかしっかりと把握しておかなければならない。

3　活力ある生活を支えたくましく生きるための体力の向上

　文部省（現文部科学省）が毎年実施している体力・運動能力調査報告書によると、昭和60（1985）年以降今日まで、体力・運動能力の低下傾向が続いていることは周知の通りである。その理由についてはさまざまなことが指摘できるだろうが、つまるところ、「日常生活において、体を使っての遊びなど基本的な運動の機会が著しく減少していることに起因する」（中央教育審議会第一次答申、平成8年7月）。このようなことから、[生きる力]の重要な柱のひとつとして「たくましく生きるための健康や体力」が強調されているのである。

　しかも、「運動に興味をもち活発に運動をする者とそうでない者に二極化していたり、生活習慣の乱れやストレス及び不安感が高まっている現状」（教育課程審議会答申、平成10年7月）が指摘されている。このように体だけでなく、心に起因する課題も指摘されているところである。

　今後、体力の向上❶を図ることについては、これまで以上に重要な課題といえる。一般的に、体力があるといえば、筋力や背筋力があるとか、持久力があるとか、いわば体力の要素に着目した見方が生徒および保護者に少なくない。

　したがって、体力をどのように意味付けするかということがきわめて重要になる。学習指導要領の改訂において、体力は活力ある生活を支えるもの、あるいはたくましく生きるためのものというとらえ方がなされている。つまり、「活力ある生活を支え、たくましく生きるための体力」というとらえ方をしていることに着目する必要がある。

　さて、今回の改訂で、「体ほぐしの運動」が導入されている。これは、前述したように、運動をする者とそうでない者との二極化、精神的なストレスなど児童生徒の体力等の現状をふまえ、心と体を一体としてとらえ、自分の体に気付き、体の調子を整えるなどのねらいをもった運動として新たに位置付けられたものである。この「体ほぐしの運動」は運動そのものの楽しさや心地よさを求めるものであって、技能の向上とか直接的に体力を高めるための運動ではない。むしろ、仲間とともに運動に親しむことなどによって、すべての児童・生徒が運動そのものの楽しさ・心地よさを味わい、結果として、体力を高めようと自ら気付いたり、運動やスポーツに親しむ意欲や態度を身に付けることをめざしているものである。

　体力を高めるためにはどのようにすればよいか。「鉄は熱いうちに打て」「体力は必要」ということから、たとえ面白くなくとも一定の運動を教師主導で画一的に指導してきた嫌いがある。しかし、児童生徒の体力や運動への関心・意欲等の実態はさまざまである。運動そのものの楽しさがなければ内発的な意欲は高まらない。

　したがって、①学校や生徒の実態などに応じて、教師のほうから「体ほぐしの運動」としてさまざまな運動を提示してその面白さを体験させた後、生徒たちにもいろいろな活動例を工夫させてみるなど積極的に行う、②個

---

❶体力の向上
　平成14年9月の中央教育審議会答申「子どもの体力向上のための総合的な方策」においても、子どもの体力向上のための具体的な取り組みが行政、家庭、学校、地域社会などにおいて、相互に連携を図りながら進められることを強く望むとして危機感を募らせている。そのために、「体を動かそう全国キャンペーン（仮称）」が展開されることとなっている。

に応じた体力トレーニングのメニューを教師の指導援助のもと自ら計画を立て、仲間とともに活動の仕方を工夫するなど目的をもって自ら進んで行う、③運動を日常生活の中に積極的に取り入れ、生活の重要な一部にする、など、体力の向上を図るための実践力を身に付けるようにすることである。

4 基礎的・基本的な内容の徹底と個に応じた指導の充実

　「楽しい体育」論、あるいは、生徒自身による課題解決型の学習指導が強調されたことから、教師が「指導」してはいけないかのごとく誤った見方がある。その結果、生徒たちが基礎的・基本的な内容を身に付けていないなどの指摘がある。

　体育の学習内容として各種の運動があるが、どの運動についてもそれぞれ個々の基礎的・基本的な内容がある。その基礎的・基本的な内容については、当然のことながら教師のほうで適時・適切に「指導」したり、生徒自身に気付かせていくよう「指導」したりする必要がある。このことなくして、生徒自身が自己の能力等に応じて運動の課題を解決するなど、課題解決型の学習はおろか、発展的な内容を身に付けていくことができないのは自明のことである。教師は「教えはぐくんでいく」ものである。

　したがって、生徒の実態や状況などに応じて、教師が全体に対して、一定の基礎的・基本的な内容を繰り返し指導するなどして、その徹底を図ることも大切なことである。しかし、生徒一人ひとりの運動経験や能力・適性等がさまざまであることから、一人ひとりの生徒に適切に対応した指導で、すべての生徒が運動の楽しさや喜びを味わい、それぞれのよさや可能性を伸ばすことができるようにしていかなければならない。一斉指導❺と個に応じた指導❻の兼ね合い。ここに教師の専門性が求められる。

　基礎・基本の徹底と個に応じた指導、その兼ね合いをどのようにすればよいだろうか。

　指導と評価の面でまず大切なことは実態の把握である。単元の「はじめ」において、生徒たちの運動経験の有無、運動の楽しさ体験、技能の程度、運動への関心・意欲等について把握することである。実態を把握することもなく、本校には本校の、私には私のやり方があるとばかりに一斉指導に入ることは避けなければならない。

　次に大切なことは、単元の「中間まとめ」のところである。一定の授業時数で評価を含む学習指導を展開してきたことをふまえ、どの程度の基礎的・基本的な内容が定着したのか、どの程度の発展的な内容が身に付いたのかを、教師による評価および生徒の自己評価、生徒同士による相互評価などによって適切に確認し合うことである。この中間まとめを後半の学習指導に生かしていく。

　また、単元の「まとめ」において総括的に評価し、次の学年（単元）につなげていくようにする。もとより状況に応じて、生徒自身が自己の運動の課題を解決することができるよう、毎時間、適時・適切に全体に対する

❺一斉指導
　学習集団の子どもに対して、同じ内容を同じ方法で一斉に指導をすることである。これまでもっとも多く行われてきた指導法・指導形態である。効率的ではあるが、個に応じた指導という観点から課題がある。

❻個に応じた指導
　一斉指導に対して、子どもたち一人ひとりが必要とする学習は違っているという前提に立った指導のことである。個に応じた指導では、子どもたち一人ひとりの学習に重点が置かれ、学習課題が一人ひとりまったく違ったものを与えられる場合と、同じ学習のねらいの下にあって、違った課題が与えられる場合とがある。

指導や個に応じた指導をすることは大切である。このような学習指導を3年間を見通して、あるいは中学校から高等学校の発展を考慮してスパイラルのように「積み重ね」ていくことがきわめて重要である。また、指導体制の面から、各学校の実態に応じてティームティーチング❼を導入することも効果的である。

　この他、個に応じた指導で重要なことは、選択制授業を位置付けた年間計画の作成はもとより、カリキュラムの面から必修教科（科目）との関連を図った選択教科（科目）保健体育の開設である。各学校の特色ある教育課程の編成・実施として、創意工夫が求められる。体育・スポーツに関心の強い生徒、得意ではないが、もっと時間をかけて体育・スポーツに親しみたい生徒などの多様なニーズにこたえるとともに、生涯にわたるスポーツライフの基礎づくりを図っていく。

❼**ティームティーチング**
　基礎・基本を確実に身に付けることができるよう、個別指導やグループ別指導、ティームティーチングなどがある。ティームティーチングは、教師が協力して指導に当たる指導法・指導形態のひとつである。

第 2 節
指導計画作成の視点

　指導計画は、教科保健体育の目標を実現するうえで重要な役割を果たすものである。指導計画には、年間計画、単元計画、さらには1単位時間の時案があるが、教科の目標、その目標を受けて具体的な学習内容をどのようなねらいで、どのように展開していくかの道すじをそれぞれ示したものである。したがって、指導計画作成にあたっては、各学校の実態などをふまえ、学習指導要領に即して行わなければならない。

1　教科等の目標

　保健体育の目標[8]や体育分野・科目体育の目標は、単なる「お題目」ではなく、実現されなければならないものである。固有の目標があればこそ、学校教育の重要な教科のひとつとして学習指導要領に位置付いているのである。

小学校体育の目標	中学校保健体育の目標	高等学校保健体育の目標
心と体を一体としてとらえ、適切な運動の経験と健康・安全や運動についての理解を通して、①運動に親しむ資質や能力を育てるとともに、②健康の保持増進と③体力の向上を図り、楽しく明るい生活を営む態度を育てる。	心と体を一体としてとらえ、運動や健康・安全についての理解と運動の合理的な実践を通して、①積極的に運動に親しむ資質や能力を育てるとともに、②健康の保持増進のための実践力の育成と③体力の向上を図り、明るく豊かな生活を営む態度を育てる。	心と体を一体としてとらえ、健康・安全についての理解と運動の合理的な実践を通して、①生涯にわたって計画的に運動に親しむ資質や能力を育てるとともに、②健康の保持増進のための実践力の育成と③体力の向上を図り、明るく豊かで活力ある生活を営む態度を育てる。

中学校体育分野の目標	高等学校科目体育の目標
①課題を解決するなどにより運動の楽しさや喜びを味わうとともに運動技能を高めることができるようにすること②自己の体の変化に気付き、体の調子を整えるとともに、体力の向上を図り、たくましい心身を育てること③公正、協力、責任などの態度および健康・安全に対する態度を育てること	①（自己の能力に適した課題を解決するなどにより）運動技能を高め、運動の楽しさや喜びを深く味わうことができるようにすること②体の調子を整え、体力の向上を図ること③公正、協力、責任などの態度を育てること

[8]**保健体育の目標**
　保健体育の目標（中学校）を構造化すると次のようになっている。

内容・方法	心と体を一体としてとらえ、運動や健康・安全についての理解と運動の合理的な実践
具体的目標	①積極的に運動に親しむ資質や能力の育成②健康の保持増進のための実践力の育成③体力の向上
究極的目標	明るく豊かな生活を営む態度の育成

教科の目標については、心と体を一体としてとらえることを重視し、生涯にわたる豊かなスポーツライフの実現および自らの健康を適切に管理し、改善していくための資質や能力を培うことをめざしている。

　体育分野、科目体育の目標については、教科の目標を受けて、生涯にわたる豊かなスポーツライフの基礎づくり、体ほぐしと体力の向上、いわゆる社会的な態度と健康・安全に関する態度の育成をめざしている。

2 年間計画作成の基本的な考え方

　年間計画については、1年間の学習の見通しを明確にした計画であり、教科等の目標を実現するためにも、中学校3年間あるいは高等学校を卒業する年次まで視野に入れて作成することが必要である。

　そのうえで、本章第1節で述べたように、これからの体育のめざす方向、言葉を換えて言えば、［生きる力］をはぐくむ体育の学習指導、つまり「体育」の目標の実現をめざして、①運動に親しむ資質や能力の育成、②活力ある生活を支え、たくましく生きるための体力の向上、③基礎的・基本的な内容の徹底と個に応じた指導の具現化を図るよう、どのような内容（運動領域・種目）を、どのようなまとまり（単元）として、いつ、どのように指導するのか、創意・工夫を加えて計画していかなければならない。

　その際、各学校の実態などに応じて、どのような生徒を育てていくのか、その生徒像を具体的に明らかにしていくことが大切である。このことから各学校の特色ある教育課程の編成および体育の年間計画の作成が明確になるものと考えられる。

　なお、特別活動❾（特に体育的活動などの学校行事）や運動部活動❿など学校教育活動全体との関連を図ることはいうまでもない。

　このようにして作成された年間計画をすべての生徒に配布することが肝要である。生徒自身が在学中にどのように体育を学んでいくのか見通しをもつことができるようにすることが自主的な学習活動につながるからである。

3 年間計画作成上の留意点

　どのような内容（運動領域・種目）を取り扱うかについては、各学校ともその実態などをふまえつつ、国としての基準である学習指導要領の趣旨を生かしていかなければならない。どのようなまとまり（単元の構成・規模）として、いつ、どのように指導するのかについては各学校の創意・工夫である。

　したがって、年間計画を作成するにあたっては、各学校のめざす生徒像、生徒数・教員数、施設・設備、地域性など、生徒の運動に対する関心・意欲、体力や技能の程度、運動の楽しさ体験、目標の実現状況などに留意し

❾**特別活動**
　望ましい集団活動を通して、心身の調和のとれた発達と個性の伸長を図り、集団や社会の一員としてよりよい生活を築こうとする自主的、実践的な態度を育てるとともに、人間としての生き方（高校では、在り方生き方）についての自覚を深め、自己を生かす能力を養うことが目標である。このための内容として、学級活動（高校では、ホームルーム活動）、生徒会活動、学校行事の3つで構成されている（新学習指導要領による）。

❿**運動部活動**
　学校において計画する教育活動であり、より高い水準の技能や記録に挑戦する中で、運動の楽しさや喜びを味わい、豊かな学校生活を経験する活動であるとともに、体力の向上や健康の増進にもきわめて効果的な活動である。

ていくこととなる。

〔表1〕中学校体育分野の領域および内容（運動種目等）の取り扱い[11]

領域	内　　容	領域の取り扱い			内容の取り扱い
		1年	2年	3年	1・2・3年
A 体つくり運動	ア　体ほぐしの運動 イ　体力を高める運動 　(ア) 体の柔らかさおよびたくみな動きを高めるための運動 　(イ) 力強い動きを高めるための運動 　(ウ) 動きを持続する能力を高めるための運動	必修	必修	必修	ア、イ必修。イの運動については(ウ)に重点をおくことができる。
B 器械運動	ア　マット運動 イ　鉄棒運動 ウ　平均台運動 エ　跳び箱運動	必修	B,CおよびDから①または②選択	2年に同じ	ア～エから選択
C 陸上競技	ア　短距離走・リレー、長距離走またはハードル走 イ　走り幅跳びまたは走り高跳び	必修			アおよびイのそれぞれから選択
D 水泳	ア　クロール イ　平泳ぎ ウ　背泳ぎ	必修			ア～ウから選択
E 球技	ア　バスケットボールまたはハンドボール イ　サッカー ウ　バレーボール エ　テニス、卓球またはバドミントン オ　ソフトボール	必修	E,FおよびGから②選択	2年に同じ	ア～オから②選択
F 武道	ア　柔道 イ　剣道 ウ　相撲	FおよびGから①選択			ア～ウから①選択
G ダンス	ア　創作ダンス イ　フォークダンス ウ　現代的なリズムのダンス				ア～ウから選択
H 体育に関する知識	(1) 運動の特性と学び方 (2) 体ほぐし・体力の意義と運動の効果	必修	必修	必修	(1)、(2)必修

[11] 内容の取り扱い

各運動領域に示された内容をどのように取り扱うかについては、表の通りであるが、球技は2種目を、武道の場合は1種目を選択することが明示されている。しかし、器械運動、陸上競技、水泳、ダンスにおいてはただ単に「選択」として示されているに過ぎない。これらの運動については、球技や武道のように種目としての明確な違いがなく、相互に関連していることをふまえた取り扱いになっていることのあらわれととらえることができる。たとえば、器械運動では4種目を履修させてもよいし、その中の1種目だけ履修させてもよいのである。

第2節 指導計画作成の視点

[表2] 高等学校科目体育の領域及び内容（運動種目等）の取り扱い

領域	内容	領域の取り扱い			内容の取り扱い
		入学年次⑫	その次の年次	それ以降の年次	各年次
A 体つくり運動	ア 体ほぐしの運動 イ 体力を高める運動	必修	必修	必修	ア、イ必修
B 器械運動	ア マット運動 イ 鉄棒運動 ウ 平均台運動 エ 跳び箱運動	B、C、D、EおよびFおよびGから③または④選択 その際FまたはGのいずれかを含む	入学年次に同じ	B、C、D、E、FおよびGから②〜④選択 その際FまたはGのいずれかを含む	ア〜エから選択
C 陸上競技	ア 競走 イ 跳躍 ウ 投てき				ア〜ウから選択
D 水泳	ア クロール イ 平泳ぎ ウ 背泳ぎ エ バタフライ オ 横泳ぎ				ア〜オから選択
E 球技	ア バスケットボール イ ハンドボール ウ サッカー エ ラグビー オ バレーボール カ テニス キ 卓球 ク バドミントン ケ ソフトボール				ア〜ケから②選択
F 武道	ア 柔道 イ 剣道				ア、イから①選択
G ダンス	ア 創作ダンス イ フォークダンス ウ 現代的なリズムのダンス				ア〜ウから選択
H 体育理論	(1) 社会の変化とスポーツ (2) 運動技能の構造と運動の学び方 (3) 体ほぐしの意義と体力の高め方	必修	必修	必修	(1)、(2)、(3) 必修

⑫入学年次など

これまでは、第1学年などとしていた。しかし、高等学校教育の多様化に伴い、定時制高等学校はもとより、学年制をとらない単位制の高等学校などがある。これらの多様化に対応するために、入学年次、その次の年次などと称するように改められたものである。

 以上のように各種の運動領域・種目の選択履修については、個に応じた指導の観点等から相当弾力化が図られている。したがって、生徒自身が自らの運動の課題を解決するなどして運動を得意にしていくためにも、多くの運動種目を学校が与えていく（学校選択）のではなく、生徒が自己の能力等に応じて運動種目を選んでいくこと（生徒選択）ができるよう留意することが大切である。
 このことから、生徒自ら運動種目を選び自ら課題を解決していくことをめざす選択制授業をどのように位置付けていくか、また改善・充実を図っていくか、各学校に課せられた重要な課題である。

4 単元計画作成上の留意点

単元計画は、一定の学習のまとまりとして年間計画に位置付いた運動をどのように展開していくかの見通しを明らかにしたものである。この見通しが明確であれば、生徒の自発的・自主的な学習活動をうながすことができる。「先生、今日の体育はどこで何をするんですか」と体育委員などが尋ねてくるようでは意図的・計画的な学習とはいえない。

したがって、単元計画において、その運動の特性はどこにあるのか、その運動固有の楽しさや喜び（機能的特性）はどこにあるのかを明らかにし、その特性に迫るためには、その単元で何をねらいとして、どのような内容を、どのように指導しようとするのかと同時に、生徒に何をどのように学ばせ（課題を解決させ）ていこうとするのかを、1枚の用紙で一覧できるようにすることである。これを保健体育科の教員全員と生徒が共有することによって、質の高い授業の積み重ねにつながっていく。すなわち、この単元計画に基づいた学習活動の展開によって、生徒の学び方が計画的に身に付いていく。これらのことに十分留意することが大切である。

単元のねらい⓭を立てるにあたっては、大きく2つのことを考えることができる。1つは、体育学習の中核である「技能」、公正・協力などの社会的態度や健康・安全に関する態度などの「態度」、そして「学び方」の3つに関する内容である。もう1つは、評価の観点⓮である。つまり、運動に関する「関心・意欲・態度」「思考・判断」「技能」「知識・理解」という4つの評価の観点である。これらの柱を参考にして、それぞれのねらいを明確にしていくよう留意するとよい。

次に学習の道すじ、つまり学習過程の工夫についてである。学習過程は単元のねらいを達成するための学習の道すじであり、学習活動を展開するうえでのステップである。教師の適時・適切な指導の下、生徒自らが課題を解決して運動の楽しさや喜びを味わうために効果的と思われる学習過程は、2つのステージで構成される。それは、「今もっている力で運動を楽しむ段階（ねらい①）」と「高まった力に応じて新しい工夫を加えて運動を楽しむ段階（ねらい②）」の2つである。

たとえば、器械運動のように毎時間新しい技の習得をめざして学習（達成型）を展開する場合は例1（ここでは、特に「めあて①」「めあて②」

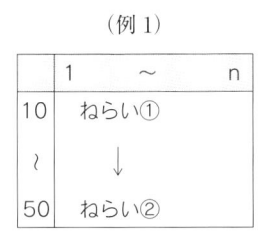

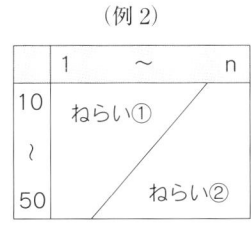

（例1）

	1 〜 n
10	ねらい①
〜	↓
50	ねらい②

（例2）

	1 〜 n
10	ねらい①
〜	
50	ねらい②

（例3）

	1 〜 n	
10		
〜	ねらい①	ねらい②
50		

⓭単元のねらい
　単元計画の中で最も重要なねらい、つまり単元の目標のことである。各学校として育てる生徒像に迫るためには、その単元でどのような指導をすればよいか、その方向性を明確にすることが必要である。その際、体育の基礎・基本である「技能」「態度」「学び方」の3つの柱で単元の目標を立てていくのがよい。

⓮評価の観点
　学校の教育活動は、計画、実践、評価という一連の活動が繰り返されながら展開されるものである。指導と評価の一体化ということである。したがって、「関心・意欲・態度」「思考・判断」「技能」「知識・理解」の4つの観点から単元の目標を立てていくこともできる。

❶達成型
自己の目標記録を達成することの喜びや、目標とする技を獲得することの喜びを味わうことをめざした運動の特性をいう。

❶競争型
むしろ、相手や相手チームと競争して勝つことの楽しさや喜びを味わうことをめざした運動の特性をいう。

と言い換えることが一般的である）を、陸上競技や武道などのように自己の運動課題を達成していく達成型❶と競争する楽しさである競争型❶の両方を楽しもうとする場合は例2を、球技のように一定のレベルで競争型の運動を楽しもうとする場合は例3を参考として計画を立てるよう留意するとよい。もとよりこの他の効果的な学習の道すじが開発されてもよいだろう。

5 単位時間計画（指導案、時案）作成上の留意点

単位時間計画は、一般的に指導案または時案などといわれており、単元計画のねらいを受けて、その単元のうちのある1単位時間分の授業の見通しを明らかにしたものである。

ここでは、本時のねらいが明確であり、そのねらいを達成するために生徒の学習活動（予想される生徒の活動）がどのように展開されるのか、教師の指導、援助などがどのように行われるのか、これらの学習指導に対する適切な評価活動はどうかなどが浮き彫りになっていることが肝要である。教師の意図的・計画的な指導はもとより、生徒の自発的・自主的な学習活動につながるように留意して作成することが大切である。

生徒の自発的・自主的な学習活動につながるように留意したい

第3節
男女共習に対する考え方

1 男女共習の背景

　学校教育、特に高等学校においては、同じ時間帯に男子は武道を学び、女子は家庭科を学んできた経緯がある。しかし、平成元（1989）年の高等学校学習指導要領の改訂において、男女とも武道を履修することができるようになり、かつ家庭科を男女とも必修とすることになった。
　この背景としては、やはり社会の変化に伴う男女平等の考え方が基本にある。男女共同参画社会の構築⓱に向けた学校教育の改善である。
　男女差というとらえ方ではなく、男女ともそれぞれに特性があり、その特性を認め合い、尊重し合うという見方や考え方が大切である。
　したがって、体育の学習活動においても、小学校における展開と同様に、基本的に男女一緒にともに学び合うという意義が尊重される必要がある。

2 選択制授業における男女共習

　平成元年の学習指導要領の改訂から、体育においては、生徒自身が自己の能力・適性、興味・関心等に応じて一定の範囲の中から運動領域（種目）を選択し、自己の運動課題を自ら解決していくことをめざす学習活動を展開する「選択制授業」が推進されている。今回の改訂においてもその充実・発展が期されている。
　この選択制授業を展開するにあたっては、たとえば2クラスを3〜4展開、3クラスを4〜5展開するなど、多クラス多展開を行っているところである。したがって、選択制授業においては自ずと男女共習になる。同一クラスに所属する男女がそれぞれ自己の能力等に応じて選んだ種目ごとに分かれ、さらには運動の課題ごとなどねらいをもった班編成を工夫しながら学習活動を展開し、それぞれのよさを生かし合っていくこととなる。

3 男女の性差ではなく、個の特性ととらえること

　中学校および高等学校の体育の授業は、これまでは男女別々に行うことが一般的であった。それは、発達段階から小学校のときとは違って、性差

⓱**男女共同参画社会の構築**
　昭和61（1986）年から施行された「男女雇用機会均等法」による。これは、雇用の分野において男女の均等な機会および待遇の確保を目的として制定された法律であり、学校教育においても、平成元（1989）年学習指導要領改訂の折、基本的に男女の区別なく履修することができるよう改善が図られた。

はもとより、体格・体力的な差が大きくなることや、体力差に伴って技能の差も大きくなるという指摘などによるものといえる。体力差や技能の差が大きいまま、同時に学習活動を展開すると、最初から勝敗が決まっており、そのための学習への意欲の問題や安全確保の問題などの指摘である。

しかし、一概に男女の差として、すべてを理解することはできない。男子であろうが、女子であろうが、それぞれ個々に見ていくと一人ひとりに特性がある。また、男女共同参画社会の世の中にあって、男女がそれぞれのよさや特性を尊重し合って、一定の目的を達成していくことはきわめて大きい意義がある。

したがって、男女による性差ととらえるよりも、個の特性ととらえることがよいと考える。このようにとらえることによって個に応じた指導が生きてくるのである。これからの中学校以上の体育の授業においても、小学校と同様、原則としては男女が一緒に活動し、それぞれのよさが発揮できるようにすることが望まれる。もとより柔道の固め技のように学習内容や展開によっては、男女が別々に活動を行ったほうがよい場合もある。各学校の実態に応じた指導の工夫が求められる。いずれにしても、今後、選択制授業を充実・発展させていくにあたっては、男女共習は避けて通れないところである。

男女共習を取り入れている学校(研究指定校⓳など)の報告などによると、「男女の教え合いができるようになったことから、男女の特性を相互に認め合うことができるようになった」「女子の技能や体力の向上に効果的であった」「男子が思い切って運動することができていない」「運動する内容によって男女共習が行いやすかったり、しにくかったりする」などの指摘があがっている。

⓳**研究指定校**
文部科学省(旧文部省)や各都道府県教育委員会などから、一定の教育課題などについての指導のあり方などを先進的に研究開発することを委嘱された学校をいう。

4　男女共習は中学校第1学年から行うと効果的であること

自己の能力等に応じて運動種目を選択する選択制授業が中学校第2学年から行われていることから、男女共習も同学年から行われている実態が多い。しかし、中学校第1学年の1年間とはいえ、男女別習を行ってきた経緯から、心理的にも男女差の意識が強くなる傾向にあるといわれる。

その意味から、小学校における体育との関連を深める観点からも、基本的には中学校第1学年から男女共習で体育の授業を展開したほうが効果的である。小学校の体育のように男女共習をごく自然な感覚で行うようにしていくとよい。

5　男女共習の展開は弾力的に行うこと

男女共習を形式的に導入しても生徒の学習意欲は高まらない。たとえば、男女共習とはいえ、器械運動やバスケットボールなどの授業において男女

別で班（チーム）を編成し、練習したりゲームを行ったりするなど、学習の場を共有しているに過ぎないことから、あまり意欲的でない実態もある。

したがって、チーム編成⓳を工夫し、単元全体を通じて男女共習で学習を展開していくことを基本としながらも、運動領域や種目の特性に応じて弾力的に取り扱っていくのもよい。たとえば、単元の前半で男女混成のチームを編成して学び合う中で、「今もっている力」でバスケットボールの楽しさや喜びを味わい、技能や体力を高めていく。単元の後半では男女別にチームを編成し直し、男女ともそれぞれひと味違った思い切ったプレーを楽しんだり、男子チーム対女子チームのゲームを単元の最後に経験したりするなどの工夫もあってよい。このように生徒とともにどのような方法で学んでいくか、柔軟な発想で学習過程を工夫したい。

⓳ **チーム編成**
　個人的なスポーツであれ、集団的なスポーツであれ、いかにチームを編成するかは重要な教育活動である。単元としてのまとまりや、学習のねらいに即した意図的なチーム編成が求められる。安易なチーム編成は避けなければならない。基本的には、各チームの力が拮抗するように編成する。特に、競争型の運動の楽しさや喜びを味わうときには大切なことである。

第4節
評価に対する考え方

1 これからの評価の基本的な考え方

　これまで、学力については、知識や技能の量のみでとらえてきた経緯がある。しかし、平成元年度の学習指導要領の改訂に伴う評価の基本的な考え方として、「自ら学ぶ意欲や、思考力、判断力、表現力などを学力の基本とする学力観に立って教育を進めることが肝要」（小学校教育課程一般指導資料「新しい学力観に立つ教育課程の創造と展開」平成5年文部省）として、新しい学力観に立つ教育への転換を図ってきた。

　つまり、これまで知識や技能を共通的に身に付けさせることをめざしてきた学習指導の在り方を根本的に見直し、児童生徒が自ら課題をみつけ、自ら考え、主体的に判断したり、表現したりして、解決することができる資質や能力の育成を重視する学習指導へと転換を図ってきたところである。

　平成10年度の学習指導要領の改訂においても、この基本的な考え方をさらに進め、知識や技能の量的側面だけでなく、自ら学ぶ意欲や思考力、判断力、表現力など、いわば学力の質の向上をねらっている。つまり、教育課程審議会答申では、これからの評価の基本的な考え方として、「学力を知識の量のみでとらえるのではなく、学習指導要領に示す基礎的・基本的な内容を確実に身に付けることはもとより、それにとどまることなく、自ら学び自ら考える力などの[生きる力]がはぐくまれているかどうかによってとらえる必要がある」としている。

　これを受け、評価においては知識や技能の到達度を的確に評価することはもとより、自ら学ぶ意欲や思考力、判断力、表現力などの資質や能力までを含めた学習の到達度を適切に評価していくこととなる。したがって、学習指導要領に示す目標に照らしてその実現状況を見る評価（いわゆる絶対評価⑳）をいっそう重視しなければならない。その際、<u>観点別学習状況の評価</u>㉑を基本として、児童生徒の学習の到達度を適切に評価していくことが大切である。さらに、児童生徒のよい点や可能性、進歩の状況などを評価する個人内評価を工夫することも大切である。これまでの集団に準拠した評価（<u>相対評価</u>㉒）からの脱却が求められているのである。

　評価の観点については基本的にこれまでと同様である。体育においては、技能だけでなく、自ら進んで運動の楽しさや喜びを体得しようとする意欲や運動の課題解決のための思考力、判断力などの資質や能力までを含めた学習の到達度を適切に評価していくため、「運動への関心・意欲・態度」

---

⑳絶対評価
　学習指導要領に示す目標に照らしてその実現状況をみる評価。学習指導要領に示す基礎的・基本的な内容の確実な習得を図るなどの観点から、学習指導要領に示す目標を実現しているかどうかの評価、つまり、目標に準拠した評価に今次改訂された（高等学校は従前から絶対評価）。

㉑観点別学習状況の評価
　各教科の観点別学習状況は、学習指導要領に示す各教科の目標に照らして評価の観点を設け、その実現状況を評価するものである。今次の改訂においても指導要録の評価の観点は、体育の場合、「関心・意欲・態度」「思考・判断」「技能」「知識・理解」の4観点によって構成されている。なお、小学校および中学校においては、学年や分野ごとに具体的な評価規準を設定する際の参考とするため、指導要録の付属資料として「観点別学習状況評価のための参考資料」を添付している。

㉒相対評価
　学習指導要領に示す目標に照らしてその実現状況をみるというよりも、ある一定の学習集団の中での相対的な位置付けによって児童生徒の学習の状況を評価する、いわゆる集団に準拠した評価。学習指導要領に示す基礎的・基本的な内容を確実に習得し、目標を実現しているかどうかの状況や、一人ひとりの児童・生徒のよい点や可能性、進歩の状況について直接把握することには適していない。

「運動についての思考・判断」「運動の技能」「運動についての知識・理解」の4つの観点で評価していくこととしている。これら4つの観点は個々にあるのではなく、相互に密接に関連し合って目標の実現をめざしていることに留意することが必要である。

2 教師による評価

　日常の教育活動は、計画、実践、評価という一連の活動として常にフィードバックされながら子どもたちのよりよい成長をめざして行われるものである。したがって、評価は学習の結果に対して行うだけでなく、学習指導の過程における評価をその後の実践に生かすなど、指導に生かす評価の考え方を重視する必要がある。つまり、指導と評価の一体化が大切である。
　体育の場合、[生きる力]の育成、保健体育の目標、体育分野の目標および内容の改訂などを考慮して、現行の4つの観点に基づいて実現の状況を3段階で評価することを維持している。しかし、観点の趣旨については、新しい学習指導要領の趣旨を生かした指導と評価の工夫という立場から改善を図っている。今後の重要な課題として、各単元の学習過程における評価の改善・充実はもとより、単元ごとの観点別評価をどのように集約して年間（学期）を通した観点別の評価に結びつけていくのか、さらに、最終的にどのように集約して5段階の絶対評価（評定）に結びつけていくのかということがある。
　したがって、各学校では、これからの評価（学力）の基本的な考え方について教員間で共通理解を深めるとともに、関係機関などで研究開発された「内容のまとまりごとの評価規準❸」などを参考に、それぞれの実態等に応じて各単元の評価規準の作成およびその適切な評価活動の実施が求められる。

3 生徒にとっての評価の意味

　生徒にとっての評価は、単に教師から評価される立場という消極的なとらえ方ではなく、生徒自らの学習活動や学び方を高めていくための営みであるという積極的な意味をもたせることが肝要である。つまり、「児童生徒にとって評価は、自らの学習状況に気付き、自分を見つめ直すきっかけとなり、その後の学習や発達を促す」（同上教課審答申）という意義がある。この意義を教師も生徒も十分理解することによって、新しい時代における新しい体育の学習活動の展開が期待できる。

4 生徒による自己評価と生徒同士の相互評価

　体育においては、これまで以上に、自ら運動の課題を見出し、その課題

❸**内容のまとまりごとの評価規準**
　小学校および中学校においては、指導要録改訂の通知に示される「評価の観点及び趣旨」「学年別、分野別の観点及び趣旨」（「観点別学習状況評価のための参考資料」に相当）に基づき、学習指導要領に示された内容のまとまりごと（体育の場合、体つくり運動～体育に関する知識までの領域ごと）に「おおむね満足できる状況」を示したものをいう。

をいかに解決していくか、そのための練習の仕方や試合の仕方の工夫、実践、学習過程における評価、これらの一連の学習活動を通して自ら学ぶ意欲や思考力・判断力などを高めていかなければならない。

したがって、生徒自身が自分の学習活動を適切に評価したり、生徒相互の認め励まし合う評価活動を大切にすることの意味はきわめて大きい。さらに、仲間とともに学び合うことのよさにも気付かせることができる。

このように生徒による自己評価や相互評価は、自ら学ぶ意欲や自分自身を評価する力、他人からの評価を柔軟に受けとめる力を身に付け、自己の能力・適性等を自分で確認することにつながる。

■引用・参考文献一覧

[第1章]
- 文部省『中学校学習指導要領解説保健体育編』東山書房 1999年
- 文部省『高等学校学習指導要領解説保健体育編体育編』東山書房 1999年
- 文部省中央教育審議会第一次答申『21世紀を展望した我が国の教育の在り方について』1996年
- 文部省教育課程審議会答申『幼稚園、小学校、中学校、高等学校、盲学校、聾学校及び養護学校の教育課程の基準の改善について』1998年
- 文部省『学校体育実技指導資料第2集柔道指導の手引き（改訂版）』1993年
- 文部省『中学校保健体育指導資料指導計画の作成と学習指導の工夫』1991年
- 文部省『高等学校保健体育指導資料指導計画の作成と学習指導の工夫』1992年
- 杉山・高橋・園山・細江・本村編集『中学校体育の授業上・下巻』大修館書店 2001年
- 杉山・高橋・園山・細江・本村編集『高等学校体育の授業上・下巻』大修館書店 2001年
- 本村清人・戸田芳雄著『中学校学習指導要領の展開保健体育科編』明治図書 1999年
- 本村清人・戸田芳雄編著『高等学校学習指導要領の展開保健体育科編』明治図書 2000年
- 本村清人・戸田芳雄編著『中学校新保健体育科授業の基本用語辞典』明治図書 2000年
- 嘉納・醍醐・川村・竹内・中村・佐藤監修、猪熊・藪根・本村・松井・山下編集『柔道大事典』アテネ書房 1999年
- 講道館『柔道用語小辞典』2000年

[第2章]
- 講道館『講道館審議会規則―昇段資格に関する内規―』大原印刷 1983年
- 講道館『講道館女子柔道昇段資格に関する内規』大原印刷 1983年
- 講道館『講道館国際部審議会関係の取扱いについて』大原印刷 1983年
- 嘉納先生伝記編纂会『嘉納治五郎』布井書房 1964年
- 老松信一『柔道百年』時事通信社 1970年
- 国際柔道連盟『IJF規約―1997年総会改正版―』1998年
- 井口松之助訳『柔術極意教授図解』青木嵩山堂 1893年
- 今村嘉雄編『日本の武道－柔能制剛の道 柔術』講談社 1983年
- 宇治谷孟訳『日本書紀－全二巻－』講談社 1998年
- 嘉納先生伝記編纂会『嘉納治五郎』講道館 1964年
- 講道館監修『嘉納治五郎大系第一巻』本の友社 1987年
- 講道館『講道館柔道試合審判規程』講道館 2000年
- 渋川伴五郎『柔術大成録』今村嘉雄編『日本武道大系第6巻』1982年
- 醍醐敏郎『写真図説 講道館柔道・投技 上』1999年
- 次田真幸訳『古事記－全三巻－』講談社 1997年
- 松枝繁夫訳『孫子・呉子・尉繚子・六韜・三略』徳間書店 1945年
- 渡辺一郎編『史料明治武道史』新人物往来社 1971年

[第3章]
- 文部省『中学校学習指導要領解説保健体育編』東山書房 1999年
- 文部省『高等学校学習指導要領解説保健体育編体育編』東山書房 1999年
- 文部省中央教育審議会第一次答申『21世紀を展望した我が国の教育の在り方について』1996年
- 文部省教育課程審議会答申『幼稚園、小学校、中学校、高等学校、盲学校、聾学校及び養護学校の教育課程の基準の改善について』1998年
- 文部省『学校体育実技指導資料第2集柔道指導の手引き（改訂版）』1993年
- 文部省『中学校保健体育指導資料指導計画の作成と学習指導の工夫』1991年
- 文部省『高等学校保健体育指導資料指導計画の作成と学習指導の工夫』1992年
- 文部省教育課程審議会答申『児童生徒の学習と教育課程の実施状況の評価の在り方について』2000年
- 文部科学省中央教育審議会答申『子どもの体力向上のための総合的な方策について』2002年
- 杉山・高橋・園山・細江・本村編集『中学校体育の授業上・下巻』大修館書店 2001年
- 杉山・高橋・園山・細江・本村編集『高等学校体育の授業上・下巻』大修館書店 2001年
- 本村清人・戸田芳雄編著『中学校学習指導要領の展開保健体育科編』明治図書 1999年
- 本村清人・戸田芳雄編著『高等学校学習指導要領の展開保健体育科編』明治図書 2000年
- 本村清人・戸田芳雄編著『中学校新保健体育科授業の基本用語辞典』明治図書 2000年

第Ⅱ部 実技編

実技編の利用にあたり

新しい視点に立ったよりよい授業展開のために、第I部第1章の理論をふまえ、第II部では第2章「新しい視点に立った単元計画の例と学習指導の展開例」と第3章「柔道の技とその学び方」を関連付けて編集しています。第2章が授業の設計図であり、第3章が具体的な技能の解説になっています。

第2章は、各ステージごとに、始めに単元計画と学習の道すじをビジュアルに示すことで、学習の全体像をつかめるようにしています。次に、具体的な指導手順として、単元の数時間の区分ごとに、具体的な授業の進め方を示しています。また、主な学習項目の評価例として、生徒の学習状況を次の授業へフィードバックするヒントを示しています。さらに、各ステージごとに時案の例と学習資料の例を示し、より具体的な授業の展開をイメージできるようにしています。

第3章は、第2章に示された学習項目ごとに、具体的な技能の解説とその練習法や練習のポイントが示されています。第2章の設計図をもとに、授業を組み立てるときに技能の指導書として利用したり、生徒がグループ学習などで技の練習をする場合に参考書として活用できるように編集されています。

●実技編の利用のポイント

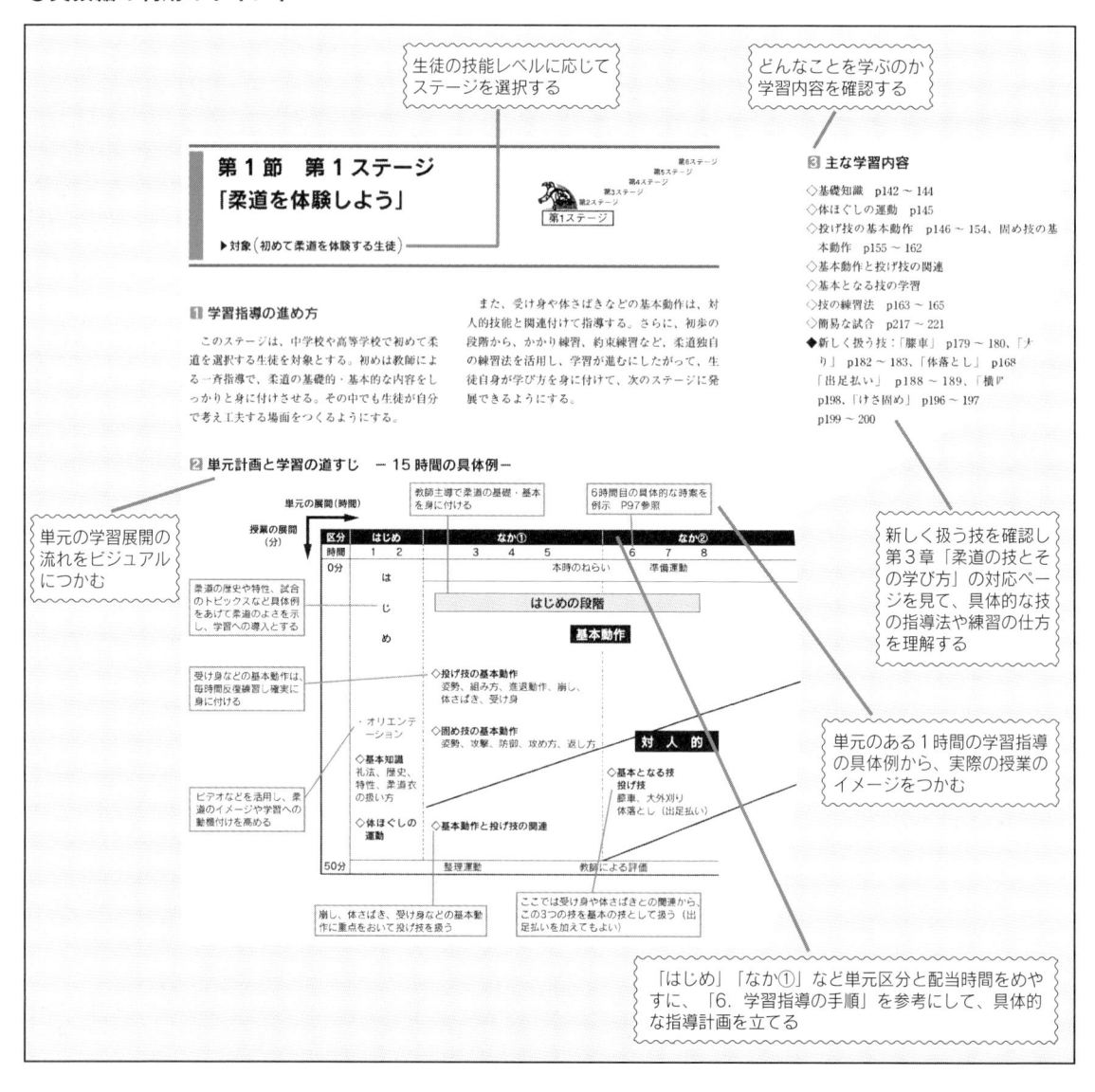

【図：第1節 第1ステージ「柔道を体験しよう」のページ構成と、各部分の説明の吹き出し】

- 生徒の技能レベルに応じてステージを選択する
- どんなことを学ぶのか学習内容を確認する
- 単元の学習展開の流れをビジュアルにつかむ
- 新しく扱う技を確認し第3章「柔道の技とその学び方」の対応ページを見て、具体的な技の指導法や練習の仕方を理解する
- 単元のある1時間の学習指導の具体例から、実際の授業のイメージをつかむ
- 「はじめ」「なか①」など単元区分と配当時間をめやすに、「6.学習指導の手順」を参考にして、具体的な指導計画を立てる

第1章

柔道の学習内容

第1節 学習内容の考え方
第2節 学習内容とその取り扱い

第1節
学習内容の考え方

　柔道の機能的特性、すなわち、柔道そのもののよさや楽しさを味わうためには、それぞれの学習段階に応じたねらいに基づいて学習内容を定めていく必要がある。そのねらいが明確でないまま授業を進めるとなると、意図的・計画的な指導ができないばかりでなく、生徒にとっても学習が退屈になったり、技能的・体力的に難しくなったりする。

　したがって、個に応じた指導の充実を図る観点からも、学習段階に応じたねらいを明確にしたうえで学習内容を導き出すことがきわめて重要である。なかでも、技能（対人的技能）の内容については、学習の進め方によっては、生徒自身がその中から選択して重点的に学べるような配慮が必要となる。

　学習の内容としては、次の3つがある。

> ①技能の内容（基本動作、対人的技能、試合）
> ②態度の内容（伝統的な行動の仕方、社会的態度、健康・安全にかかわる態度）
> ③学び方の内容（自己の課題の把握、課題の解決の仕方、評価）

1　技能の内容

　技能の内容については、基本動作、対人的技能、そして試合の3つで構成される。

　基本動作は、「投げ技の基本動作」（「姿勢と組み方」「進退動作」「崩しと体さばき」「受け身」）と、「固め技の基本動作」（「攻撃に必要な基本動作」「防御に必要な基本動作」「簡単な攻め方と返し方」）で構成されており、対人的技能の基礎的・基本的な内容である。言語にたとえれば、いわば「文法」に相当するものである。文法を知らずして会話は成り立たないことからもわかるように、基本動作を対人的技能の基礎・基本としてしっかりと学ぶ必要がある。と同時に、会話をしながら文法を学ぶのと同様に、基本動作も対人的技能との関連において学ぶことが大切である。なぜならば、基本動作を学ぶ意味を十分理解することにつながるからである。

　対人的技能は、柔道の学習内容の中核であり、「投げ技」「固め技」「技の連絡変化」「形」で構成されている。したがって、この内容の習熟の程度によって、柔道の学習の楽しさや喜びの程度が決まると言っても過言ではない。しかし、すべての生徒が同じ技能を等しく学ぶ必要があると言っているのではない。自己の能力等に応じて多くの対人的技能の中から選択して取り扱い、得意技にしていくことができるようにすることが大切である。

　試合は、生徒が最も楽しみにしている学習内容である。つまり、自己の能力等に応じて身に付けた技能が、どの程度相手との攻防において生かすことができるのか、これまでの学習の成果と課題が見える学習の場である。学習段階に応じて工夫された試合を通して、柔道の学習の意義が深まるのである。試合の学習内容としては、「試合の仕方」「審判の仕方」「試合の計画と運営」で構成される。

2 態度の内容

　態度の内容については、伝統的な行動の仕方、社会的態度、健康・安全にかかわる態度で構成される。

　伝統的な行動の仕方は、武道固有の内容といえる。つまり、直接的に相手と攻防するという運動の特性から、相手を尊重する態度や、自己を律する克己の心、また克己の心の表れとして行う正しい礼法などである。この伝統的な行動の仕方を柔道の学習活動全体を通じて適切に学び、かつ、他の学習活動や日常生活においても生かすことができるようにすることが求められている。

　社会的態度は、勝敗に対する公正な態度、相手と協力する態度、自己の行動に対する責任などがその内容としてあげられる。

　健康・安全にかかわる態度は、自己の健康管理、危険な動作や禁じ技を用いないこと、施設・設備・用具や服装など学習の場の安全管理などがその内容としてあげられる。

3 学び方の内容

　学び方の内容については、「自己の課題の把握」「課題の解決の仕方」「評価」で構成される。この内容は平成10年度の学習指導要領の改訂において「自ら学ぶ力」を養うという観点から初めて位置付けられた学習内容である。

　自己の課題の把握は、自己の能力等に応じて、たとえばどのような技を身に付けようとするのか、運動の課題を明確にすることである。同じ背負い投げを身に付けたいとしても、初歩の段階では、かかり練習や約束練習でしっかりとした背負い投げを身に付けるということになるだろうし、相当に進んだ段階では、自由練習や試合で自分よりも大きい相手を背負い投げで投げてみたいということにもなるだろう。

　課題の解決の仕方は、そのような自己の課題をどのようにすれば解決できるのか、練習の仕方や試合の仕方を自分なりに、また仲間とともに、さまざまに工夫し試し合うことである。工夫し、試し合うところに学び方の大きな意味がある。

　評価は、自己の課題の解決のためにさまざまに工夫して行った結果、どうであったか。達成できたとすれば次の課題を、達成できなかったとすればどこに原因があったのか、課題を再度見直したり練習の仕方を見直したりすることである。つまり、学習の成果と課題を適時に自己評価したり、仲間と相互に評価し合ったりすることである。

第2節
学習内容とその取り扱い

柔道の学習内容は非常に幅広いものがある。したがって、それぞれの学習段階、すなわちそれぞれのステージにおいてどのようなねらいを立てるか、そのために必要な学習内容は何かという観点に立って検討を行い、大きく次のような内容構成を示すこととした。

内容の取り扱いに関しては、技能の内容のうち、特に対人的技能については生徒の能力等に応じて選択することができるようにし、態度および学び方の内容については履修する生徒全員が適時・適切に技能の内容の学習との関連を図って学ぶことができるようにする。

なお、ここに示しているのはあくまでも参考例である。

1 第1ステージ～第3ステージの内容例とその取り扱い

第1ステージから第3ステージのねらいは、中学校や高等学校において初めて柔道を履修し、徐々にその学習段階を高めていくことであり、具体的には、第1ステージ（「柔道を体験しよう」：学習の重点としては対人的技能との関連で基本動作を習得する）、第2ステージ（「柔道のよさを知ろう」：学習の重点として基本動作の習熟と身に付けた技で自由練習ができる）、第3ステージ（「柔道の楽しさを知ろう」：学習の重点として新しい技を身に付け、試合ができる）としている。

したがって、それぞれのねらいと学習の重点化をふまえ、各学校および生徒の実態などに応じて学習内容を選定するとともに、その取り扱いを決めることとなる。

基本動作で取り上げる内容およびその取り扱いについては、各ステージにおいて同様と考えてよい。学習段階が高まるにしたがって、基本動作の習熟を図っていくこととなるからである。

	学習内容の例
基本動作	1　投げ技の基本動作 　ア　姿勢と組み方 　　・自然本体と組み方　　・右（左）自然体と組み方 　　・自護本体と組み方　　・右（左）自護体と組み方 　イ　進退動作 　　・すり足　・歩み足　・継ぎ足 　ウ　崩しと体さばき 　　・崩しの方向と方法　・前さばき　・後ろさばき 　　・前回りさばき　・後ろ回りさばき 　エ　受け身 　　・後ろ受け身　・横受け身　・前回り受け身　・前受け身 2　固め技の基本動作 　ア　攻撃に必要な基本動作 　イ　防御に必要な基本動作 　ウ　簡単な攻め方と返し方
対人的技能	1　投げ技 　ア　手技 　　・体落とし　・背負い投げ 　イ　腰技 　　・大腰　・釣り込み腰　・払い腰 　ウ　足技 　　・膝車　・支え釣り込み足　・大外刈り　・大内刈り 　　・小内刈り　・出足払い 2　固め技 　ア　抑え技 　　・けさ固め　・横四方固め　・上四方固め 3　技の連絡 　ア　投げ技から投げ技への連絡 　イ　投げ技から固め技への連絡 　ウ　固め技から固め技への連絡

対人的技能では、投げ技として、手技、腰技、足技から、それぞれ生徒が身に付けやすいと思われる技を取り上げている。固め技としては、発育・発達段階から抑え技だけにとどめている。抑え技だけでも十分柔道の楽しさを知ることができる。技の連絡変化については自分の技から自分の技への連絡だけにとどめている。

試合については、各学習段階（ステージ）においてルールや試合の仕方を工夫して適時行うほうが効果的である。柔道の楽しさを知るとともに、自己の運動の課題を把握することができる。

態度および学び方で取り上げる内容およびその取り扱いについては、各ステージにおいて柔道を履修する生徒全員が学習活動全体を通じて適切に学ぶことができるようにする。

	4	形 ア　投の形（既習の技） イ　固の形（既習の技）
試合	1	試合の仕方 ア　投げ技による試合 イ　固め技による試合 ウ　投げ技と固め技による試合
	2	審判の仕方
	3	試合の計画と運営
態度	1	伝統的な行動の仕方 ・礼法　・相手を尊重する態度　・克己心
	2	社会的態度 ・勝敗に対する公正な態度　・協力　・責任
	3	健康・安全にかかわる態度 ・用具や服装、練習場などの安全 ・危険な動作や禁じ技を用いないなどの安全
学び方	1	自己の能力に応じた課題を解決するための練習の仕方や試合の仕方を工夫する

2　第4ステージ〜第6ステージの内容例とその取り扱い

第4ステージから第6ステージのねらいは、これまで中学校および高等学校において柔道を約45時間程度以上履修してきた生徒を対象としており、いっそうその学習段階を高めていこうとするものである。具体的には、第4ステージ（「柔道の楽しさを深めよう」：学習の重点としては得意技を身に付け、自由練習や試合で生かすことができる）、第5ステージ（「柔道を得意にしよう」：学習の重点として技の連絡変化を身に付けるなど得意技を磨く）、第6ステージ（「生涯にわたって柔道に親しもう」：学習の重点として形や試合を中心にして初段（弐段）をめざす）としている。

したがって、それぞれのねらいと学習の重点化をふまえ、各学校および生徒の実態などに応じて学習内容を選定

	学習内容の例
基本動作	1　投げ技の基本動作 ア　姿勢と組み方 　・自然本体と組み方　・右（左）自然体と組み方 　・自護本体と組み方　・右（左）自護体と組み方 イ　進退動作 　・すり足　・歩み足　・継ぎ足 ウ　崩しと体さばき 　・崩しの方向と方法　・前さばき　・後ろさばき 　・前回りさばき　・後ろ回りさばき 　・相手の技に対応する体さばき エ　受け身 　・後ろ受け身　・横受け身　・前回り受け身　・前受け身 2　固め技の基本動作 ア　攻撃に必要な基本動作 イ　防御に必要な基本動作 ウ　簡単な攻め方と返し方
対人的技能	1　投げ技 ア　手技 　・体落とし　・背負い投げ イ　腰技 　・大腰　・釣り込み腰　・払い腰　・跳ね腰 ウ　足技 　・膝車　・支え釣り込み足　・大外刈り　・大内刈り 　・小内刈り　・出足払い　・送り足払い　・内股

するとともに、その取り扱いを決めることとなる。

　基本動作、試合、態度、学び方については第1ステージから第3ステージと同様の内容と取り扱いであり、それぞれの学習段階に応じていっそう高めていく。

　対人的技能については、投げ技では高度な捨て身技をはじめ、いくつかの新しい技を取り入れ、学習の高まり、深まりをねらっている。捨て身技については自由練習や試合で一律に扱うよりも、生徒の実態などに応じて取り扱うほうが望ましい。

　同様の観点から、自分の技から自分の技への連絡のみならず、相手の技を利用して自分の技へ変化する内容も取り上げている。形についても昇段との関連で、柔の形を新たに示している。

　また、積極的な攻防を展開することから攻撃だけでなく防御の仕方についても新たに示している。固め技では抑え技だけでなく、各学校の実態および生徒の実態などに応じて絞め技、関節技も取り上げることができるようにしている。

	エ　捨て身技 　・巴投げ 2　固め技 　ア　抑え技 　　・けさ固め　・横四方固め　・上四方固め　・縦四方固め 　　・肩固め　・崩れ上四方固め 　イ　絞め技 　　・十字絞め　・送り襟絞め 　ウ　関節技 　　・腕がらみ　・腕ひしぎ十字固め 3　技の連絡変化 　ア　投げ技から投げ技への連絡変化 　イ　投げ技から固め技への連絡変化 　ウ　固め技から固め技への連絡変化 4　形 　ア　投の形（既習の技） 　イ　固の形（既習の技） 　ウ　柔の形 5　防御 　ア　相手に技をかけられないようにする防御 　イ　相手に技をかけられた場合の防御
試合	1　試合の仕方 　ア　投げ技による試合 　イ　固め技による試合 　ウ　投げ技と固め技による試合 2　審判の仕方 3　試合の計画と運営
態度	1　伝統的な行動の仕方 　・礼法　・相手を尊重する態度　・克己心 2　社会的態度 　・勝敗に対する公正な態度　・協力　・責任 3　健康・安全にかかわる態度 　・用具や服装、練習場などの安全 　・危険な動作や禁じ技を用いないなどの安全
学び方	1　自己の能力に応じた課題を解決するための練習の仕方や試合の仕方を工夫する

〔表1〕技の系統性とその発展

第1ステージ		第2ステージ	第3ステージ
前さばき　→膝車　→横受け身	支え系　　膝車	→支え釣り込み	
前さばき　→大外刈り→後ろ受け身	刈り系　　大外刈り 　　　　　大外刈り	→小内刈り →大内刈り	
後ろさばき　→体落とし→横受け身 前回りさばき→体落とし→前回り受け身	回し系　　体落とし 　　　　　体落とし	→大腰 →背負い投げ	→釣り込み腰→払い腰 →一本背負い投げ
（前さばき　→出足払い→横受け身）			
横四方固め —————— けさ固め ———————— 上四方固め ————————			

3 技の系統性とその発展

対人的技能を身に付けるためには、次のようなことに留意する必要がある。

第一には、基本動作との関連を図った指導である。なかでも「崩しと体さばき」および「受け身」との関連が重要である。

たとえば、「前さばき」との関連では、相手をその右前すみに崩して膝車をかければ、受は横受け身をとることとなり、相手をその右後ろすみに崩して大外刈りをかければ、受は後ろ受け身をとることになるなどである。このような指導により、生徒は不安にかられることなく技をかけることができるだけでなく、安心して受け身をとることができる。学習の見通しをもつことができるとともに、学習への意欲を高めることができる。

第二には、技の系統性を重視することである。崩しと体さばきが同系統の技をグルーピングしてひとつのまとまりとして指導するのである。こうすることによって、生徒にとって一つひとつの技の技術的構造がより明確になるとともに、比較的容易に技を身に付けることができる。さらには、自己の能力等に応じてその発展的な技に適切に挑戦していくこともできる。

投げ技については、ひとまとまりの技として、
①支え系（膝車、支え釣り込み足）
②刈り系（大外刈り、小内刈り、大内刈り）
③回し系（体落とし、大腰、釣り込み腰、払い腰、跳ね腰、内股、そして背負い投げ、一本背負い投げ）
④払い系（出足払い、送り足払い）
⑤捨て身系（巴投げ、浮き技）として整理している。

なかでも、ここでの特色は、支え系では膝車を、刈り系では大外刈りを、回し系では体落としをその中軸として位置付けるとともに、第1ステージで取り扱い、その後の発展につなげていこうとするところにある。

抑え技については、横四方固め、けさ固め、上四方固めの3つを中軸として位置付けるとともに、第1ステージで取り扱い、その習熟を図ることを重視している。この3つの抑え技の習熟を図ることによってそれ以外の抑え技については発展的に身に付けることができるという考え方である。

このように、多くの技を教師主導で個々に指導していくことよりも、基本動作との関連を図りつつ、技の系統性からひとまとまりの技として生徒に提示していくことによって生徒の自発的・自主的な学習を促すことができるとともに、学習指導の成果を高めることができるものと考える。

	第4ステージ	第5ステージ	第6ステージ
	払い系 出足払い→送り足払い 回し系の発展 　　内股　→跳ね腰		
		捨て身系　巴投げ→浮き技	
→縦四方固め		→縦四方固め→肩固め →けさ固め　→肩固め	絞め技　十字絞め→送り襟絞め 関節技　腕がらみ→腕ひしぎ十字固め
→崩れ上四方固め			

第2節 学習内容とその取り扱い

コラム　新しい学習指導要領解説保健体育編に示された柔道の学習内容の一覧

　第Ⅱ部実技編では、第1章として柔道の学習内容を示し、第2章で新しい視点に立った単元計画の例と学習指導の展開例を示している。本書で取り扱う柔道の学習内容も基本的には「中学校（高等学校）学習指導要領解説保健体育編」にしたがって構成している。
　ここに「解説」に示された関連する内容を一覧にして参考に供する。

内容	中　学　校	高　等　学　校
1　技能の内容	自己の能力に適した課題をもって次の運動を行い、その技能を身に付け、相手の動きに対応した攻防を展開して練習や試合ができるようにする。 ア　柔道　イ　剣道　ウ　相撲 （1）柔道 ア　基本動作（例示） ・姿勢と組み方　・進退動作　・崩しと体さばき　・受け身 イ　対人的技能（例示） （ア）投げ技 ・体落とし　・背負い投げ　・大腰 ・釣り込み腰　・払い腰　・膝車 ・支え釣り込み足　・大外刈り　・大内刈り　・小内刈り （イ）固め技 ・けさ固め　・横四方固め　・上四方固め （ウ）技の連絡変化 ・投げ技の連絡　・固め技の連絡 ・投げ技から固め技への連絡 ウ　試合 （形の取り扱いの工夫）	自己の能力に応じて次の運動の技能を高め、相手の動きに対応した攻防を展開して練習や試合ができるようにする。 ア　柔道　イ　剣道 （1）柔道 ア　基本動作（例示） ①投げ技の基本動作 ・姿勢と組み方　・進退動作　・崩しと体さばき ・受け身 ②固め技の基本動作 ・攻撃に必要な基本動作 ・防御に必要な基本動作 ・簡単な入り方と返し方 イ　対人的技能（例示） （ア）投げ技 ・体落とし　・背負い投げ　・大腰　・釣り込み腰 ・払い腰　・跳ね腰　・膝車　・支え釣り込み足 ・大外刈り　・大内刈り　・小内刈り　・出足払い ・送り足払い　・内股　・巴投げ　・浮き技 （イ）固め技 ・けさ固め　・横四方固め　・上四方固め　・縦四方固め　・肩固め　・十字絞め　・送り襟絞め ・腕がらみ　・腕ひしぎ十字固め （ウ）技の連絡変化 ・投げ技から投げ技 ・固め技から固め技 ・固め技から固め技 （エ）防御 ・相手に技をかけさせないようにする防御 ・相手に技をかけられた場合の防御 ウ　試合 エ　形
2　態度の内容	伝統的な行動の仕方に留意して、互いに相手を尊重し、練習や試合ができるようにするとともに、勝敗に対して公正な態度がとれるようにする。また、禁じ技を用いないなど安全に留意して練習や試合ができるようにする。	伝統的な行動の仕方に留意して、互いに相手を尊重し、練習や試合ができるようにするとともに、勝敗に対して公正な態度がとれるようにする。また、禁じ技を用いないなど安全に留意して練習や試合ができるようにする。
3　学び方の内容	自己の能力に適した技を習得するための練習の仕方や試合の仕方を工夫することができるようにする。	自己の能力に応じた技を習得するための計画的な練習の仕方や試合の仕方を工夫することができるようにする。

第2章

新しい視点に立った単元計画の例と学習指導の展開例

第1節　第1ステージ「柔道を体験しよう」
第2節　第2ステージ「柔道のよさを知ろう」
第3節　第3ステージ「柔道の楽しさを知ろう」
第4節　第4ステージ「柔道の楽しさを深めよう」
第5節　第5ステージ「柔道を得意にしよう」
第6節　第6ステージ「生涯にわたって柔道に親しもう」

第1節 第1ステージ
「柔道を体験しよう」

第6ステージ
第5ステージ
第4ステージ
第3ステージ
第2ステージ
第1ステージ

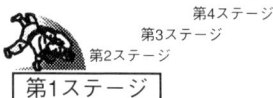

▶対象（初めて柔道を体験する生徒）

1 学習指導の進め方

　このステージは、中学校や高等学校で初めて柔道を選択する生徒を対象とする。初めは教師による一斉指導で、柔道の基礎的・基本的な内容をしっかりと身に付けさせる。その中でも生徒が自分で考え工夫する場面をつくるようにする。

　また、受け身や体さばきなどの基本動作は、対人的技能と関連付けて指導する。さらに、初歩の段階から、かかり練習、約束練習など、柔道独自の練習法を活用し、学習が進むにしたがって、生徒自身が学び方を身に付けて、次のステージに発展できるようにする。

2 単元計画と学習の道すじ　－15時間の具体例－

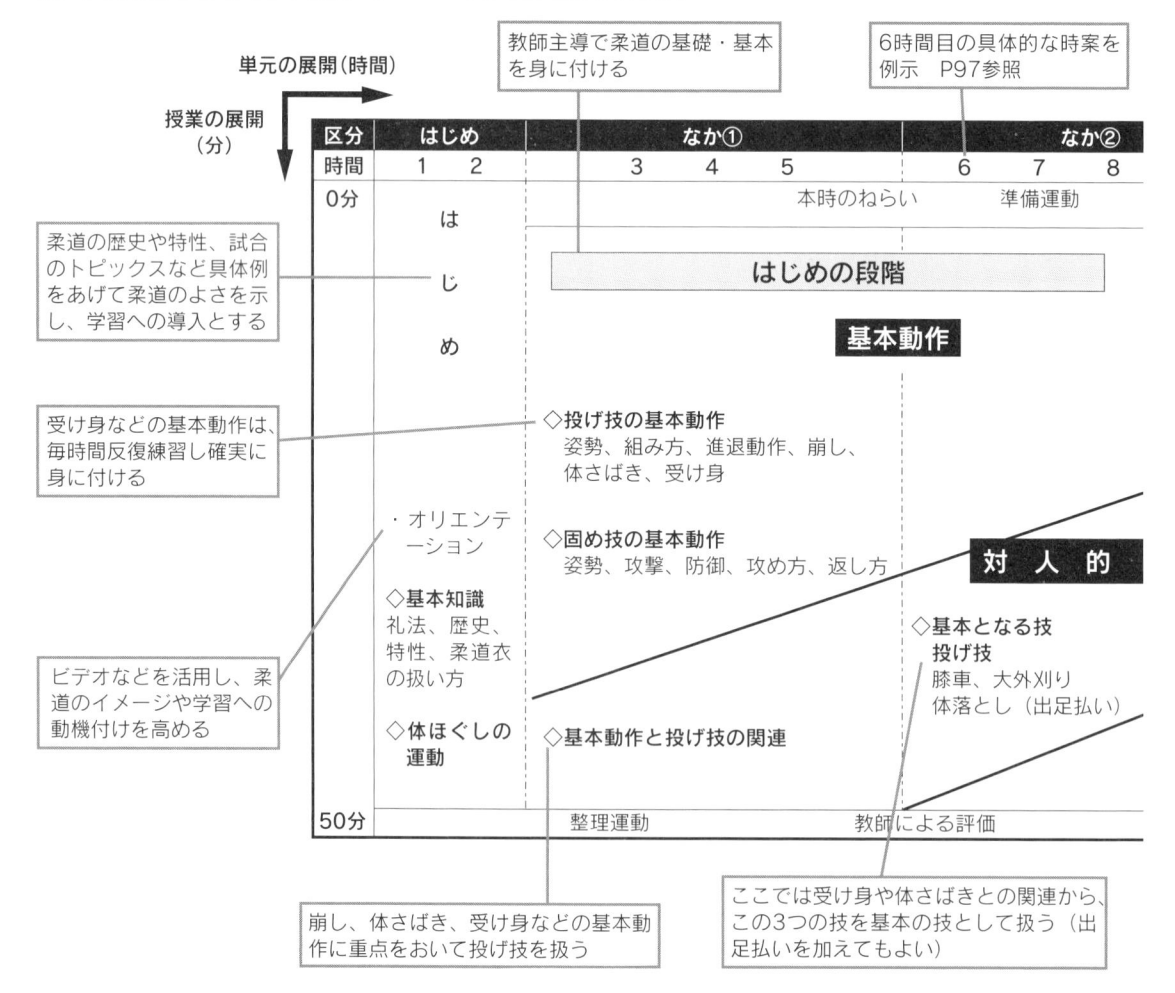

区分	はじめ	なか①	なか②
時間	1　2	3　4　5	6　7　8

0分　　　　　　　　　　　　　　　　　　　　本時のねらい　　準備運動

はじめの段階

基本動作

・オリエンテーション

◇投げ技の基本動作
　姿勢、組み方、進退動作、崩し、体さばき、受け身

◇基本知識
　礼法、歴史、特性、柔道衣の扱い方

◇固め技の基本動作
　姿勢、攻撃、防御、攻め方、返し方

対　人　的

◇基本となる技
　投げ技
　膝車、大外刈り
　体落とし（出足払い）

◇体ほぐしの運動

◇基本動作と投げ技の関連

50分　　　　　　　整理運動　　　　　教師による評価

- 単元の展開（時間）
- 授業の展開（分）

- 教師主導で柔道の基礎・基本を身に付ける
- 6時間目の具体的な時案を例示　P97参照
- 柔道の歴史や特性、試合のトピックスなど具体例をあげて柔道のよさを示し、学習への導入とする
- 受け身などの基本動作は、毎時間反復練習し確実に身に付ける
- ビデオなどを活用し、柔道のイメージや学習への動機付けを高める
- 崩し、体さばき、受け身などの基本動作に重点をおいて投げ技を扱う
- ここでは受け身や体さばきとの関連から、この3つの技を基本の技として扱う（出足払いを加えてもよい）

3 主な学習内容

◇基礎知識　p142～144
◇体ほぐしの運動　p145
◇投げ技の基本動作　p146～154、固め技の基本動作　p155～162
◇基本動作と投げ技の関連
◇基本となる技の学習
◇技の練習法　p163～165
◇簡易な試合　p217～221
◆新しく扱う技：「膝車」p179～180、「大外刈り」p182～183、「体落とし」p168～169、「出足払い」p188～189、「横四方固め」p198、「けさ固め」p196～197、「上四方固め」p199～200

4 指導計画作成上のポイント

単元を大きく「はじめの段階」と「進んだ段階」に分け、前半は教師主導、後半は班単位の学習活動を増やしていく。

「はじめ」のオリエンテーションでは、ビデオなどの教材を活用し、選択した柔道の学習に対する動機付けを高める。

「なか」は、大きく3つに分け、生徒の学習進度に応じ、基本動作、対人的技能、簡易な試合（自由練習）の割合を変えていく。

「まとめ」では、次のステージへ向け、学習課題を明確にしていく。

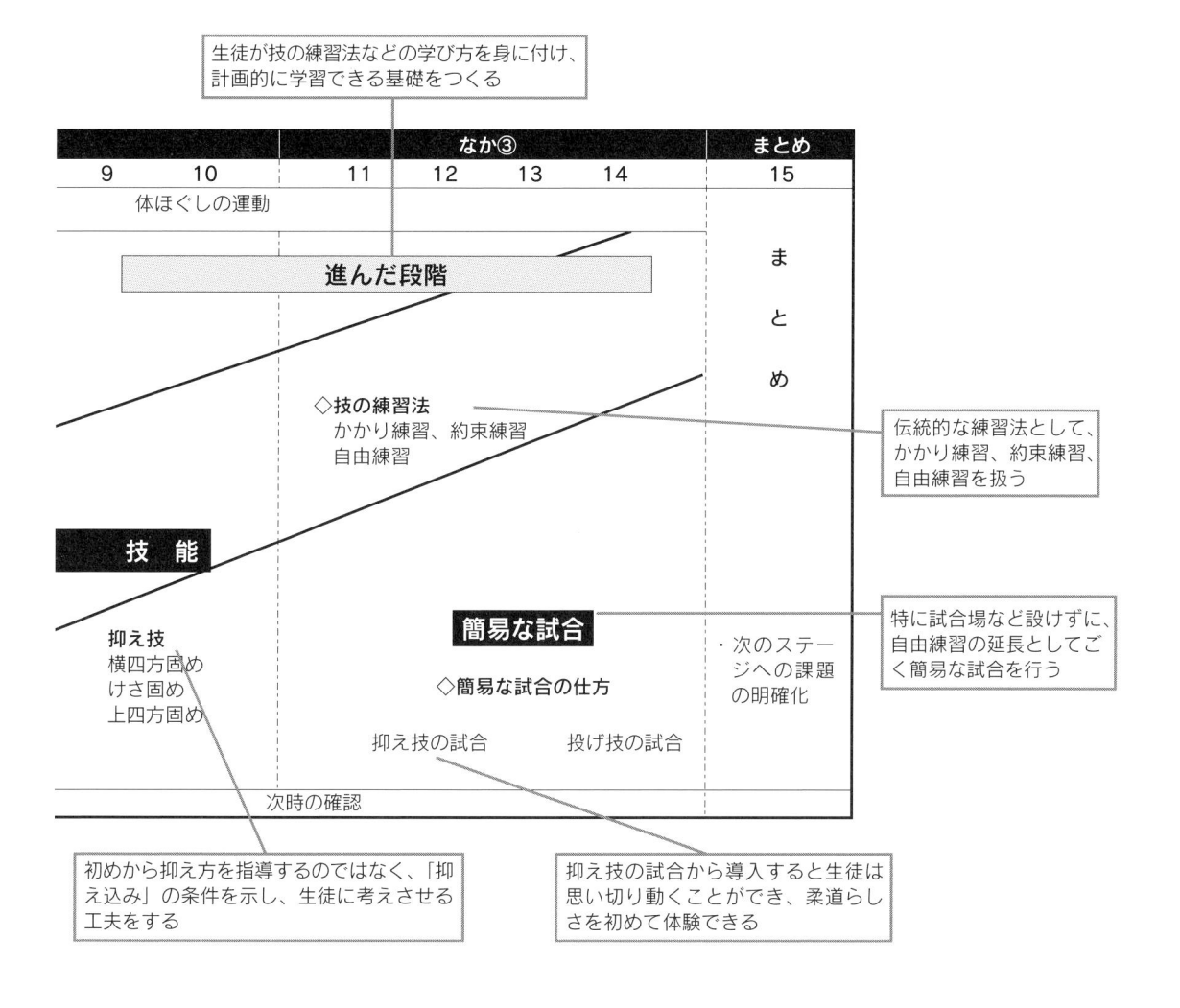

生徒が技の練習法などの学び方を身に付け、計画的に学習できる基礎をつくる

	なか③	まとめ
9　10　11	12　13　14	15

体ほぐしの運動

進んだ段階

◇技の練習法
　かかり練習、約束練習
　自由練習

伝統的な練習法として、かかり練習、約束練習、自由練習を扱う

技　能

簡易な試合

◇簡易な試合の仕方
　抑え技の試合　　投げ技の試合

・次のステージへの課題の明確化

特に試合場など設けずに、自由練習の延長としてごく簡易な試合を行う

抑え技
　横四方固め
　けさ固め
　上四方固め

次時の確認

初めから抑え方を指導するのではなく、「抑え込み」の条件を示し、生徒に考えさせる工夫をする

抑え技の試合から導入すると生徒は思い切り動くことができ、柔道らしさを初めて体験できる

5 安全上配慮する事項

「はじめの段階」では、畳や施設の整備など安全確認の習慣をつけさせる。また、受け身などの基本動作の練習は、安心してできる低い姿勢から始め、実際に投げられる状態を意識しながら受け身の練習を行わせる。「進んだ段階」では、投げ技の練習は常に「受」に配慮して、「受」の安心できる姿勢で行わせる。また、投げた後、必ず引き手を保持したり、自由練習では、いさぎよく自分から受け身をとるなど安全への習慣を身に付けさせる。

6 学習指導の手順と具体の評価規準

ここでは、モデルとなる第1ステージの単元計画に従い、具体的な学習指導の手順とそれに対応した具体の評価規準を示している。双方を参考にして、学習過程の評価を次の学習指導に生かすようにする。

※具体の評価規準の「評価の観点」の◎は特に重視する観点を示す。

●はじめ　50分×2時間の流れ

初めて柔道を学ぶ生徒を対象とするので、導入のオリエンテーションでは、タイムリーな柔道の話題やビデオなどで柔道への関心や学習意欲を高めるようにする。また、柔道の基本知識をしっかりと身に付けるようにするとともに、体ほぐしの運動を楽しみながら学習への導入を図る。

単元区分		学習内容と指導手順	指導・支援のポイント
学習Ⅰ	はじめ 50分×2	1. オリエンテーション ・ビデオなどを利用して、柔道のよさを示し、学習への動機付けを行う ・どのように柔道を学んでいくのか、学習のねらいと特性、学習の道すじや学習の進め方を理解する ・本来は生徒主体の学習活動であるが、しばらくは教師主導で柔道の基礎・基本をしっかりと身に付けることを理解する 2. 基礎知識　P142〜144参照 ・柔道の歴史、特性、柔道衣の扱い方、礼法（立礼、座礼）など、柔道を始めるうえで基本となる知識を身に付ける 3. 体ほぐしの運動　P145参照 ・体ほぐしの運動の具体例を参考に、生徒が自由に運動を選択し、やり方を工夫できるようにする。また、以後の授業の導入に活用できるようにする	◎柔道に関するタイムリーな話題を提供する ◎学び方（学習の進め方や活動の仕方）を説明する。特に安全面に配慮した行動を徹底する ◎柔道の特性、教材としての意義等を説明する ◎礼法の目的、意義について説明し、授業では正しい礼法を徹底する ◎授業への導入となるものを選び、仲間と運動を楽しむ中で自分の体の状態を気付かせるようにする

◇「基本知識」の具体の評価規準

評価の観点	評価規準	学習指導へのフィードバック
関心・意欲・態度	礼儀正しい態度で関心をもって柔道を学ぼうとする	柔道のよさを示すとともに、礼法の目的や意義を理解させ、学習への期待感を高めさせる
思考・判断	歴史、特性、礼法などの基本知識を得て、柔道から何を学ぶのか、自分の課題を意識している	柔道の正しい知識をもたせ、そこから何を学ぶか、自分の課題を意識させる
技能	礼法などの伝統的な行動の仕方を身に付けている	授業の前後や、日常生活に取り入れるなど、正確に行えるように習慣を付けさせる
◎知識・理解	柔道の歴史や特性、礼法の重要性を理解している	これからの学習の基本となることを理解させる

● なか① 50分×3時間の流れ

　柔道の基本動作の習得を中心に授業を展開する。受け身や体さばきなどの基本動作は、実際の投げ技と関連付けて理解できるようにする。

単元区分			学習内容と指導手順	指導・支援のポイント
学習Ⅱ	なか①　50分×3	はじめの段階	1．投げ技の基本動作　P146参照 ・2人1組の対人で基本動作を学ぶ 　姿勢・・・自然本体、右（左）自然体、自護体 　組み方・・・右（左）組み、相（けんか）四つ 　受け身・・・（前受け身）、後受け身、横受け身、前回り受け身 　進退動作・・継ぎ足、歩み足 　崩し・・・・八方の崩し 　体さばき・・前さばき、後ろさばき、前回りさばき、後ろ回りさばき	◎この段階から、対人で技能を学ぶ習慣をつけるようにする ◎姿勢・組み方は、力を入れすぎないようにする ◎基本動作は毎時間、準備運動として利用できるように、内容や順番をパターン化しておくとよい。また、どういう場面で役立つのか動作の目的を説明する
			2．固め技の基本動作　P155〜参照 ・固め技の姿勢、体さばき、簡単な攻め方と返し方	◎対人で実際の動きをイメージしながら、基本動作を身に付けるようにする
			3．基本動作と投げ技の関連 ・崩し、体さばき、受け身を、実際の投げ技と関連付けて学ぶ 　例）前さばき→膝車、大外刈りのように→横受け身、後受け身 　　　後さばき→体落としのように→横受け身 　　　前回りさばき→体落としのように→前回り受け身	◎最初は、ゆっくりとした動作で、崩し、体さばき、受け身の感覚を身に付ける。ここでは投げる動作に重点はおかない

◇「基本動作」の具体の評価規準

評価の観点	評価規準	学習指導へのフィードバック
関心・意欲・態度	礼儀正しい態度で関心をもって基本動作を学ぼうとする	早い段階から、対人的技能と関連付けて基本動作を扱い、柔道の楽しさを味わわせる
思考・判断	投げ技や抑え技と関連付けながら、基本動作を身に付けようと工夫している	実際に投げる動作や抑える動作を使って基本動作の意味を考えさせる
◎技能	投げる動作を通して、体さばきや受け身などの基本動作を身に付けている。また、固め技の基本動作を身に付けている	基本となる技を利用して、体さばきや受け身の習熟をねらいに、繰り返し練習させる
知識・理解	柔道を楽しむうえで、体さばきや受け身などの基本動作が重要であることを理解している	投げたり、抑えたりして柔道を楽しむためには、基本動作をしっかり身に付ける必要があることを理解させる

● なか② 50分×5時間の流れ

　投げ技、固め技それぞれに基本となる技を設定し、それを身に付けながら基本動作の習熟を図る。また、投げ技と固め技の扱う順番や配当時間の割合は、それぞれの学校の状況に応じて工夫する。

単元区分			学習内容と指導手順	指導・支援のポイント
学	なか②	はじめの段階	1．基本となる技の学習 ◇投げ技　　　※6時間目の具体的な事案　P97参照 ・前項の「基本動作と投げ技」の発展として体さばきや受け身との関連から、膝車、大外刈り、体落としを基本となる技として習得する。膝車　P179〜参照、大外刈り　P182〜参照、体落とし　P168〜参照 ・体落としは、後ろさばきと前回りさばきの2つの攻め方を練習する ・技のポイントを示しながら、技に入るまでを数回繰り返し、慣れてきたら3〜5回目ぐらいに投げる 　例）3回目に投げる×3〜5セット	◎技に入るための体さばきや、実際に投げられた後の受け身のとり方に重点をおいて指導する ◎反復の回数をできるだけ多く行い、基本となる技をしっかり身に付けるようにする ◎ここでは、完璧な技をめざすのではなく、技の大まかなイメージをつくる程度でよい

第1節　第1ステージ 「柔道を体験しよう」

| 学習Ⅱ 50分×5 | 進んだ段階 | ◇抑え技
・比較的抑え方のやさしい、横四方固め、けさ固め、上四方固めを、基本となる技として扱う
・初めから抑え方を指導するのではなく、抑え込みの条件を示し、生徒に考えさせる工夫をする
　「抑え込みの条件」・相手はあお向け・自分が相手に向き合うように抑える・足が絡まれていない
　　例)抑え込みの条件を満たすようにし、相手を10秒間抑える
　　横四方固め　P198参照、けさ固め　P196〜参照、上四方固め　P199〜参照
・しっかり抑えた形から逃げる
　　例)30秒間の抑え込みの攻防×3〜5セット | ◎抑え込みの条件をよく理解させ、あまり形にこだわらず、抑え込むことができるようにする
◎合理的な抑え方をすると、自然と既成技に近くなることを理解できるようにする
◎抑え方と応じ方のポイントを一緒に理解できるようにする
◎抑え技は、早い段階から相互に全力を出す攻防の中で身に付けさせると効果的である |

◇「基本となる技」の学習の具体の評価規準

評価の観点	評価規準	学習指導へのフィードバック
関心・意欲・態度	基本となる技を身に付けて柔道を楽しもうとする	投げたり、抑えたりして柔道本来の楽しさを味わわせる
思考・判断	基本となる技を身に付けるための練習の仕方を工夫している	技を身に付けるための学び方の道すじやヒントを示し、解決法を工夫させる
◎技能	いくつかの基本となる技を身に付けている	技を限定して繰り返し練習する機会をつくり、技能を高めさせる
知識・理解	基本動作と関連付けて基本となる技を理解している	技の練習によって基本動作の習熟を図ることを理解させる

●なか③　50分×4時間の流れ

　伝統的な練習法として、かかり練習、約束練習、自由練習を扱う。生徒自身が技の練習法などの学び方を身に付け、計画的に学習できる基礎づくりを行う。また、簡易な試合を取り入れ、柔道の楽しさを体験できるようにする。

単元区分			学習内容と指導手順	指導・支援のポイント
学習Ⅱ	なか③ 50分×4	進んだ段階	1. 技の練習法　P163参照 ・かかり練習、約束練習、自由練習の行い方を身に付ける。 ・生徒の実態に応じて回数や時間を決める。 　例)かかり練習：5回×3セット 　　約束練習：3回×3セット 　　自由練習：1分×3セット 2. 簡易な試合　P219参照 ・特に試合場などを設けず、ごく簡易な試合を自由練習の延長として行う ・抑え技の試合と簡単な審判の仕方を学ぶ ・投げ技の試合と簡単な審判の仕方を学ぶ 　例)3人組で自由練習を行い、1人が審判になり技の効果を判定する 　　抑え技　10秒抑えたら一本 　　投げ技　投げたら1ポイント、ポイント数で勝敗を決する	◎技の練習を展開していく場合、注意事項・禁止事項を徹底させるとともに生徒の安全に配慮する姿勢を育てていく ◎生徒の体力などを考慮して回数、時間を設定する ◎基本的な練習法をパターン化することで授業の流れをつくる ◎安全に試合を楽しめるようなルールを設定する ◎試合を楽しむ中で、自分が身に付けたい技についての課題をもたせる

◇「簡易な試合」の具体の評価規準

評価の観点	評価規準	学習指導へのフィードバック
◎関心・意欲・態度	礼儀正しい公正な態度で、簡易な試合を楽しもうとする	試合の礼法を徹底し、今ある力で精いっぱい試合を楽しませる

思考・判断	簡易な試合を通して、自分の課題を発見しようとしている	試合でどんな技がよくかかるかなど、課題例を示し、各自の課題を見つけさせる
技能	簡易な試合で使うことができる基本となる技を身に付けている	かかり練習、約束練習、自由練習で基本となる技に磨きをかけさせる
知識・理解	簡易な試合でのルールや審判法を理解している	簡易な試合や審判の仕方を復習し、確認させる

7 学習指導の時案

ここでは、「第1ステージ15時間中の6時間目」の学習指導の具体的な展開例を示している。基本となる投げ技を扱う中で、受け身や体さばきなどの基本動作の習熟を図る。

また、指導と評価の一体化を図るために、学習活動に対応した評価の観点を示している。これを参考に、学習過程の中で、生徒の活動状況を適宜評価し、次の学習指導に生かすようにする。

本時のねらい	投げ技と関連付けて基本動作の習熟を図る		配当時間	第1ステージ 15時間中の6時間目
	学 習 活 動	指導・支援の留意点		評価の観点
はじめ 10分	1. 整列、あいさつ 　・正座　・黙想　・座礼 2. 本時の学習内容をつかむ 3. 準備運動と体ほぐしの運動 4. 受け身 　・後ろ受け身 　・横受け身 　・移動を利用した受け身	・礼法や姿勢を確認する ・本時の学習内容について説明する ・生徒の健康観察を行う ・見学者に学習の補助と見学のポイントを指示する		・伝統的な行動の仕方が身に付いているか （関）
なか 35分	5. 基本動作と投げ技の関連（復習） 　前さばき→膝車のように→横受け身 　　　　　　→大外刈りのように→後受け身 　後さばき→体落としのように→横受け身 　前回りさばき→体落としのように→前回り受け身 6. 基本となる技の習得 　崩し、体さばき、受け身の関連から、次の3つの技を扱う 　　膝車　大外刈り　体落とし 　・反復練習で正確な体さばきや崩しを身に付ける 　・各技それぞれ3回目に投げる 　・この段階では止まっている相手を投げる	・基本となる技の習得のために、体さばきで崩して投げる復習をする ・実際に投げられる動作の中で、受け身を実践的に理解させる ・ここでは、崩しや体さばきに重点をおき、技の形にはあまりこだわらなくてよい ・技の個別指導をする。生徒一人ひとりにワンポイントアドバイスをして、正しい体さばきや受け身を身に付けるようにする		・技と関連させて基本動作を理解しているか （知） ・自ら課題をもち、練習を工夫しているか （思） ・基本となる技を身に付けているか （技）
まとめ 5分	7. 整理運動 8. 整列、あいさつ 　・本時の学習活動の反省、次時の課題 　・正座　・黙想　・座礼	・生徒の健康観察を行う ・本時のまとめをする ・礼法、姿勢を確認する		・本時の課題を達成できたか （4観点）

※ （関）：関心・意欲・態度、（思）：思考・判断、（技）：技能、（知）：知識・理解

8 学習資料

ここでは、第1ステージの「基本動作と投げ技の関連」で扱う学習資料の具体例を示している。受け身や体さばきなどの基本動作を、対人的技能と関連付けて身に付けさせることをねらいとしている。基本動作が具体的にどのように投げ技の中で生かされているかをビジュアルに示し、より効果的、実践的な基本動作の習熟をめざすようにする。

投げながら基本動作を身に付けよう

__年__組__番　氏名 _____　　　　　　　　年　月　日記入

基本動作と投げ技の関連

◇**投げ技のなりたち**　　　　　　　　　　※自分でできるようになった項目に○印をつけてみよう

相手を投げるには、正しい姿勢で組み、動きの中で相手を崩して技に入り、けがをしないように、しっかりと相手に受け身をとらせることが大切である。そのために必要な、姿勢、組み方、進退動作、崩し、体さばき、受け身などを、投げ技の基本動作という。柔道を思い切り楽しむためには、この基本動作を投げ技と一緒にしっかりと身に付けていくことが大切。

◇**体さばきで投げてみよう**
いろいろな方向へ体さばきを利用して、相手を投げることで、投げる感覚や、崩し、体さばき、受け身を上達させよう。

←　前への体さばき　　　　　後ろへの体さばき　→

◇**体さばきから投げ技に発展させよう**
体さばきで投げることができたら、次は、足で支えたり、刈ったり、投げる動作（掛け）を加えて、投げ技に発展させてみよう。

◇前さばき→足で支える　　◇前さばき→足で刈る→大外刈り　　◇後ろさばき→足を踏み出す→体落とし
　→膝車

学習の自己評価　投げ技の仕組みがよく理解できた　A　B　C	仲間のアドバイス　サイン
感想と次の課題	

※自己評価　Aよい　B普通　Cもう一歩

選択制授業における学習ノート

東京・T高校の生徒による、柔道の授業後の感想などをつづった学習ノートを紹介する
（140、222ページにも掲載）

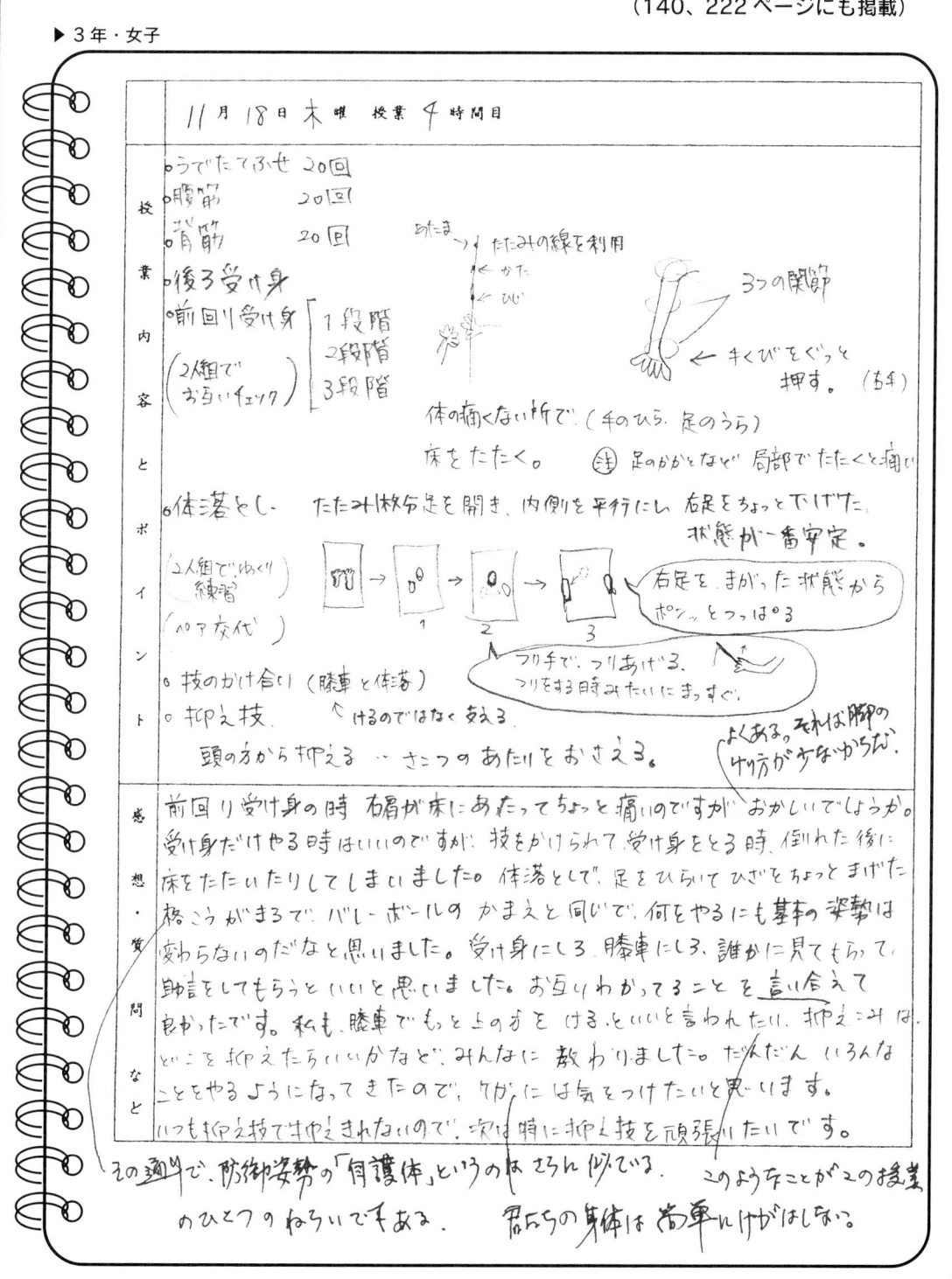

▶ 3年・女子

授業内容とポイント

11月18日 木曜 授業 4時間目

- うでたてふせ 20回
- 腹筋 20回
- 背筋 20回
- 後ろ受け身
- 前回り受け身 [1段階／2段階／3段階] （2人組でお互いチェック）

  たたみの線を利用
  あたま→かた→ひじ
  3つの関節
  ←手くびをぐっと押す。（右手）
  体の痛くない所で。（手のひら、足のうら）
  床をたたく。 足のかかとなど局部でたたくと痛い

- 体落とし たたみ1枚分足を開き、内側を平行にし、右足をちょっと下げた状態が一番安定。
  （2人組でゆっくり練習）（ペア交代）
  1→2→3
  右足を、まがった状態からポンッとつっぱる
  フリ手で、フリあげる。フリをする時みたいにまっすぐ。

- 技のかけ合い（膝車と体落）
- 押え技 ← けるのではなく支える
  頭の方から押える…さこつのあたりをおさえる。

  よくある。それは脚のケリ方が少ないからだ。

感想・質問など

前回り受け身の時、右肩が床にあたってちょっと痛いのですがおかしいでしょうか。受け身だけやる時はいいのですが、技をかけられて受け身をとる時、倒れた後に床をたたいたりしてしまいました。体落としで、足をひらいてひざをちょっとまげた格こうがまるでバレーボールのかまえと同じで、何をやるにも基本の姿勢は変わらないのだなと思いました。受け身にしろ、膝車にしろ、誰かに見てもらって助言をしてもらうといいと思いました。お互いわかってることを言い合えて良かったです。私も、膝車でもっと上の方をける、といいと言われたし、押えこみは、どこを押えたらいいかなど、みんなに教わりました。だんだんいろんなことをやるようになってきたので、ケガには気をつけたいと思います。いつも押え技でもやらされないので、次は時に押え技を頑張りたいです。

その通りで、防御姿勢の「自護体」というのはさらに似ている。このようなことがこの授業のひとつのねらいでもある。 君らの身体は当軍にけがはしない。

第1節 第1ステージ 「柔道を体験しよう」 99

第2節 第2ステージ
「柔道のよさを知ろう」

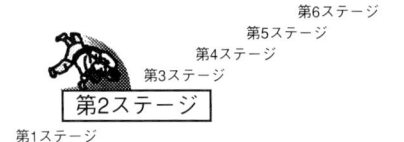

▶対象　基本動作に習熟し、自分に合った技を身に付け、自由練習を楽しむことをめざす生徒　学習経験15時間程度

❶ 学習指導の進め方

このステージは、基本動作や基本となる技をある程度身に付けた生徒を対象とする。基本動作に習熟し、自分に合った技を身に付け、自由練習を楽しみながら、得意技の基礎をつくる。こうして第1、第2ステージを通して、柔道のよさを十分味わえるようにする。また、新しく扱う技は、同系統の技をまとめて指導するように心がける。さらに、生徒の選んだ技ごとに班別で学び合えるように、班別学習などを工夫する。このように生徒相互の教え合いなど、仲間とのかかわりを大切にする。

❷ 単元計画と学習の道すじ　－15時間の具体例－

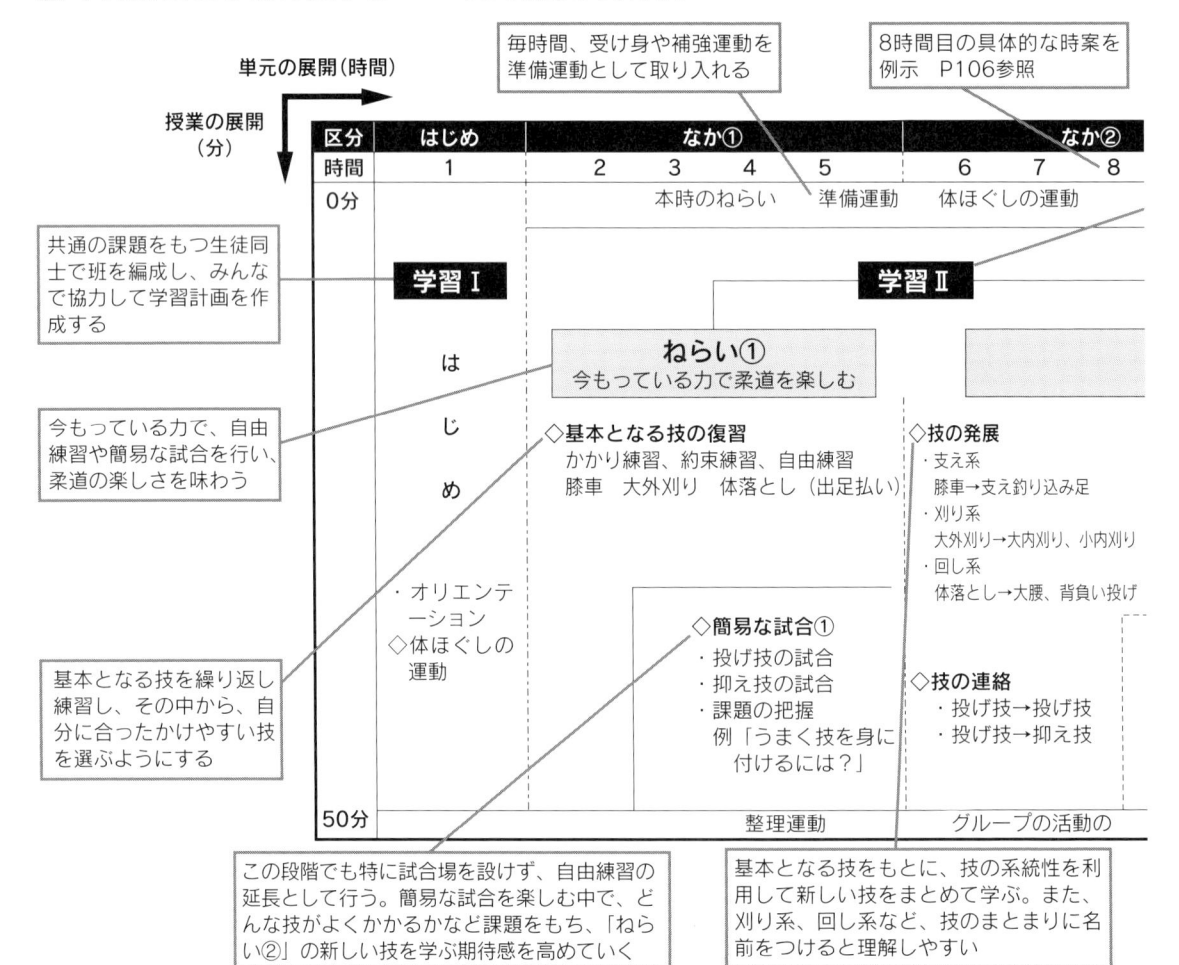

- 毎時間、受け身や補強運動を準備運動として取り入れる
- 8時間目の具体的な時案を例示　P106参照

区分	はじめ	なか①				なか②		
時間	1	2	3	4	5	6	7	8

0分　　本時のねらい　　準備運動　体ほぐしの運動

学習Ⅰ
- はじめ
- ・オリエンテーション
- ◇体ほぐしの運動

学習Ⅱ

ねらい①
今もっている力で柔道を楽しむ

◇基本となる技の復習
かかり練習、約束練習、自由練習
膝車　大外刈り　体落とし（出足払い）

◇簡易な試合①
・投げ技の試合
・抑え技の試合
・課題の把握
　例「うまく技を身に付けるには？」

◇技の発展
・支え系
　膝車→支え釣り込み足
・刈り系
　大外刈り→大内刈り、小内刈り
・回し系
　体落とし→大腰、背負い投げ

◇技の連絡
・投げ技→投げ技
・投げ技→抑え技

50分　　　　整理運動　　グループの活動の

- 共通の課題をもつ生徒同士で班を編成し、みんなで協力して学習計画を作成する
- 今もっている力で、自由練習や簡易な試合を行い、柔道の楽しさを味わう
- 基本となる技を繰り返し練習し、その中から、自分に合ったかけやすい技を選ぶようにする
- この段階でも特に試合場を設けず、自由練習の延長として行う。簡易な試合を楽しむ中で、どんな技がよくかかるかなど課題をもち、「ねらい②」の新しい技を学ぶ期待感を高めていく
- 基本となる技をもとに、技の系統性を利用して新しい技をまとめて学ぶ。また、刈り系、回し系など、技のまとまりに名前をつけると理解しやすい

第2章 新しい視点に立った単元計画の例と学習指導の展開例

3 主な学習内容

◇体ほぐしの運動　P145
◇基本となる技の復習
◇簡易な試合①②③　P217〜221
◇技の発展
◇技の連絡　P208〜210
◇技の班別学習
◆新しく扱う技:「支え釣り込み足」P180〜181、「大内刈り」P184〜185、「小内刈り」P186〜187、「大腰」P172〜173、「背負い投げ」P170〜171
(注)技の連絡とは、技の連絡変化のうち、自分の技から自分の技への連絡を意味する。

4 指導計画作成上のポイント

　学習Ⅰでは、同じ基本となる技を選択した者同士が班を編成するなど、課題に応じた班編成を行い、生徒が協力して学習計画を立てる場をつくる。学習Ⅱは、今ある力で十分に柔道を楽しみ(ねらい①)、高まった力に応じて、新しい工夫を加える(ねらい②)。具体的には、「なか①」「なか②」「なか③」の3つの展開の中で、今ある力で柔道を楽しみ、技の系統性を生かして新しい技を身に付け、試合を楽しめるようにする。「まとめ」では、新しく身に付けた技を発表するなど、次のステージに向け学習課題を明確にする。

自分のかけやすい技を生かして、自由練習や試合を楽しみ(ねらい①)、高まった力で自分に合った新しい技を身に付け、さらに自由練習や試合を楽しむ(ねらい②)ようにする

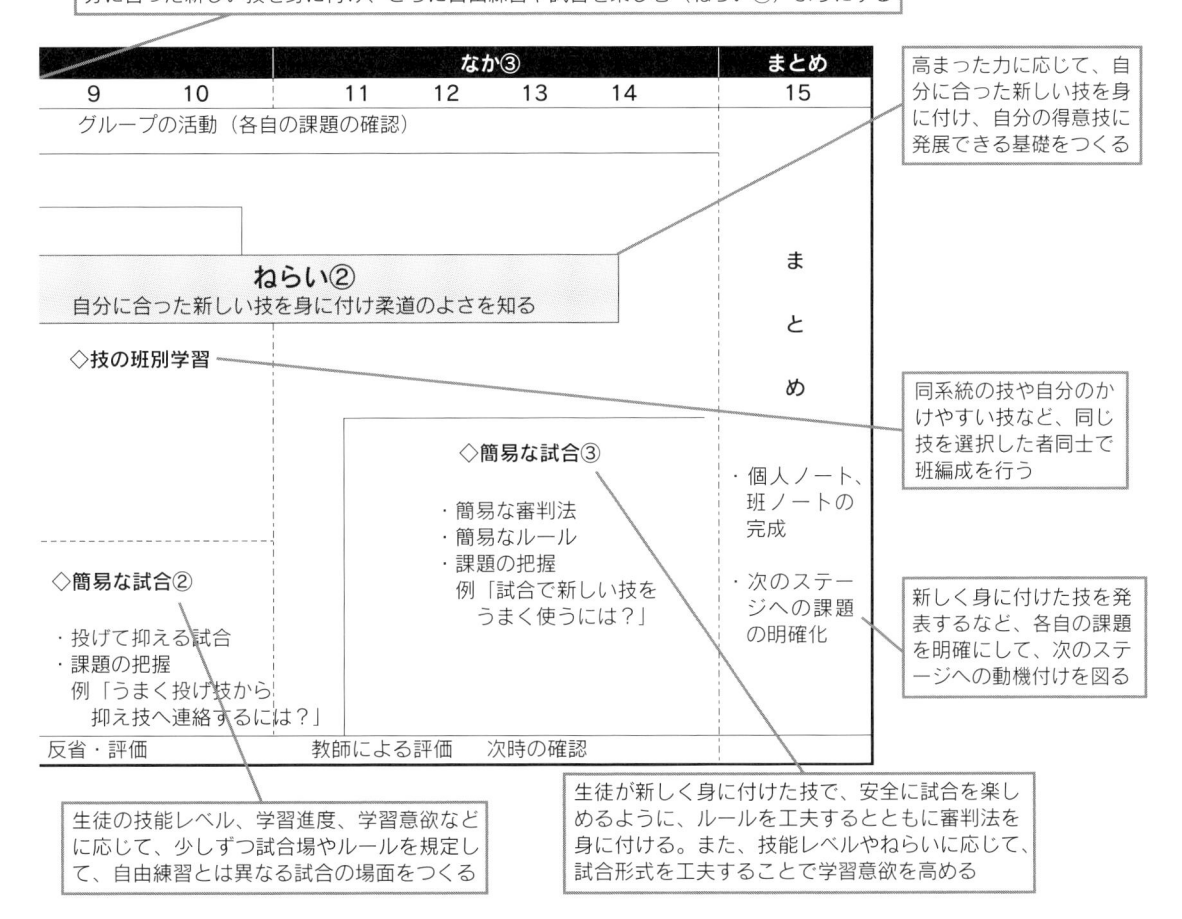

	なか③					まとめ
9　10	11	12	13	14		15

グループの活動(各自の課題の確認)

高まった力に応じて、自分に合った新しい技を身に付け、自分の得意技に発展できる基礎をつくる

ねらい②
自分に合った新しい技を身に付け柔道のよさを知る

◇技の班別学習

同系統の技や自分のかけやすい技など、同じ技を選択した者同士で班編成を行う

◇簡易な試合③
・簡易な審判法
・簡易なルール
・課題の把握
　例「試合で新しい技をうまく使うには?」

ま
と
め

・個人ノート、班ノートの完成
・次のステージへの課題の明確化

◇簡易な試合②
・投げて抑える試合
・課題の把握
　例「うまく投げ技から抑え技へ連絡するには?」

新しく身に付けた技を発表するなど、各自の課題を明確にして、次のステージへの動機付けを図る

反省・評価　　　　教師による評価　　次時の確認

生徒の技能レベル、学習進度、学習意欲などに応じて、少しずつ試合場やルールを規定して、自由練習とは異なる試合の場面をつくる

生徒が新しく身に付けた技で、安全に試合を楽しめるように、ルールを工夫するとともに審判法を身に付ける。また、技能レベルやねらいに応じて、試合形式を工夫することで学習意欲を高める

5 安全上配慮する事項

ねらい①の段階では、自由練習などで、投げられたときにいさぎよく自分から受け身をとることや無理な体勢から技をかけないことを習慣付ける。また、簡易な試合の既習ルールや禁止事項を確認させ、危険な行為があった場合は中断して指導を徹底する。「ねらい②」の段階では、新たに加えたルールをよく理解させ、試合では体格や習熟度を考慮した対戦相手を選ばせる。また、自由練習や試合では勝敗のみにこだわらないように十分留意する。

6 学習指導の手順と具体の評価規準

ここではモデルとなる第2ステージの単元計画に従い、具体的な学習指導の手順とそれに対応した具体の評価規準を示している。双方を参考にして、学習過程の評価を次の学習指導に生かすようにする。

※具体の評価規準の「評価の観点」の◎は特に重視する観点を示す。

●はじめ　50分×1時間の流れ

ステージの導入として、オリエンテーションを行い、生徒自身が学習の進め方や道すじを知り、教師主導の学習から生徒主体の学習へ移行していく。また、体ほぐしの運動を楽しみながら、学習への動機付けを高めていく。

単元区分		学習内容と指導手順	指導・支援のポイント
学習Ⅰ	はじめ 50分×1	1. オリエンテーション ・学習のねらいと道すじを理解する ・学習の進め方を知り、学習の見通しを立てる ・教師主導の一斉授業から、生徒主体の班別学習へ移行する中で、柔道の基礎・基本の習熟を図ることを理解する ・班編成、活動計画を作成する ・班ノート、個人ノートの使い方を理解する 2. 体ほぐしの運動　P145参照 ・体ほぐしの運動の具体例を参考に、生徒が自由に運動を選択し、やり方を工夫できるようにする。また、以後の授業の導入に活用できるようにする	◎学び方（学習の進め方や活動の仕方）を説明する。特に事故防止の観点から、安全面に配慮した行動を徹底する ◎第1ステージの自己評価をもとに自分の課題を設定できるようにする ◎学習への導入となるものを選び、仲間と運動を楽しむ中で、自分の体の状態に気付くようにする

●なか①　50分×4時間の流れ

第1ステージで扱った基本となる技の習熟を図るために、かかり練習・約束練習・自由練習を毎時間の授業の中に位置付ける。また、自由練習の延長としての簡易な試合を設定して、試合を楽しみながら自分の課題を発見する。このように今ある力を使って十分に柔道を楽しむようにする。

単元区分		学習内容と指導手順	指導・支援のポイント
学習Ⅱ	なか① 50分×4 ねらい①	1. 基本となる技の復習 ・かかり練習・約束練習・自由練習を活用し、基本となる技を復習する 　例）かかり練習5回×3セット、約束練習3回×3セット、自由練習2分×3〜5セット 2. 簡易な試合①　P219参照 ・自由練習の延長として簡易な試合を設定し、柔道を楽しみながら、自分の課題を振り返る場面をつくる 　例）投げ技の試合、抑え技の試合 　　3人組で試合形式の自由練習を行い、1人が技の効果を判定する。 　　試合時間：1分〜2分、抑え技：10秒抑えたら一本 　　投げ技：投げたら一本 3. 課題の把握（自己評価・相互評価の活用） 　例）うまく技を身に付けるためにはどうすればいいか	◎生徒の状況や技の習熟度を見て、必要に応じて一斉指導で技のポイントを再確認する ◎簡易な試合では、技がうまく決まるか、どんな技がよくきまるかなど、自分の課題をもてるようにする ◎個人ノートや班ノートなどを利用して、自己評価・相互評価から自分の課題を把握できるようにする ◎簡易な試合でも思うように技がかからない状況の中でどうすればうまく技を身に付けることができるか考えることができるようにする

◇「基本となる技の復習」の具体の評価規準

評価の観点	評価規準	学習指導へのフィードバック
関心・意欲・態度	礼儀正しい態度で、基本となる技を使って柔道を楽しもうとする	伝統的な練習法を活用して技を磨く楽しみを経験させる
思考・判断	技を磨くための課題をもち、それを解決するために練習の仕方を工夫している	技を磨くための練習法や学び方の道すじを示す
◎技能	いくつかの基本となる技を身に付けている	毎時間の授業の中に、かかり練習、約束練習、自由練習をしっかり位置付け、技を身に付けさせる
知識・理解	伝統的な技の練習の仕方やねらいを理解している	伝統的な練習法とその目的を確認させる

◇「簡易な試合①」の具体の評価規準

評価の観点	評価規準	学習指導へのフィードバック
◎関心・意欲・態度	礼儀正しい公正な態度で、簡易な試合を楽しもうとする	試合での礼法を徹底し、今ある力で精いっぱい試合を楽しませる
思考・判断	簡易な試合を楽しみながら、自分の課題を発見しようとしている	課題のヒントを与え、試合を自分の課題を振り返る機会として認識させる
技能	簡易な試合で行うことのできるいくつかの技を身に付けている	試合で技が使えるように、かかり練習や約束練習で技に磨きをかけさせる
知識・理解	簡易な試合のルールや審判法を理解している	試合の仕方や審判の仕方を確認させる

● なか②　50分×5時間の流れ

　基本となる技の系統性を生かし、「技の発展」として系統別に新しい技を身に付けていく。また、投げ技から投げ技、投げ技から抑え技といった「技の連絡」を取り扱う。さらに、生徒が自分で選んだ技別に班を編成して班別学習を行う。これらの学習がしっかり身に付いたかどうか把握させるため、投げて抑える簡易な試合②を行う。

単元区分		学習内容と指導手順	指導・支援のポイント
学習Ⅱ　なか②　50分×5	ねらい②	1．技の発展 ・技を系統別にまとめて学ぶ ◇支え系　膝車→支え釣り込み足　P180～参照 ・支える足の位置の違いを意識し、同系統の技であることを確認して練習する ◇刈り系　大外刈り→小内刈り、大内刈り　P184参照 ・「刈る」動作を意識し、単独で刈る動作の練習をする。 ・主に動きを使った約束練習を行う ◇回し系　体落とし→大腰、背負い投げ　P170～参照 ・前回りさばきを正確に行い、体を回す動作に慣れるようにする ・釣り手の使い方の違いを理解する 2．技の連絡（技の連絡変化のうち、自分の技から自分の技への連絡を扱う） ・投げ技の組み合わせを考える　P208～参照 　※8時間目の具体的な試案　P106参照 ・かけやすい技の組み合わせを考える ・系統性を利用した技の組み合わせを考える 　例）大外刈り（大内刈り）→けさ固め 　　　小内刈り→横四方固め 3．技の班別学習 ・重点的に学びたい技（系統）を選んで班をつくる ・自己評価・相互評価を参考に自分の課題を把握する ・得意技を身に付ける基礎をつくる	◎膝車で身に付けた体さばき、崩しを基本として支える足の位置の違いを認識できるようにする ◎刈り系の技は約束練習で動きを利用して覚えると効果的である ◎回し系の技は、投げる際には勢いがつくので引き手を離さないことや、受け身をしっかりとるように十分注意を促す ◎技を組み合わせることで技がかかりやすくなることを理解できるようにする ◎技の連絡については簡単なヒントを与えるだけにとどめ、生徒の自由な発想で組み合わせを考えることができるようにする ◎投げ技から抑え技に連絡する場合は、投げた状態や投げ技の組み手をそのまま生かせる抑え方をヒントにする ◎各班にリーダーとなり得る人材（有段資格者、または経験豊富な者）を配置し、リーダー中心に班の中でお互いに助言し合い、自主的に技を習得させていく。また、自己・相互評

	4. 簡易な試合②　P219 参照 ・投げて抑える試合を行う ・課題の把握 　課題例 「投げ技から抑え技にうまく連絡するには？」 　例）試合時間 1～2 分 　　　立ち勝負から始め、投げたら必ず抑えにいかせ、 　　　10 秒間抑えたら勝ちとする	価によってさらに自分の課題を明確にする ◎ここでは投げ技から抑え技への連絡を重視する ◎投げて抑えることを習慣付けるようなルールを設定するとよい ◎この段階では、技の判定よりも、試合の流れを知ることを重視して試合の仕方を工夫する

◇「技の発展」の具体の評価規準

評価の観点	評価規準	学習指導へのフィードバック
関心・意欲・態度	互いに協力して新しい技を身に付けようとする	新しい技を覚える楽しさを伝え、意欲を高めさせる
◎思考・判断	新しい技を身に付けるための練習方法を工夫している	技の系統性を生かして、新しい技を身に付ける手立てを示す
◎技能	いくつかの新しい技を身に付けている	かかり練習や約束練習を生かし、新しい技を身に付けさせる
知識・理解	技の系統性を理解し、新しい技を覚える手立てを知っている	技の系統性を利用した技の学び方や練習法を示し、理解させる

◇「技の連絡」の具体の評価規準

評価の観点	評価規準	学習指導へのフィードバック
関心・意欲・態度	互いに協力して、技の連絡を楽しもうとする	技を連絡することによって広がる柔道の楽しさを伝える
◎思考・判断	技の組み合わせを考える中で、自分の課題を発見し、それを解決しようと工夫している	合理的な技の組み合わせ方など、課題発見のヒントを与える
◎技能	いくつかの技の連絡を身に付けている	繰り返し約束練習を行って、技の連絡を身に付けさせる
知識・理解	合理的な技の連絡の仕方を理解している	技を組み合わせる意味や方法を確認させる

◇「技の班別練習」の具体の評価規準

評価の観点	評価規準	学習指導へのフィードバック
関心・意欲・態度	互いに協力して自分の課題に応じた技を身に付けようとする	自分に合った技を覚える楽しさを伝える
◎思考・判断	自分の課題に応じて班単位で練習内容や練習方法を工夫している	班ごとの課題達成に向けて、練習のヒントを示す
技能	各自の課題に応じた新しい技を身に付けている	かかり練習や約束練習で、新しい技を身に付けさせる
知識・理解	技の系統性を理解し、新しい技を覚える道すじを知っている	技の系統性を利用した技の学び方や練習法を示し、理解させる

◇「簡易な試合②」の具体の評価規準

評価の観点	評価規準	学習指導へのフィードバック
関心・意欲・態度	礼儀正しい公正な態度で、投げ技と抑え技を使って簡易な試合を楽しもうとする	試合の礼法を徹底し、投げ技や抑え技を使って全力を出すよさを経験させる
◎思考・判断	試合を楽しみながら、投げて抑えるためにはどうすればいいか、自分の課題を発見し、工夫しよう	投げ技から抑え技への連絡の課題例を示し、課題解決を支援する

		としている	
	技能	試合で使えるいくつかの投げ技と抑え技を身に付けている	かかり練習や約束練習で技に磨きをかけさせる
	知識・理解	簡易な試合の仕方や審判法およびルールを理解している	簡易な試合の仕方や審判の仕方を復習し、確認させる

● なか③　50分×4時間の流れ

　試合前に心身の準備をかねて、班別でかかり練習や約束練習を使って技を磨く時間をつくる。試合後は、班ごとにミーティングを行い、相互にアドバイスしながら、自己の課題を明確にする。また、一連の試合が終了したら、班ノートや個人ノートをもとに自己評価や相互評価を行い、次の課題を把握させる。このようにして身に付けた技を磨きながら試合を楽しめるようにする。

単元区分		学習内容と指導手順	指導・支援のポイント
学習Ⅱ　なか③　50分×4	ねらい②	1．簡易な試合③　P220参照 ・試合の仕方や審判法の基礎を学ぶ 　例）班別対抗戦（団体戦） 　　試合時間：2分　判定基準：技あり以上 　　反則：特にとらないが、気が付いた点があれば試合を止めて注意を促す。（審判もしくは教師） 　　抑え込み時間：20秒で一本 　　　　　　　　10秒で技あり 2．課題の把握（自己評価や相互評価の活用） 　課題例 　　「新しく覚えた技を試合で使うには？」 ・班ミーティングや班ノート、個人ノートの記入で自己評価や相互評価を行い、自分の課題をみつける	◎班別学習で学んだ技を使って安全に試合を楽しめるようにルールを設定する ◎最初は有段者や柔道経験の豊富な者に審判をさせ、少しずつ技の判定や審判の仕方などに慣れるようにする ◎試合を楽しむ中で学んできた技がどれだけ身に付いたか、どうすればもっとうまくかけられるか、などの課題をもたせ、得意技を身に付ける基礎をつくる

◇ 「簡易な試合③」の具体の評価規準

評価の観点	評価規準	学習指導へのフィードバック
関心・意欲・態度	礼儀正しい公正な態度で、投げ技や抑え技の既習技を使って簡易な試合を楽しもうとする	試合の礼法を徹底し、既習技を使って全力を出すよさを経験させる
◎思考・判断	簡易な試合を楽しみながら、投げ技や抑え技について新たな課題を発見しようとしている	簡易な試合における課題例を示し、課題解決を支援する
技能	簡易な試合で使える投げ技や抑え技、さらに、投げ技から抑え技の連絡を身に付けている	かかり練習や約束練習で、投げ技から抑え技への連絡に磨きをかけさせる
◎知識・理解	簡易な試合の仕方や審判法およびルールを理解している	簡易な試合の仕方や審判の仕方を復習し、確認させる

● まとめ　50分×1時間の流れ

　ステージのまとめとして、これまで身に付けた技を発表するなど、このステージの学習を振り返る機会をつくる。次に、班ノートや個人ノートを整理、分析して、自分の課題を明確にして、次のステージへつなげるようにする。

単元区分	学習内容と指導手順	指導・支援のポイント
まとめ　50分×1	1．個人ノート・班ノートの完成 ・柔道を楽しめたか。技が身に付いたか。健康や安全に留意できたかなど、班や個人の課題を整理、分析する 2．課題の明確化 ・次のステージに向けて、自分の課題を明確にする	◎個人ノート、班ノートを整理、分析して、次の課題を明確にする ◎学んできた技の中から得意技を身に付けるための課題などを提示し、次のステージに向けて興味・関心を高める

第2節　第2ステージ　「柔道のよさを知ろう」

7 学習指導の時案

ここでは、「第2ステージ15時間中の8時間目」の学習指導の具体的な展開例を示している。既習技を復習する中で、自分のかけやすい技の組み合わせを考え、技の連絡を身に付けることをねらいとしている。

また、指導と評価の一体化を図るために、学習活動に対応した評価の観点を示している。これを参考に、学習過程の中で、生徒の活動状況を適宜評価し、次の学習指導に生かすようにする。

本時のねらい	既習技の中から自分のかけやすい技の組み合わせを考える		配当時間	第2ステージ 15時間中の8時間目
	学 習 活 動	指導・支援の留意点		評価の観点
はじめ 10分	1. 整列、あいさつ 　・正座　・黙想　・座礼 2. 本時の学習内容の把握 3. 準備運動と体ほぐしの運動 4. 受け身 　・後ろ受け身 　・横受け身 　・移動を利用した受け身	・礼法や姿勢を確認する ・本時の学習内容について説明する ・生徒の健康観察を行う ・見学者に学習の補助と見学のポイントを指示する		・伝統的な行動の仕方が身に付いているか （関）
なか 35分	5. 投げ技の復習 　・系統別にかかり練習を行う 　―技の系統性― 　　支え系（膝車、支え釣り込み足） 　　刈り系（大外刈り、大内刈り、小内刈り） 　　回し系（体落とし、背負い投げ、大腰） 6. 技の連絡 　・自分のかけやすい技の組み合わせを考える 　・技の系統性を利用して組み合わせを考える 　　例　同じ系統内での組み合わせ 　　　　自由な技の組み合わせ 　　　　大内刈り→大外刈り 　　　　大内刈り→体落とし 7. 技の発表会 　・自分の考えた技の組み合わせを発表する 　・拍手で相互に評価する 8. 自由練習 　　1分×5セット	・技の個別指導を行う 　生徒一人ひとりにワンポイントアドバイスをして、自分に合った技をみつける支援をする ・技を組み合わせることで技がかかりやすくなることを理解させる ・技の系統性をヒントに技の組み合わせを考えさせる ・自分の技の組み合わせを「技の連絡」と呼ぶことを理解させる ・生徒の発表に解説を加え、本時の課題について理解を深めさせる ・安全の確認を徹底し、課題を積極的に試すように指示する		・技の系統性を理解して練習しているか （知） ・学習の流れをつかみ、課題の解決に取り組んでいるか （思） ・自分に合った技の連絡を身に付けているか （技） ・自分の考えを発表を通して表現することができるか （思）
まとめ 5分	9. 整理運動 10. 整列、あいさつ 　・本時の学習活動の反省、次時の課題 　・正座　・黙想　・座礼	・生徒の健康観察を行う ・本時のまとめをする ・礼法、姿勢を確認する		・本時の課題を達成できたか （4観点）

※（関）：関心・意欲・態度、（思）：思考・判断、（技）：技能、（知）：知識・理解

8 学習資料

ここでは、第2ステージの「技の発展」と「技の連絡」で扱う学習資料の具体例を示している。基本となる技をもとに、技の系統性を生かして、新しい技を学び、さらに、かけやすい技の組合わせを考えて、技の連絡を身に付けることをねらいとしている。また、学習の自己評価・相互評価を行い、学習活動の改善を促すとともに、次の学習課題を明確にする。

自分のかけやすい技の選択とその連絡

　　年　　組　　番　氏名　　　　　　　　　　　　　　　　　　　　　　年　月　日　記入

課題Ⅰ 「技の系統から自分のかけやすい技を選択しよう」

基本となる技	選択した技（複数可）	選択した理由	技の自己評価
支え技 （膝車）			
刈り系 （大外刈り）			
回し系 （体落とし）			
払い系 （出足払い）			

※基本となる技を選んでもよい　　　　　　　　　　　※自己評価　Aよい　B普通　Cもう一歩

課題解決の感想　自己評価　A　B　C	仲間のアドバイス　サイン（　　　）

課題Ⅱ　技の連絡　かけやすい技を組み合わせてみよう

　　ヒント　　　　同じ方向へ投げる技の組み合わせ　　　　例　　大内刈り→大外刈り
　　　　　　　　反対方向へ投げる技の組み合わせ　　　　例　　大内刈り→体落とし

第1の技	相手の動き	第2の技	技の自己評価
例　大内刈り	はずして下がる	大外刈り	A

※自己評価　Aよい　B普通　Cもう一歩

課題解決の感想　自己評価　A　B　C	仲間のアドバイス　サイン（　　　）

第3節 第3ステージ
「柔道の楽しさを知ろう」

▶対象（新しい技を身に付け、自由練習や試合を楽しむことをめざす生徒　学習経験30時間程度）

第6ステージ
第5ステージ
第4ステージ
第3ステージ
第2ステージ
第1ステージ

1 学習指導の進め方

　このステージは、いくつかの技を身に付け、自由練習や試合ができるようになった生徒を対象とする。今まで身に付けた技を使って自由練習を積極的に行い、柔道の楽しさを味わいながら、さらに、新しい技を身に付けて、柔道固有の楽しさを知る。また、全員が同じ技を練習するのではなく、自分に合った技を身に付けるために、生徒の選んだ技ごとに班別で学び合えるように工夫する。このように生徒相互の教え合いなど、仲間とのかかわりを大切にする。

2 単元計画と学習の道すじ　－15時間の具体例－

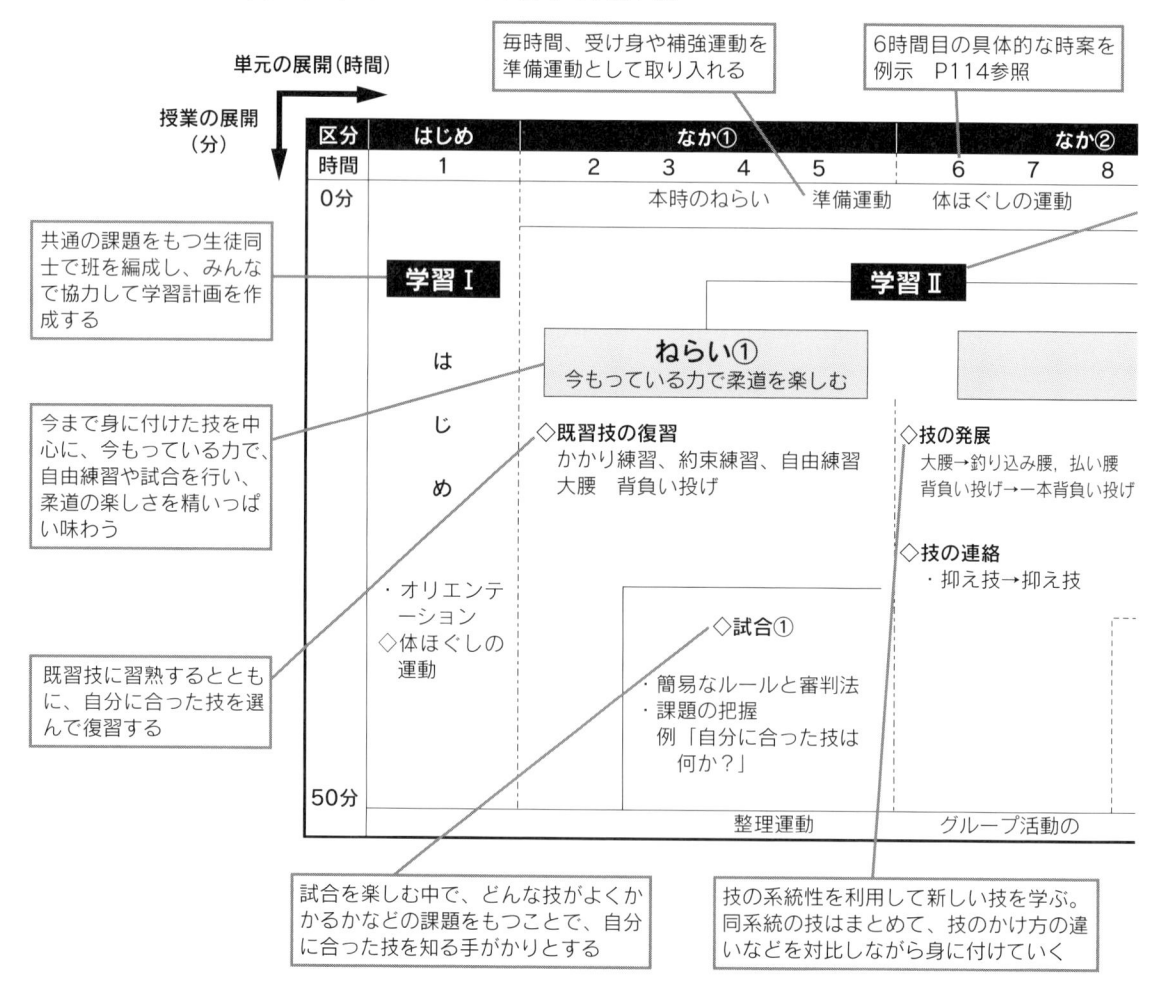

- 毎時間、受け身や補強運動を準備運動として取り入れる
- 6時間目の具体的な時案を例示　P114参照
- 共通の課題をもつ生徒同士で班を編成し、みんなで協力して学習計画を作成する
- 今まで身に付けた技を中心に、今もっている力で、自由練習や試合を行い、柔道の楽しさを精いっぱい味わう
- 既習技に習熟するとともに、自分に合った技を選んで復習する
- 試合を楽しむ中で、どんな技がよくかかるかなどの課題をもつことで、自分に合った技を知る手がかりとする
- 技の系統性を利用して新しい技を学ぶ。同系統の技はまとめて、技のかけ方の違いなどを対比しながら身に付けていく

区分	はじめ	なか①				なか②		
時間	1	2	3	4	5	6	7	8
0分		本時のねらい			準備運動	体ほぐしの運動		

学習Ⅰ

ねらい①
今もっている力で柔道を楽しむ

◇既習技の復習
　かかり練習、約束練習、自由練習
　大腰　背負い投げ

・オリエンテーション
◇体ほぐしの運動

◇試合①
・簡易なルールと審判法
・課題の把握
　例「自分に合った技は何か？」

学習Ⅱ

◇技の発展
　大腰→釣り込み腰，払い腰
　背負い投げ→一本背負い投げ

◇技の連絡
・抑え技→抑え技

50分　　　　　　　　　　　　　整理運動　　　　グループ活動の

3 主な学習内容

◇体ほぐしの運動　P145
◇既習技の復習
◇試合①②　P217〜221
◇技の発展
◇技の連絡　P212〜214
◇技の班別学習
◇形の学習　P231〜237
◆新しく扱う技：「釣り込み腰」P174〜175、「払い腰」P176〜177、「一本背負い投げ」P170
（注）技の連絡とは、技の連絡変化のうち、自分の技から自分の技への連絡を意味する。

4 指導計画作成上のポイント

　学習Ⅰでは、同じ技を選択した者同士が班を編成するなど、課題に応じた班編成を行い、生徒が協力して学習計画を立てる場をつくる。学習Ⅱは、今ある力で十分に柔道を楽しみ（ねらい①）、高まった力に応じて、新しい工夫を加える（ねらい②）。具体的には、なか①、なか②、なか③の3つの展開の中で、今ある力で柔道を楽しみ、高まった力に応じて新しい技や形を身に付け、試合を楽しむようにする。「まとめ」では、新しく身に付けた技を発表するなど、次のステージに向け学習課題を明確にする。

自分に合った既習技を生かして、自由練習や試合を楽しみ（ねらい①）、高まった力で新しい技を身に付け、さらに自由練習や試合を楽しむ（ねらい②）

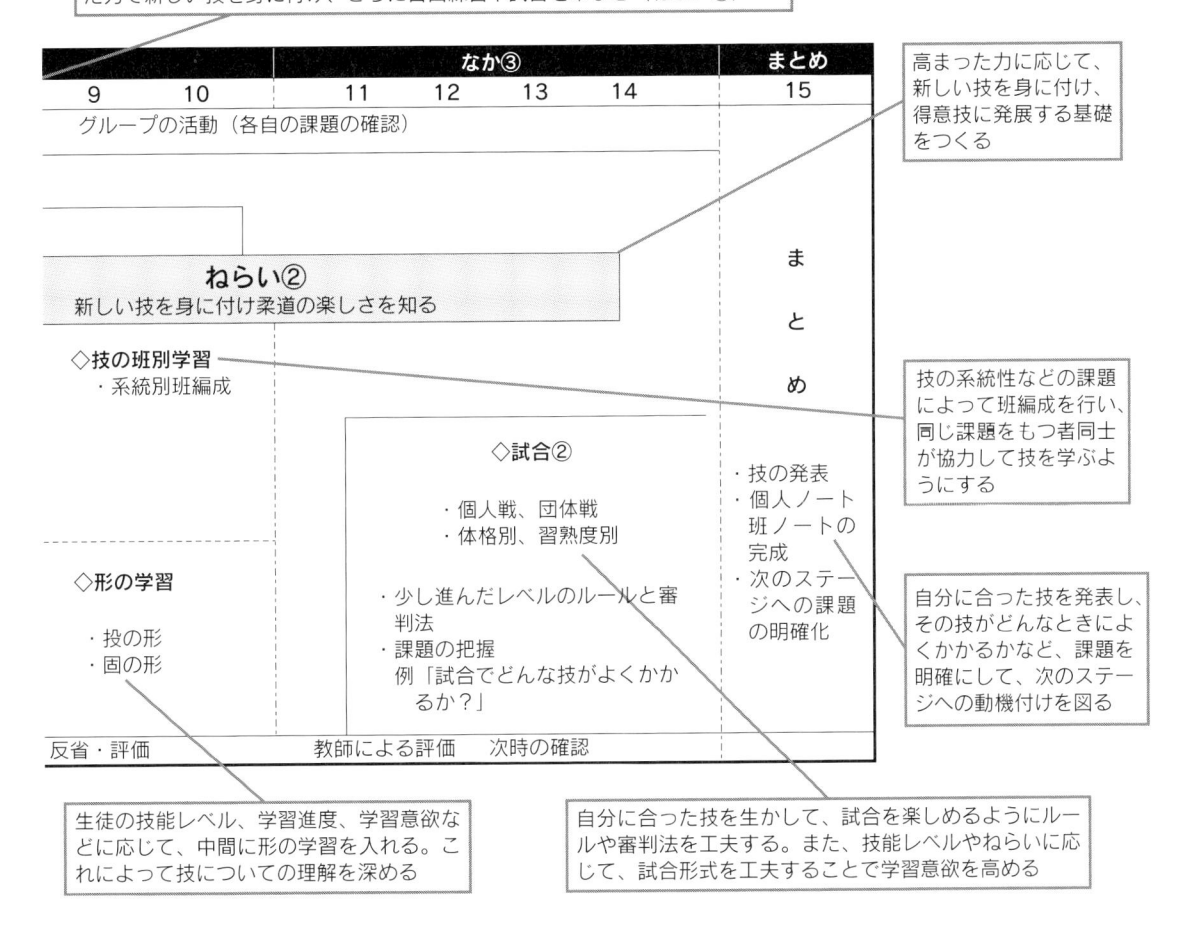

なか③	まとめ
9　10　11　12　13　14	15

グループの活動（各自の課題の確認）

ねらい②
新しい技を身に付け柔道の楽しさを知る

まとめ

高まった力に応じて、新しい技を身に付け、得意技に発展する基礎をつくる

◇技の班別学習
　・系統別班編成

技の系統性などの課題によって班編成を行い、同じ課題をもつ者同士が協力して技を学ぶようにする

◇試合②
　・個人戦、団体戦
　・体格別、習熟度別
　・少し進んだレベルのルールと審判法
　・課題の把握
　　例「試合でどんな技がよくかかるか？」

・技の発表
・個人ノート班ノートの完成
・次のステージへの課題の明確化

自分に合った技を発表し、その技がどんなときによくかかるかなど、課題を明確にして、次のステージへの動機付けを図る

◇形の学習
　・投の形
　・固の形

反省・評価　　教師による評価　　次時の確認

生徒の技能レベル、学習進度、学習意欲などに応じて、中間に形の学習を入れる。これによって技についての理解を深める

自分に合った技を生かして、試合を楽しめるようにルールや審判法を工夫する。また、技能レベルやねらいに応じて、試合形式を工夫することで学習意欲を高める

5 安全上配慮する事項

　ねらい①の段階では、自由練習などで、投げられたときにいさぎよく自分から受け身をとることや、無理な体勢から技をかけないことを習慣付ける。また、試合の既習ルールや禁止事項を確認させ、危険な行為があった場合は中断して指導を徹底する。ねらい②の段階では、新たに加えたルールをよく理解させる。試合は体格や習熟度を考慮した対戦相手を選ばせ、自由練習や試合が勝敗のみにこだわらないように十分留意する。

6 学習指導の手順と具体の評価規準

　ここでは、モデルとなる第3ステージの単元計画に従い、具体的な学習指導の手順とそれに対応した具体の評価規準を示している。双方を参考にして、学習過程の評価を次の学習指導に生かすようにする。

※具体の評価規準の「評価の観点」の◎は特に重視する観点を示す。

● はじめ　50分×1時間の流れ

　ステージの導入として、オリエンテーションを行い、生徒自身が学習の進め方や道すじを知り、今まで身に付けた技を使って自由練習を楽しむことや、さらに新しい技を身に付けることを理解する。次に、体ほぐしの運動を楽しみながら、仲間意識や学習への動機付けを高めていく。

単元区分		学習内容と指導手順	指導・支援のポイント
学習Ⅰ	はじめ 50分×1	1. オリエンテーション ・学習のねらいと道すじを理解する ・学習の進め方を知り、学習の見通しを立てる ・班別学習で新しい技を身に付けることを理解する 2. 体ほぐしの運動　P145参照 ・体ほぐしの運動の具体例を参考に、生徒が自由に運動を選択し、やり方を工夫できるようにする。また、以後の授業の導入に活用できるようにする	◎学び方（学習の進め方や活動の仕方）を説明する。特に事故防止の観点から、安全面に配慮した行動を徹底する ◎自分の今の力で挑戦できる課題を設定させる ◎授業への導入となるものを選び、仲間と運動を楽しむ中で、自分の体の状態に気付かせる

● なか①　50分×4時間の流れ

　自由練習や試合を中心に授業を展開し、今ある力で柔道を楽しめるようにする。毎時間10～15分程度、かかり練習や約束練習で既習技の復習を行い、その後、自由練習や試合を行う。

単元区分			学習内容と指導手順	指導・支援のポイント
学習Ⅱ	なか① 50分×4	ねらい①	1. 既習技の復習 ・かかり練習・約束練習・自由練習を活用し、既習技を磨いて柔道を楽しむ 　例）かかり練習10回×3、約束練習3回×3、 　　　自由練習2分×3～5 2. 試合①（簡易な試合③　P220参照） 　例）体格を考慮してグループをつくる 　　　グループの中で試合を行う 　　　試合時間：2分、判定基準：有効以上、 　　　抑え込み時間：25秒で一本、20秒で技あり、15秒で有効 3. 課題の把握（自己評価・相互評価の活用） 　課題例 　　　「自分に合った技は何か？」 ・班ミーティングや班ノート、個人ノートの記入で自己評価や相互評価を行い自分の課題をみつける	◎生徒の状況に応じ、一斉またはグループで技を反復練習する ◎この段階では、自分のかけやすい技を意識させることに重点をおく ◎技の判定基準は、実際の試合の場面で、指導しながら経験的に理解できるようにする ◎試合を楽しむ中で、自分のかけやすい技を意識させるような課題をもたせる ◎班ノートや個人ノートなどを利用し、自己評価や相互評価から、自分の課題を把握させる

◇「既習技の復習」の具体の評価規準

評価の観点	評価規準	学習指導へのフィードバック
関心・意欲・態度	礼儀正しい態度で、既習技を使って柔道を楽しもうとする	自分のかけやすい技を使って技を磨く楽しみを経験させる
思考・判断	既習技を復習しながら、自分の課題を発見し、それを解決しようと工夫している	得意技へ発展させる学び方の手立てを示す
◎技能	いくつかの自分のかけやすい技を身に付けている	自分のかけやすい技、好きな技を選んで、かかり練習や約束練習を反復させる
知識・理解	伝統的な技の練習の仕方や既習技のポイントを理解している	どんな技を習ったか、どんな練習の仕方があるか、技の練習を振り返るヒントを示す

◇「試合①」の具体の評価規準

評価の観点	評価規準	学習指導へのフィードバック
◎関心・意欲・態度	礼儀正しい公正な態度で、既習技を使って試合を楽しもうする	試合の礼法を徹底し、今ある力で、精いっぱい試合を行い、全力を出すよさを経験させる
思考・判断	試合を楽しみながら、自分に合った技を発見し、それを工夫している	試合を自分の課題を振り返る機会として工夫させる
技能	試合で使えるいくつかの自分に合った技を身に付けている	試合で技が使えるように、かかり練習や約束練習で自分に合った技に磨きをかける
知識・理解	既習のルールや審判法および課題の把握の仕方を理解している	試合や審判の仕方を復習、確認する

●なか② 50分×5時間の流れ

　技の系統性を利用して新しい技を身に付ける。毎時間、授業の前半は、「技の発展」として系統別にいくつかの技を示し、技のかけ方の違いを対比して指導する。また、抑え技の連絡についても学習していく。後半は、生徒の選んだ技別に班編成を行い、生徒が協力して技を磨き合えるようにする。また、学習進度や学習意欲に応じて、形の学習を入れてもよい。

単元区分	学習内容と指導手順	指導・支援のポイント
学習Ⅱ なか② 50分×5 ねらい②	1. 技の発展 ・系統性を利用して新しい技を学ぶ 　　　※6時間目の具体的な時案　P114参照 　例）回し系の技の発展 　　大腰→釣り込み腰→払い腰　　P174〜参照 　　背負い投げ→一本背負い投げ　P170参照 ・釣り手の使い方、足の使い方の違いを明確にしながら、同系統の技として練習する 2. 技の連絡 ◇抑え技の連絡 けさ固め⇄横四方固め⇄上四方固め　P212〜参照 ・抑え技の連絡を意識しての自由練習を行う 　例）30秒で何回抑え技の形を変えられるかの競争 3. 技の班別学習 ・生徒の選択した技に応じて適切な班を編成する 　例）技の系統別の班編成 　　刈る技、かつぐ技の班 ・自己評価・相互評価を参考に自分の課題を把握する ・得意技を身に付ける基礎をつくる	◎大腰からの発展については、釣り手の使い方・胸の合わせ方の違いを理解させる ◎払い腰は軸足一本で立つので、バランスを崩さないように指導する ◎相手の動きに応じてその状況に適した抑え方に連絡できるように指導する ◎各班にリーダーとなりうる人材(有段者、経験豊富な者)を配置し、リーダーを中心とした自主的な班活動が実践できるように指導していく ◎授業の展開は教師の指示と各班のリーダーとの調整のうえ、かかり練習や約束練習を中心に行う

4. 形の学習　P231～参照 ・形を利用し技の理解を深める 　例）投の形（既習技を主とする） 　　　固の形（　　〃　　） ・ここでは、生徒の実態に応じて、形の学習ではなく、自由練習を扱ってもよい	◎実際の形ではなく、既習技を組み合わせて授業用の形をつくり練習する ◎「受」の重要性を理解させる ◎礼法についても再確認させる

◇「技の発展」の具体の評価規準

評価の観点	評価規準	学習指導へのフィードバック
関心・意欲・態度	互いに協力して新しい技を身に付けようとする	技の系統性を生かし新しい技を覚える楽しさを伝える
◎思考・判断	新しい技を身に付けるための課題をみつけ、練習の仕方や技のかけ方を工夫している	今使える技を発展させ、新しい技を覚える手立てや課題例を示す
◎技能	いくつかの新しい技を身に付けている	かかり練習や約束練習を繰り返し行い、新しい技を身に付けさせる
知識・理解	既習技の系統性を生かして新しい技を覚える手立てを理解している	技の系統性を生かした技の学び方や練習法を確認させる

◇「技の連絡」の具体の評価規準

評価の観点	評価規準	学習指導へのフィードバック
関心・意欲・態度	互いに協力して、抑え技の連絡を身に付けようとする	抑え技を組み合わせることによって広がる柔道の楽しさを伝える
◎思考・判断	抑え技の組み合わせを考える中で、自分の課題を発見し、それを解決しようと工夫している	抑え技の組み合わせのポイントを示すなど、課題発見のヒントを与える
◎技能	いくつかの抑え技の連絡を身に付けている	繰り返し約束練習を使って、抑え技の連絡を身に付けさせる
知識・理解	相手の動きに応じた合理的な抑え技の連絡の方法を理解している	抑え技を組み合わせる意味や方法を確認させる

◇「形の学習」の具体の評価規準

評価の観点	評価規準	学習指導へのフィードバック
関心・意欲・態度	互いに協力して形の学習を楽しもうとする	自由練習とはひと味違った形を演じる楽しさを伝える
思考・判断	形を利用して技の理解を深めたり、技のかけ方を工夫している	形の動きが技の合理性を表していることをよく考えさせる
技能	いくつかの投げ技の形とその合理的な技のかけ方を身に付けている	繰り返し形の練習をすることで、合理的な技のかけ方を身に付ける
◎知識・理解	形を学ぶ意義や、合理的な技のかけ方を理解している	形の意味や形を学ぶ意義を理解させる

●なか③　50分×4時間の流れ

　新しく身に付けた技を使って試合を楽しめるようにする。初めに、個人、団体などの試合形式を決め、体格、習熟度など、試合相手を考慮した班編成を行う。毎時間、試合前に準備運動をかねて、班別でかかり練習や約束練習を使って技を磨く時間をつくる。また、試合後は、班ごとにミーティングを行い、相互にアドバイスしながら課題を明確にしていく。一連の試合が終了したら、班ノートや個人ノートをもとに自己評価や相互評価を行い、次の課題を把握させる。

単元区分	学習内容と指導手順	指導・支援のポイント
	1．試合②　（試合Ⅰ　P220参照） ・個人戦や団体戦など試合形式を選ぶ	◎既習技を使い、安全に試合を楽しめるようにルールを設定する

単元区分		学習内容と指導手順	指導・支援のポイント
学習Ⅱ 50分×4	なか③ ねらい②	・体格別や習熟度別に試合相手を選ぶ。 ・少し進んだレベルのルールと審判法 　例）試合時間：2分、判定基準：有効以上、 　　　抑え込み時間：25秒で一本、20秒で技あり 　　　　　　　　　15秒で有効 2．課題の把握（自己評価や相互評価の活用） 　課題例 　「試合ではどんな技がよくかかるか？」 ・班ミーティングや班ノート、個人ノートの記入で自己評価や相互評価を行い、身に付けた技についての課題をみつける	◎試合を楽しむ中で、身に付けた技がかかるかなど、自分の練習している技についての課題をもたせる ◎班ノートや個人ノートなどを利用し、自己評価や相互評価から、自分の課題を把握させる

◇「試合②」の具体の評価規準

評価の観点	評価規準	学習指導へのフィードバック
関心・意欲・態度	互いに協力し、身に付けた新しい技を生かして、試合を楽しもうとする	試合の礼法を徹底し、新しく身に付けた技で、精いっぱい試合を楽しませる
◎思考・判断	試合を楽しみながら、個人やグループの課題を発見し、得意技に発展するように工夫している	得意技につながるように課題を示し、その発見や工夫を支援する
技能	試合で使える新しい技を身に付けている	試合で新しい技が使えるように、かかり練習や約束練習で技に磨きをかける
◎知識・理解	新たなルールや審判法および課題の把握の仕方を理解している	試合の仕方や審判の仕方を復習、確認する

●まとめ　50分×1時間
　ステージのまとめとして、これまで身に付けた技を発表するなど、このステージの学習を振り返る機会をつくる。次に、班ノートや個人ノートを整理、分析して、自分の課題を明確にして、次のステージへつなげるようにする。

単元区分		学習内容と指導手順	指導・支援のポイント
まとめ 50分×1		1．技の発表 ・自分の身に付けた技を仲間に発表する 2．個人ノート・班ノートの完成 ・柔道を楽しめたか、技が身に付いたか、健康や安全に留意できたかなど、班や個人の課題を整理、分析する 3．課題の明確化 ・次のステージに向けての自分の課題を明確にする	◎技を仲間に発表する機会をつくり、相互に評価させる ◎個人ノート、班ノートを整理、分析して、次の課題を明確化させる ◎身に付けた技を生かすためにはどうするかなど、次のステージへの動機付けをする

◇「技の発表」の具体の評価規準

評価の観点	評価規準	学習指導へのフィードバック
◎関心・意欲・態度	互いに技を見せ合い、アドバイスしながら柔道の楽しさを深めようとする	仲間の前で自分の技を発表する機会や経験を与える
思考・判断	発表を楽しみながら、互いに適切なアドバイスをしながら、課題を発見しようとしている	仲間と自分の発表を比較する中で、課題発見のヒントをつかませる
技能	自分に合ったいくつかの新しい技を身に付けている	得意技の基礎となるように、かかり練習や約束練習で技に磨きをかける
知識・理解	技を見せ合う意義や発表の仕方を理解している。互いにアドバイスしながら自分の技を磨く練習の仕方を理解している	技の発表の仕方や意義を確認し、互いにアドバイスしながら、自分の技を磨いて得意技に発展させていくことを理解させる

7 学習指導の時案

ここでは、「第3ステージ15時間中の6時間目」の学習指導の具体的な展開例を示している。技の系統性を利用して、新しい技を学べるようにする。また、そのための班編成の仕方や班別学習の進め方を身に付けることをねらいとしている。

また、指導と評価の一体化を図るために、学習活動に対応した評価の観点を示している。これを参考に、学習過程の中で、生徒の活動状況を適宜評価し、次の学習指導に生かすようにする。

本時の ねらい	・技の系統性を利用して新しい技（釣り込み腰、払い腰、一本背負い投げ）を学ぶ ・課題別の班を編成して、班別学習ができるようにする		配当 時間	第3ステージ 15時間中の6時間目
	学 習 活 動		指導・支援の留意点	評価の観点
はじめ 10分	1. 整列、あいさつ 　・正座　・黙想　・座礼 2. 本時の学習内容をつかむ 3. 準備運動と体ほぐしの運動 4. 受け身 　・後ろ受け身 　・横受け身 　・移動を利用した受け身		・礼法や姿勢を確認する ・本時の学習内容について説明する ・生徒の健康観察を行う ・見学者に学習の補助と見学のポイントを指示する	・伝統的な行動の仕方が身に付いているか （関）
なか 35分	5. 技の発展 　・技の系統性を利用して新しい技を学ぶ 　　大腰→釣り込み腰、払い腰 　　背負い投げ→一本背負い投げ 　・かかり練習10回×3セット 　・約束練習3回×3セット 6. 技の班別学習 　・目的や課題に応じた班を編成する 　　・ここでは技の系統別の班編成を行う 　　　例）刈り系、回し系の班など 　・それぞれの班でリーダーを中心として班の課題を設定し、それを達成するための練習計画を立てる 　・課題例 　　・系統別の技の習得 　　・体格を生かした技（得意技）の習得 　　・自由練習で生かせる技の連絡など		・回し系の技の発展として、手足の使い方の違いを示し、技をまとめて身に付けるように支援する ・技の個別指導 　生徒一人ひとりにワンポイントアドバイスをして、新しい技を身に付ける支援をする ・経験者や技の上手な者などをリーダーとして、自主的な班活動ができるように指導する ・安全確認を徹底する ・課題を積極的に試すように指示する	・技の系統性を理解して練習しているか （知） ・新しい技を身に付けているか （技） ・互いに協力して意欲的に課題の解決に取り組んでいるか （関） ・自分の課題を的確につかんでいるか （思）
まとめ 5分	7. 整理運動 8. 整列、あいさつ 　・本時の学習活動の反省、次時の課題 　・正座　・黙想　・座礼		・生徒の健康観察を行う ・本時のまとめをする ・礼法、姿勢を確認する	・本時の課題を達成できたか （4観点）

※ （関）：関心・意欲・態度、（思）：思考・判断、（技）：技能、（知）：知識・理解

8 学習資料

ここでは、第3ステージの「技の発展」で扱う学習資料の具体例を示している。基本となる技をもとに、技の系統性を生かして、新しい技を学ぶときの資料とする。自分でマスターした技に印をつけ、選択技から得意技へと段階的に技を発展できるようにする。さらに、学習の道すじや、技の学び方など、学習活動の進め方を示す資料としても利用できる。

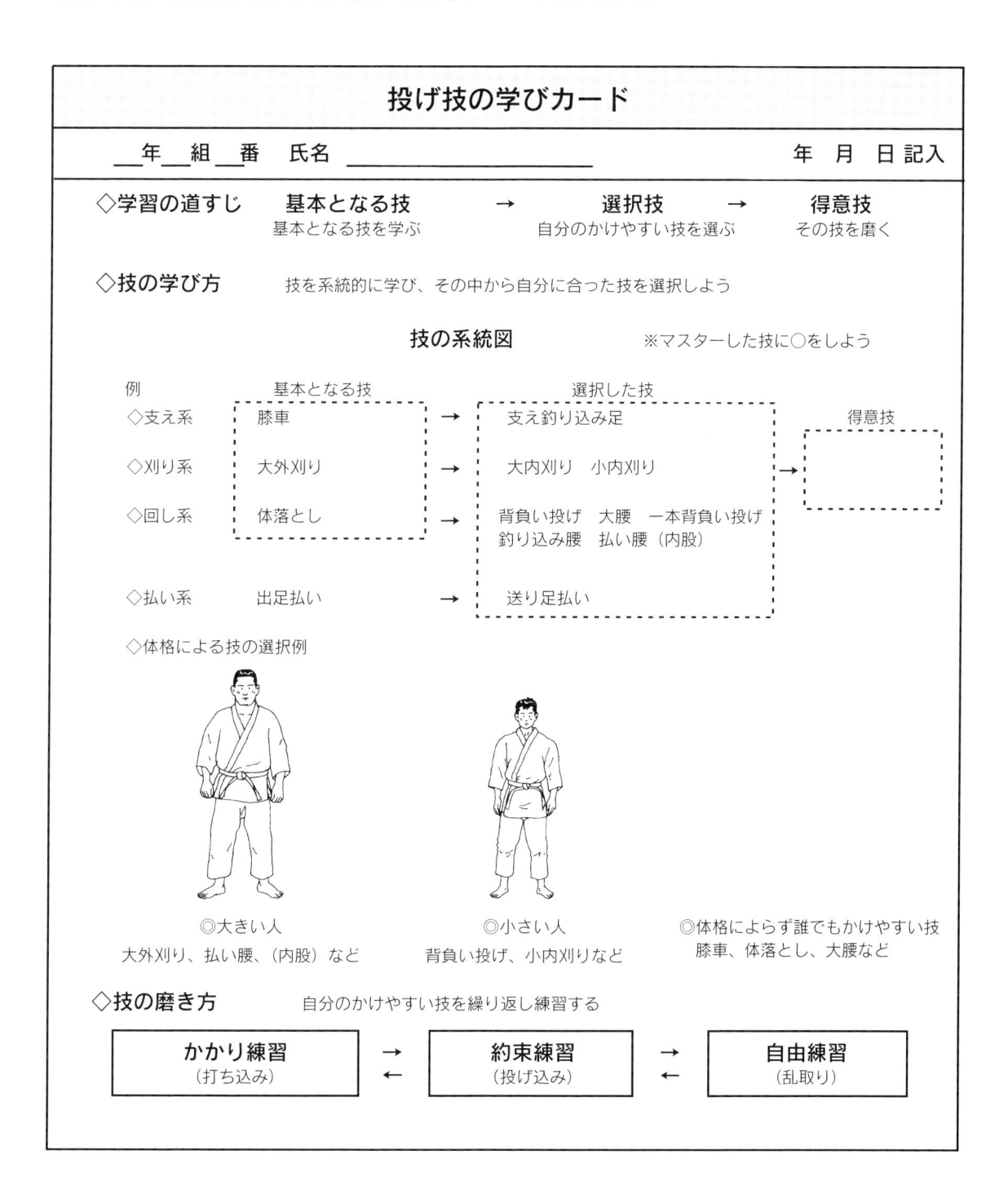

投げ技の学びカード

__年__組__番　氏名 _____　　　年　月　日　記入

◇学習の道すじ　　**基本となる技** → **選択技** → **得意技**
　　　　　　　　　基本となる技を学ぶ　　自分のかけやすい技を選ぶ　　その技を磨く

◇技の学び方　　技を系統的に学び、その中から自分に合った技を選択しよう

技の系統図　　※マスターした技に○をしよう

例	基本となる技		選択した技		得意技
◇支え系	膝車	→	支え釣り込み足		
◇刈り系	大外刈り	→	大内刈り　小内刈り	→	
◇回し系	体落とし	→	背負い投げ　大腰　一本背負い投げ　釣り込み腰　払い腰（内股）		
◇払い系	出足払い	→	送り足払い		

◇体格による技の選択例

◎大きい人
大外刈り、払い腰、（内股）など

◎小さい人
背負い投げ、小内刈りなど

◎体格によらず誰でもかけやすい技
膝車、体落とし、大腰など

◇技の磨き方　　自分のかけやすい技を繰り返し練習する

かかり練習（打ち込み） ⇄ **約束練習**（投げ込み） ⇄ **自由練習**（乱取り）

第4節 第4ステージ
「柔道の楽しさを深めよう」

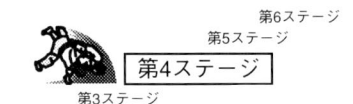

第6ステージ
第5ステージ
第4ステージ
第3ステージ
第2ステージ
第1ステージ

▶対象 （得意技を身に付け、自由練習や試合を楽しむことをめざす生徒　学習経験45時間程度）

1 学習指導の進め方

このステージは、ある程度柔道を学び自由練習や試合ができるようになった生徒を対象とする。自由練習や試合を中心に柔道の楽しさを十分味わいながら、さらに、新しい工夫を加えて、得意技を身に付ける。こうして柔道の楽しさを深めるようにする。

また、自分に合った得意技を身に付けるために、生徒の選んだ技ごとに班別で学び合えるように工夫する。このように生徒相互の教え合いなど、仲間とのかかわりを大切にする。

2 単元計画と学習の道すじ　－15時間の具体例－

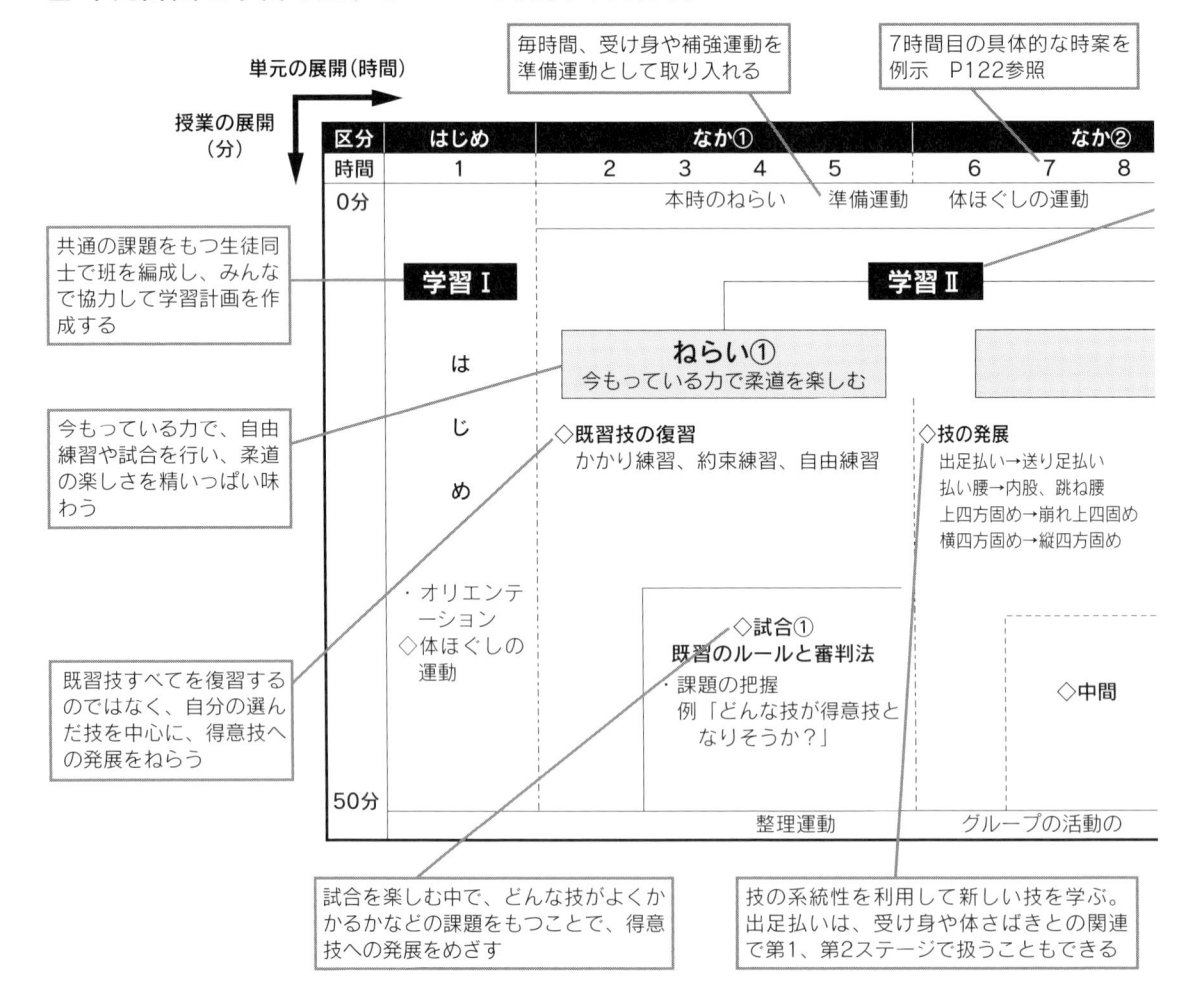

毎時間、受け身や補強運動を準備運動として取り入れる

7時間目の具体的な時案を例示　P122参照

単元の展開（時間）
授業の展開（分）

区分	はじめ	なか①				なか②		
時間	1	2	3	4	5	6	7	8

0分　　　本時のねらい　　準備運動　体ほぐしの運動

共通の課題をもつ生徒同士で班を編成し、みんなで協力して学習計画を作成する

学習Ⅰ

学習Ⅱ

今もっている力で、自由練習や試合を行い、柔道の楽しさを精いっぱい味わう

はじめ

ねらい①
今もっている力で柔道を楽しむ

◇既習技の復習
　かかり練習、約束練習、自由練習

◇技の発展
　出足払い→送り足払い
　払い腰→内股、跳ね腰
　上四方固め→崩れ上四固め
　横四方固め→縦四方固め

・オリエンテーション
・◇体ほぐしの運動

既習技すべてを復習するのではなく、自分の選んだ技を中心に、得意技への発展をねらう

◇試合①
既習のルールと審判法
・課題の把握
　例「どんな技が得意技となりそうか？」

◇中間

50分　　　　　　　　　　　　整理運動　　グループの活動の

試合を楽しむ中で、どんな技がよくかかるかなどの課題をもつことで、得意技への発展をめざす

技の系統性を利用して新しい技を学ぶ。出足払いは、受け身や体さばきとの関連で第1、第2ステージで扱うこともできる

116　第2章 新しい視点に立った単元計画の例と学習指導の展開例

3 主な学習内容

◇体ほぐしの運動　P145
◇既習技の復習
◇技の発展
◇技の班別学習
◇試合①②　P217〜221
◆新しく扱う技:「出足払い」P188〜189、「送り足払い」P189〜190、「内股」P191〜192、「跳ね腰」P177〜178、「崩れ上四方固め」P199、「縦四方固め」P200〜201

4 指導計画作成上のポイント

　学習Ⅰでは、同じ技を選択した者同士が班を編成するなど、課題に応じた班編成を行い、生徒が協力して学習計画を立てる場をつくる。学習Ⅱは、今ある力で十分に柔道を楽しみ（ねらい①）、高まった力に応じて、新しい工夫を加える（ねらい②）。具体的には、なか①、なか②、なか③の3つの展開の中で、今ある力で柔道を楽しみ、高まった力に応じて新しい工夫を加え、得意技を身に付け試合を楽しめるようにする。「まとめ」では、得意技を発表するなど、次のステージに向け学習課題を明確にしていく。

自分に合った既習技を生かして、自由練習や試合を楽しみ（ねらい①）、高まった力に応じて得意技を身に付け、さらに自由練習や試合を楽しむ（ねらい②）ようにする

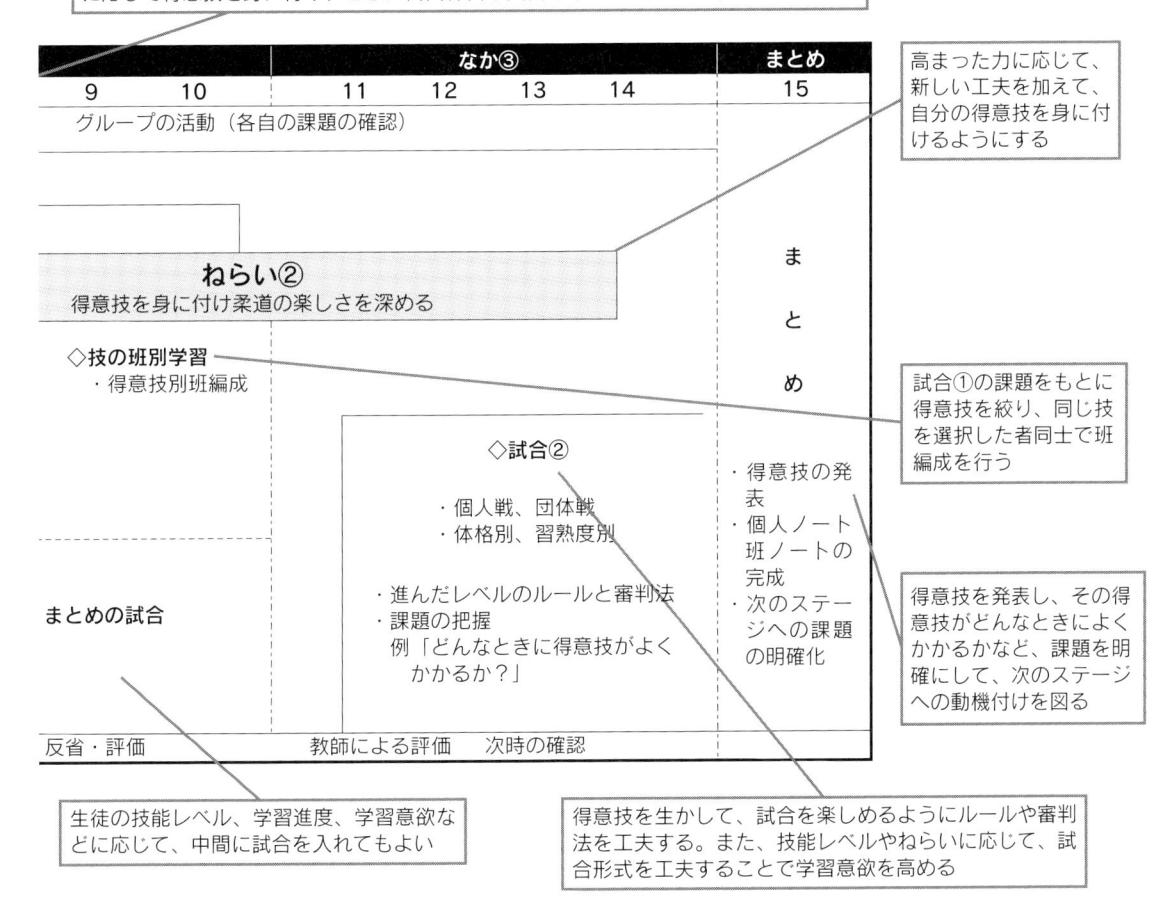

	なか③					まとめ
9	10	11	12	13	14	15

グループの活動（各自の課題の確認）

ねらい②
得意技を身に付け柔道の楽しさを深める

◇技の班別学習
・得意技別班編成

◇試合②
・個人戦、団体戦
・体格別、習熟度別

・進んだレベルのルールと審判法
・課題の把握
　例「どんなときに得意技がよくかかるか？」

まとめの試合

ま と め
・得意技の発表
・個人ノート班ノートの完成
・次のステージへの課題の明確化

反省・評価　　教師による評価　　次時の確認

高まった力に応じて、新しい工夫を加えて、自分の得意技を身に付けるようにする

試合①の課題をもとに得意技を絞り、同じ技を選択した者同士で班編成を行う

得意技を発表し、その得意技がどんなときによくかかるかなど、課題を明確にして、次のステージへの動機付けを図る

生徒の技能レベル、学習進度、学習意欲などに応じて、中間に試合を入れてもよい

得意技を生かして、試合を楽しめるようにルールや審判法を工夫する。また、技能レベルやねらいに応じて、試合形式を工夫することで学習意欲を高める

5 安全上配慮する事項

　ねらい①の段階では、自由練習や試合における既習ルールや禁止事項を確認させ、危険な行為があった場合は中断して指導を徹底する。ねらい②の段階では新たに加えたルールをよく理解させる。試合では体格や習熟度を考慮した対戦相手を選ばせる。また、自由練習や試合では、勝敗のみにこだわらないように十分留意する。

6 学習指導の手順と具体の評価規準

　ここでは、モデルとなる第4ステージの単元計画に従い、具体的な学習指導の手順とそれに対応した具体の評価規準を示している。双方を参考にして、学習過程の評価を次の学習指導に生かすようにする。

　※具体の評価規準の「評価の観点」の◎は特に重視する観点を示す。

●はじめ　50分×1時間の流れ

　ステージの導入として、オリエンテーションを行い、得意技を身に付けるための学習の道すじを理解させ、そのための班編成や学習資料の使い方を説明する。次に、体ほぐしの運動を楽しみながら、班員の仲間意識や学習への動機付けを高めていく。

単元区分		学習内容と指導手順	指導・支援のポイント
学習Ⅰ	はじめ 50分×1	1. オリエンテーション ・学習のねらいと道すじを理解する ・学習の進め方を知り、学習の見通しを立てる ・得意技を身に付けるための技別の班学習を理解する ・班編成、活動計画を作成する ・班ノート、個人ノートの使い方を理解する	◎学び方（学習の進め方や活動の仕方）を説明する。特に事故防止の観点から、安全面に配慮した行動を徹底する ◎自分の今ある力で挑戦できる課題を設定する ◎各自の課題を明確にさせ共通の課題をもつ者同士で班編成ができるようにする ◎グループで協力し、得意技を習得する
		2. 体ほぐしの運動　P145参照 ・体ほぐしの運動の具体例を参考に、生徒が自由に運動を選択し、やり方を工夫できるようにする。また、以後の授業の導入に活用できるようにする	◎授業への導入となるものを選び、仲間と運動を楽しむ中で、自分の体の状態に気付くようにする

●なか①　50分×4時間の流れ

　自由練習や試合を中心に授業を展開し、今ある力で柔道を楽しめるようにする。毎時間10〜15分程度、かかり練習や約束練習で既習技の復習を行い、その後、自由練習や試合を行う。

単元区分			学習内容と指導手順	指導・支援のポイント
学習Ⅱ	なか① 50分×4	ねらい①	1. 既習技の復習 ・既習技の中から自分のかけやすい技を選び、技を復習する。 　例）かかり練習：10回×3、約束練習：3回×3、 　　　自由練習：2分×3〜5 2. 試合①（試合Ⅰ　P220参照） 　例）体格を考慮してグループをつくる。 　　　グループの中で試合を行う。 　　　試合時間：2分、判定基準：有効以上、 　　　抑え込み時間：25秒で一本、20秒で技あり、15秒で有効 3. 課題の把握（自己評価・相互評価の活用） 　課題例 　　「どんな技が得意技となりそうか？」 ・班ミーティングや相互評価を行い自分の課題をみつける。	◎生徒の状況に応じて、一斉またはグループで技を反復練習する ◎自分のかけやすい技をかけることから得意技へ発展できるようにする ◎今ある力で安全に試合を楽しめるようルールを設定する ◎試合を楽しむ中で、どんな技が得意技となりそうか得意技へ発展するような課題をもたせる ◎班ノートや個人ノートなどを利用し、自己評価や相互評価から自分の課題（得意技の発見）を把握できるようにする

◇「既習技の復習」の具体の評価規準

評価の観点	評価規準	学習指導へのフィードバック
関心・意欲・態度	互いに協力して既習技を使って柔道を楽しもうとする	身に付けた技を使って、技を磨く楽しみを経験させる
思考・判断	既習技を復習する中で、それを得意技とするための課題を発見し、解決するための工夫をしている	得意技へ発展させる学び方の手立てを示し、解決法を工夫させる
◎技能	いくつかの自分に合った技を身に付けている	自分のかけやすい技、好きな技を絞り、かかり練習や約束練習を反復させる
知識・理解	自分に合った既習技やそれを磨く伝統的な練習の仕方を理解している	どんな技を習ったか、どんな技をよくかけるか、自分の技を振り返るヒントを示し、理解させる

◇「試合①」の具体の評価規準

評価の観点	評価規準	学習指導へのフィードバック
◎関心・意欲・態度	礼儀正しい公正な態度で、得意な技を使って試合を楽しもうとする	試合の礼法を徹底し、今ある力で、精いっぱい試合を行い、全力を出すよさを経験させる
思考・判断	試合を楽しみながら、得意技に発展できるように工夫している	得意技につながる課題を示し、その発見を支援する
技能	試合で使うことのできるいくつかの得意な技を身に付けている	試合で得意な技が使えるように、かかり練習や約束練習で技に磨きをかけさせる
知識・理解	既習のルールや審判法および課題の把握の仕方を理解している	試合の仕方や審判の仕方を復習し、確認させる

● なか② 50分×5時間の流れ

　技の系統性を利用して新しい技を身に付ける。毎時間、授業の前半は、「技の発展」として系統別にいくつかの技を示して練習する。後半は、生徒の選んだ技別に班編成を行い、生徒が協力して技を磨き合えるようにする。また、学習進度や学習意欲に応じて試合を入れてもよい。

単元区分	学習内容と指導手順	指導・支援のポイント
学習Ⅱ／なか②／50分×5／ねらい②	1. 技の発展 ◇足で払う技（払い系）　出足払い→送り足払い　P188参照 ・払う動作を単独で練習する ・主に動きの中で技をかける約束練習を行う 　　出足払い―前後の移動を利用する 　　送り足払い―左右の移動を利用する ◇脚で跳ねる技（回し系の発展）　払い腰→跳ね腰　P177～参照 　　　　　　　　　　　　　　　内股　P191～参照 ・右脚の跳ねる位置の違いを意識して同系統の技として練習する ・脚を跳ねる位置の違いを理解する 　　　　　※7時間目の具体的な時案　P122参照 ◇四方固めの抑え技（四方固め系の発展） 　　上四方固め→崩れ上四方固め　P199参照 　　横四方固め→縦四方固め　　　P200参照 ・上四方固めの連絡から崩れ上四方固めを理解する ・横四方固めの連絡から縦四方固めを理解する ・抑え方と応じ方を理解し、約束練習をする 2. 技の班別学習	◎足裏で払う動作を理解できるようにする ◎この技は、かかり練習より約束練習で、動きを利用して覚えると効果的である ◎脚で跳ねる位置の違いを理解できるようにする ◎軸足一本で立つので、しっかりとバランスをとるように注意する ◎跳ね方だけでなく両手を上手く使い、相手を引き付ける重要性を理解できるようにする ◎抑え技の連絡を利用して新しい技を理解できるようにする ◎抑え方と応じ方のポイントを一緒に理解できるようにする ◎ペア学習で技を磨き、トリオ学習で

第4節　第4ステージ　「柔道の楽しさを深めよう」

・得意な技をもとに班編成を行う ・経験豊富な者や技の上手な者を見本とする ・かかり練習や約束練習で技を磨く ・自由練習で実践的な得意技に高める 3．中間まとめの試合（試合Ⅰ　P220参照） ・生徒の学習状況に応じて得意技がどれくらい使えるか試す試合を設定する ・試合方式は試合①に準じて行う	互いに確認できるようにする ◎技の上手な者を見本やアドバイザーとして活用する ◎かかり練習、約束練習、自由練習を繰り返すことで、技が磨かれ得意技になることを理解できるようにする ◎ここでは生徒の学習進度や意欲に応じて、試合を行うか自由練習を多くやるかを判断する

◇「技の発展」の具体の評価規準

評価の観点	評価規準	学習指導へのフィードバック
関心・意欲・態度	互いに協力して新しい技を身に付けようとする	技の系統性を生かし新しい技を覚える楽しさを伝える
◎思考・判断	系統性を生かし、技に応じた練習や方法を工夫している	今使える技を発展させ、新しい技を覚える手立てを示す
◎技能	いくつかの新しい技を身に付けている	かかり練習や約束練習を繰り返し行い、新しい技を身に付けさせる
知識・理解	技の系統性を使って、既習技から新しい技を身に付ける方法を理解している	技の系統性を生かした技の学び方や練習法を示し、理解させる

◇「技の班別学習」の具体の評価規準

評価の観点	評価規準	学習指導へのフィードバック
関心・意欲・態度	互いに協力して得意技を身に付けようとする	班で協力して得意技を身に付けることの楽しさを伝える
◎思考・判断	得意技に応じて練習や方法を工夫している	得意技を身に付けるための練習のヒントを示す
技能	自分の得意技を身に付けている	得意技をしっかり身に付けるための崩しと体さばきを繰り返し練習させる
知識・理解	自分に合った技を得意技に発展させる練習の仕方や知識を理解している	技の練習法や自分に合った技について確認させる

◇「中間まとめの試合」の具体の評価規準

評価の観点	評価規準	学習指導へのフィードバック
◎関心・意欲・態度	礼儀正しい公正な態度で、得意技を使って試合を楽しもうとする	試合の礼法を徹底し、得意技を使って、精いっぱい試合を楽しませる
思考・判断	得意技を試合で生かせるように工夫している	得意技をかけるための課題を示しその工夫を支援する
技能	既習技を発展させ、試合で使える得意技を身に付けている	試合で得意技が使えるように、かかり練習や約束練習で技に磨きをかけさせる
知識・理解	既習のルールや審判法および課題の把握の仕方を理解している	試合の仕方や審判の仕方を復習、確認させる

●なか③　50分×4時間の流れ

　自分の得意技を使って試合を楽しめるようにする。個人、団体などの試合形式を決め、体格、習熟度など、試合相手を考慮した班編成を行う。毎時間、試合前に準備運動をかねて、班別でかかり練習や約束練習を使って得意技を磨く時間をつくる。また、試合後は、班ごとにミーティングを行い、相互にアドバイスしながら、各自の課題を明確にしていく。一連の試合が終了したら、班ノートや個人ノートをもとに自己評価や相互評価を行い、次の課題を把握できるようにする。

単元区分	学習内容と指導手順	指導・支援のポイント
学習Ⅱ なか③ 50分×4 ねらい②	1. 試合②（試合Ⅱ P221 参照） ・個人戦や団体戦など試合形式を選ぶ ・体格別や習熟度別に試合相手を選ぶ ・進んだレベルのルールと審判法を学ぶ 　例）試合時間：2分、判定基準：有効以上、 　　　　抑え込み時間：25秒で一本、20秒で技あり、15秒で有効 2. 課題の把握（自己評価や相互評価の活用） 　課題例 　　「どんなときに、得意技がよくかかるか？」 ・班ミーティングや班ノート、個人ノートの記入で自己評価や相互評価を行い、得意技についての課題をみつける	◎得意技を使って安全に試合を楽しめるようルールを設定する ◎試合を楽しむ中で、どんなときに得意技がかかるかなど、得意技についての課題をもつことができるようにする ◎班ノートや個人ノートなどを利用し、自己評価や相互評価から、自分の課題（得意技をかける機会）を把握できるようにする

◇「試合②」の具体の評価規準

評価の観点	評価規準	学習指導へのフィードバック
関心・意欲・態度	互いに協力し、得意技を生かし、試合の楽しさを深めようとする	試合の礼法を徹底し、身に付けた得意技で、精いっぱい試合を楽しませる
◎思考・判断	得意技を試合で発揮することができるよう工夫している	得意技をかける機会など、課題例を示し、課題の発見や工夫を支援する
技能	試合で使える得意技を身に付けている	相手の動きや技に対応できるよう約束練習などで得意技に磨きをかける
◎知識・理解	新たなルールや審判法および課題の把握の仕方を理解している	試合の仕方や審判の仕方を復習し、確認させる

● まとめ　50分×1 時間の流れ

　ステージのまとめとして、これまで身に付けた得意技を発表するなど、このステージの学習を振り返る機会をつくる。次に、班ノートや個人ノートを整理、分析して、自分の課題を明確にして、次のステージへつなげるようにする。

単元区分	学習内容と指導手順	指導・支援のポイント
まとめ 50分×1	1. 得意技の発表 ・自分の得意技を仲間に発表する 2. 個人ノート・班ノートの完成 ・柔道を楽しめたか、得意技が身に付いたか、健康や安全に留意できたかなど、班や個人の課題を整理、分析する 3. 課題の明確化 ・次のステージに向けての自分の課題を明確にする	◎得意技を仲間に発表する機会をつくり、相互に評価できるようにする ◎個人ノート、班ノートを整理、分析して、次の課題を明確にできるようにする ◎得意技を生かすためにはどうするかなど、次のステージへ向けて動機付けをする

◇「得意技の発表」の具体の評価規準

評価の観点	評価規準	学習指導へのフィードバック
◎関心・意欲・態度	互いに協力して得意技を見せ合い、アドバイスをしながら、柔道の楽しさを深めようとする	仲間の前で自分の得意技を発表するなど、得意技を身に付けた実感がもてる機会をつくる
思考・判断	発表を楽しみながら、得意技について適切なアドバイスをしたり、新たな課題の発見や工夫をしている	互いの発表を比較する中で、得意技についての課題発見のヒントを与える
技能	自分に合った得意技を身に付けている	得意技を習得するために、素早い崩しや体さばきを身に付けさせる
知識・理解	得意技をしっかりと身に付ける練習の仕方や磨き方を理解している	伝統的な練習法を確認するとともに、得意技をもつ大切さを認識させる

7 学習指導の時案

ここでは、「第4ステージ15時間中の7時間目」の学習指導の具体的な展開例を示している。班別学習で得意技を身に付けるとともに、技の系統性を利用して、内股と跳ね腰を学ぶことをねらいとしている。また、指導と評価の一体化を図るために、学習活動に対応した評価の観点を示している。これを参考に、学習過程の中で、生徒の活動状況を適宜評価し、次の学習指導に生かすようにする。

本時の ねらい	投げ技の得意技を身に付けるとともに、系統性を利用して新しい技（内股と跳ね腰）を学ぶ		配当 時間	第4ステージ 15時間中の7時間目
	学 習 活 動	指導・支援の留意点		評価の観点
はじめ 10分	1. 整列、あいさつ 　• 正座　• 黙想　• 座礼 2. 本時の学習内容の把握 3. 準備運動と体ほぐしの運動 4. 受け身 　• 後ろ受け身（移動を利用） 　• 前回り受け身	• 礼法や姿勢を確認する • 本時の学習内容について説明する • 生徒の健康観察を行う • 見学者に学習の補助と見学のポイントを指示する		• 伝統的な行動の仕方が身に付いているか （関）
なか	5. 脚で跳ねる技 　• 回し系の発展として、技の系統性を利用して、新しい技を学習する 　　払い腰→内股→跳ね腰 　• 跳ねる位置の違いを理解し、同系統の技として学習する	• 軸足一本で立つので、しっかりバランスをとるようにさせる • 脚の使い方だけでなく、上体を上手に使い、引きつけることが大切であることを理解させる • 安全に留意して、新しい技を試してみるよう指示する		• 互いに協力して課題に取り組んでいるか （関） • 技の系統性を理解して、練習を工夫しているか （思）
	6. 投げ技の班別学習 　• 得意技別に班編成をする 　• 経験者や技の上手な者を中心に、技の攻め方・タイミングなどについて考える 　• かかり練習、約束練習で技を復習する 7. 自由練習 　2分×5セット	• どうしたら技がかかるか経験者や技の上手な者を参考に、技のポイントを生徒自身に考えさせる • かかり練習、約束練習を繰り返すことで技が磨かれ得意技になることを理解させる • 互いにポイントを確認し合うようにさせる		• 新しい技を身に付けているか （技） • 得意技に発展させる練習の仕方を理解しているか （知） • 得意技をかけることができるか （技）
まとめ 5分	8. 整理運動 9. 整列、あいさつ 　• 本時の学習活動の反省、次時の課題 　• 正座　• 黙想　• 座礼	• 生徒の健康観察を行う • 本時のまとめをする • 次時の課題を指示する • 礼法、姿勢を確認する		• 本時の課題を達成できたか （4観点）

※（関）：関心・意欲・態度、（思）：思考・判断、（技）：技能、（知）：知識・理解

8 学習資料

ここでは、第4ステージの「試合①」で扱う学習資料の具体例を示している。ひとまとまりの試合が終わった後に、各自の試合結果を、この個人ノートに転記させる。その中で自分のよくかける技やよく決まる技など、試合の自己分析を行い、得意技の発見を促す。また、学習の自己評価・相互評価を行い、学習活動の改善を促すとともに、次の学習課題を明確にする。

個人ノート〈学習課題：得意技の発見〉

＿＿年＿＿組＿＿番　氏名＿＿＿＿＿＿＿＿＿＿　　　年　月　日記入

試合結果	試 合 数	
勝　負　引き分け		

試合の分析(どんな試合をしたか考えよう)

得意技となりそうな技

仲間のアドバイス　サイン

	試合相手	結果	かけた技
1			
2			
3			
4			
5			
6			
7			
8			

結果の記号　○一本勝ち　◎技あり勝ち　◉有効勝ち　×引き分け　△負け

◇学習の自己評価

強く思う ～ 思わない

成果 (技能)	1　技がかかり「やったー」と思う場面があった 　　　どんな技ですか　(　　　　　　　　　　)	3・2・1
	2　今まで、できなかったことができるようになった 　　　どんなことですか　(　　　　　　　　　　)	3・2・1
	3　こんな技が使えたらいいなと思う発見があった 　　　どんな技ですか　(　　　　　　　　　　)	3・2・1
楽しさ (関心・意欲)	4　やる気に満ち、精いっぱいやった	3・2・1
	5　楽しさや喜びを感じた	3・2・1
学び方 (思考・判断)	6　自分の課題を解決する方法を考えた	3・2・1
	7　自分の目標に向かって、さまざまな工夫をした	3・2・1
協力 (態度)	8　係りの分担や仕事を協力してできた	3・2・1
	9　お互いに、アドバイスしあいながらできた	3・2・1
(知識・理解)	10　柔道に対する知識や理解が深まった	3・2・1

よかった点	悪かった点	総合点	ランク

仲間からのアドバイス　　サイン (　　　　)	30～25点　Aランク 24～20点　Bランク
次の課題	19～10点　Cランク

第5節 第5ステージ
「柔道を得意にしよう」

▶対象 得意技を磨いて自由練習や試合を楽しむことをめざす生徒　学習経験60時間程度

第6ステージ
第5ステージ
第4ステージ
第3ステージ
第2ステージ
第1ステージ

1 学習指導の進め方

　このステージは、かなりの時間柔道を学び自分の得意技を生かして自由練習や試合ができるようになった生徒を対象とする。得意技を繰り返し練習することによって、技の正確さ、素早さ、力強さを高めるとともに、得意技をかける機会や技の連絡変化を身に付け、自由練習や試合で生かせるようにする。また、習熟度別、得意技別の班編成による活動を中心に、練習法などにも工夫を加え、互いに協力して得意技を磨き合う中で、柔道の楽しさを深め、柔道を得意にしていく。このように生徒相互の教え合いなど、仲間とのかかわりを大切にする。

2 単元計画と学習の道すじ　－15時間の具体例－

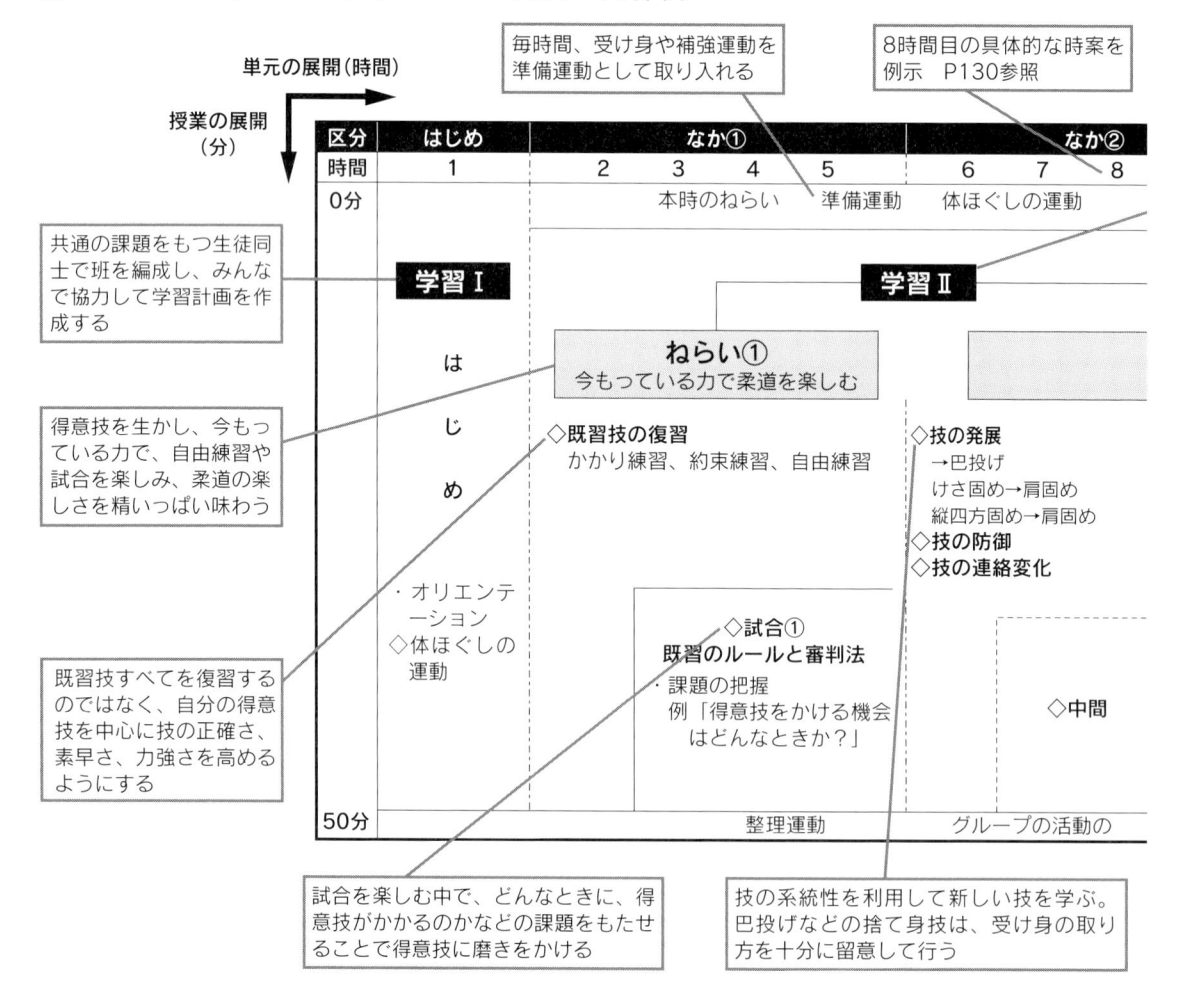

単元の展開(時間)

授業の展開（分）

毎時間、受け身や補強運動を準備運動として取り入れる

8時間目の具体的な時案を例示　P130参照

区分	はじめ	なか①				なか②		
時間	1	2	3	4	5	6	7	8

0分　　　　　　　　　　　　　　　本時のねらい　　準備運動　体ほぐしの運動

学習Ⅰ　　　　　　　　　　　　　　　　　　　**学習Ⅱ**

共通の課題をもつ生徒同士で班を編成し、みんなで協力して学習計画を作成する

は
じ
め

ねらい①
今もっている力で柔道を楽しむ

得意技を生かし、今もっている力で、自由練習や試合を楽しみ、柔道の楽しさを精いっぱい味わう

◇既習技の復習
　かかり練習、約束練習、自由練習

◇技の発展
　→巴投げ
　けさ固め→肩固め
　縦四方固め→肩固め
◇技の防御
◇技の連絡変化

・オリエンテーション
◇体ほぐしの運動

既習技すべてを復習するのではなく、自分の得意技を中心に技の正確さ、素早さ、力強さを高めるようにする

◇試合①
　既習のルールと審判法
・課題の把握
　例「得意技をかける機会はどんなときか？」

◇中間

50分　　　　　　　　　　　　　　　　整理運動　　　　グループの活動の

試合を楽しむ中で、どんなときに、得意技がかかるのかなどの課題をもたせることで得意技に磨きをかける

技の系統性を利用して新しい技を学ぶ。巴投げなどの捨て身技は、受け身の取り方を十分に留意して行う

3 主な学習内容

◇体ほぐしの運動　P145
◇既習技の復習
◇技の発展
◇技の防御　P215～216
◇技の連絡変化　P210～211
◇技の班別学習
◇試合①②　P217～221
◆新しく扱う技：「巴投げ」P193～194、「肩固め」P202

4 指導計画作成上のポイント

　学習Ⅰでは、同じ技を選択した者同士が班を編成するなど、課題に応じた班編成を行い、生徒が協力して学習計画を立てる場をつくる。学習Ⅱは、今ある力で十分に柔道を楽しみ（ねらい①）、高まった力に応じて、新しい工夫を加える（ねらい②）。具体的には、なか①、なか②、なか③の3つの展開の中で、自分の得意技を自由練習や試合で生かし柔道の楽しさを深め、さらに、技の連絡変化を身に付け、得意技を磨くことで、柔道を得意にする。「まとめ」では、得意技と関連した技の連絡変化を発表するなど、次のステージに向け学習課題を明確にしていく。

得意技を生かして、自由練習や試合を楽しみ（ねらい①）、さらに得意技を磨き、技の連絡変化も身に付け、自由練習や試合をより楽しむ（ねらい②）ようにする

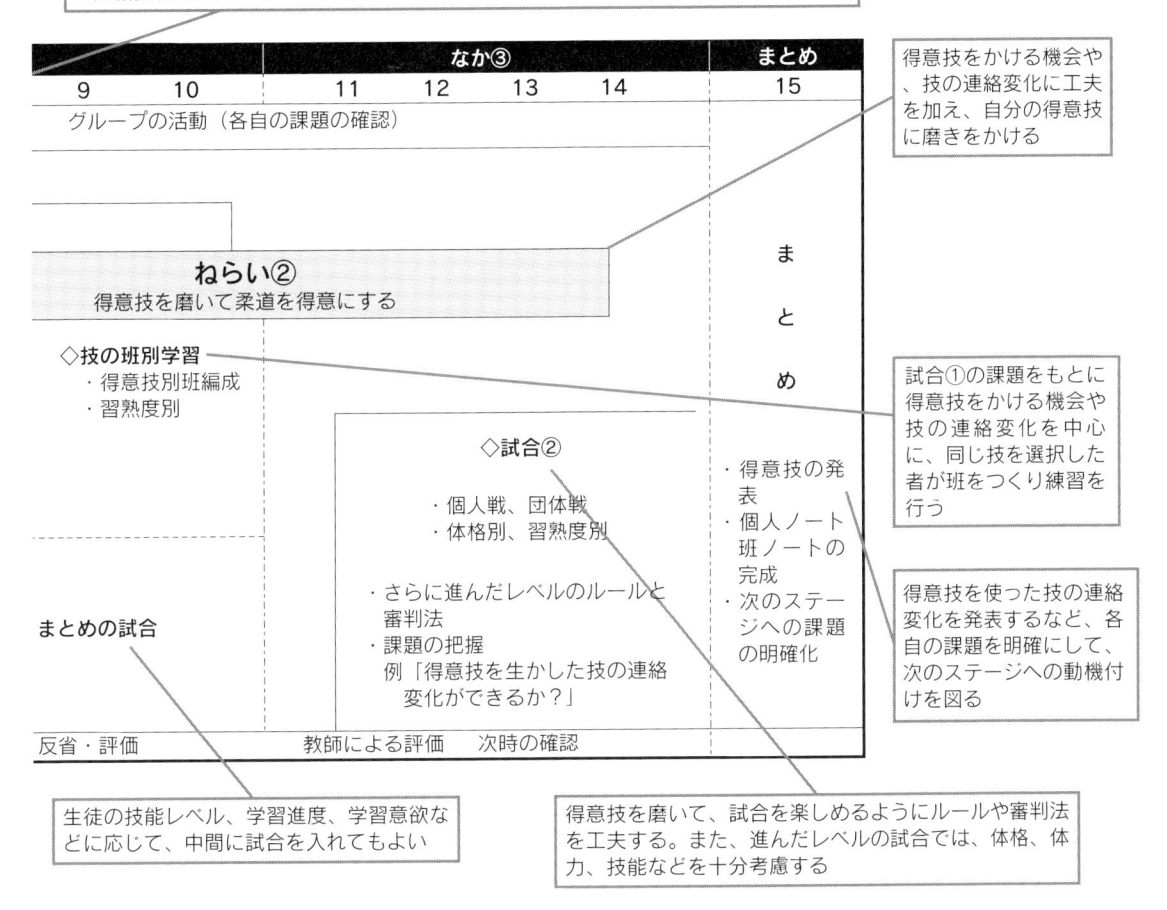

	なか③					まとめ
9	10	11	12	13	14	15
グループの活動（各自の課題の確認）						ま と め

得意技をかける機会や、技の連絡変化に工夫を加え、自分の得意技に磨きをかける

ねらい②
得意技を磨いて柔道を得意にする

◇技の班別学習
・得意技別班編成
・習熟度別

◇試合②
・個人戦、団体戦
・体格別、習熟度別
・さらに進んだレベルのルールと審判法
・課題の把握
　例「得意技を生かした技の連絡変化ができるか？」

・得意技の発表
・個人ノート班ノートの完成
・次のステージへの課題の明確化

試合①の課題をもとに得意技をかける機会や技の連絡変化を中心に、同じ技を選択した者が班をつくり練習を行う

得意技を使った技の連絡変化を発表するなど、各自の課題を明確にして、次のステージへの動機付けを図る

まとめの試合

反省・評価　　教師による評価　次時の確認

生徒の技能レベル、学習進度、学習意欲などに応じて、中間に試合を入れてもよい

得意技を磨いて、試合を楽しめるようにルールや審判法を工夫する。また、進んだレベルの試合では、体格、体力、技能などを十分考慮する

5 安全上配慮する事項

　ねらい①の段階では、自由練習や試合における既習ルールや禁止事項を確認させ、危険な行為があった場合は中断して指導を徹底する。ねらい②の段階では、巴投げなどの捨て身技は、受け身のとり方を十分に指導する。試合では新たに加えたルールをよく理解させ、体格や習熟度を考慮した対戦相手を選ばせる。また、自由練習や試合では勝敗のみにこだわらないように十分留意する。

6 学習指導の手順と具体の評価規準

　ここでは、モデルとなる第5ステージの単元計画に従い、具体的な学習指導の手順とそれに対応した具体の評価規準を示している。双方を参考にして、学習過程の評価を次の学習指導に生かすようにする。
※具体の評価規準の「評価の観点」の◎は特に重視する観点を示す。

●はじめ　50分×1時間の流れ

　ステージの導入として、オリエンテーションを行い、得意技を磨くための学習の道すじを理解させ、そのための班編成や学習資料の使い方を説明する。次に、体ほぐしの運動を楽しみながら、班員の仲間意識や学習への動機付けを高めていく。

単元区分		学習内容と指導手順	指導・支援のポイント
学習Ⅰ	はじめ 50分×1	1. オリエンテーション ・学習のねらいと道すじを理解する ・学習の進め方を知り、学習の見通しを立てる ・得意技を磨くための技別の班学習を理解する ・班編成、活動計画を作成する ・班ノート、個人ノートの使い方を理解する	◎学び方（学習の進め方や活動の仕方）を説明する。特に事故防止の観点から、安全面に配慮した行動を徹底する ◎自分の今の力で挑戦できる課題を設定できるようにする ◎各自の課題を明確にさせ、共通の課題をもつ者同士で班編成ができるようにする ◎グループで協力し、得意技を磨けるようにする
		2. 体ほぐしの運動　P145参照 ・体ほぐしの運動の具体例を参考に、生徒が自由に運動を選択し、やり方を工夫できるようにする。また、以後の授業の導入に活用できるようにする	◎授業への導入となるものを選び、仲間と運動を楽しむ中で、自分の体の状態に気付くことができるようにする

●なか①　50分×4時間の流れ

　自由練習や試合を中心に授業を展開し、今ある力で柔道を楽しめるようにする。毎時間10～15分程度、かかり練習や約束練習で得意技の復習を行い、その後、自由練習や試合を行う。その中で、自己の課題（得意技をかける機会など）を把握させる。

単元区分			学習内容と指導手順	指導・支援のポイント
学習Ⅱ	なか① 50分×4	ねらい①	1. 既習技の復習 ・自分の得意技を中心に技の復習をする 　例）かかり練習：10回×3、約束練習：5回×3、 　　　自由練習：2分×3～5	◎得意技ごとのグループで技を反復練習する ◎自分の得意技をより早くより正確にかけられるようにする
			2. 試合①（試合Ⅱ　P221参照） 　例）体格を考慮してグループをつくる 　　　グループの中で試合を行う 　　　試合時間：2分、判定基準：有効以上、 　　　抑え込み時間：25秒で一本、20秒で技あり、15秒で有効	◎今ある力で安全に試合を楽しめるようルールを設定する ◎試合を楽しむ中で、どういう動きをしたときに技がよくかかるかなど、得意技を磨くための課題がもてるようにする
			3. 課題の把握（自己評価・相互評価の活用） 　課題例 　　「得意技をかける機会はどんなときか？」 ・班ミーティングや班ノート、個人ノートの記入で自己評価や相互評価を行い自分の課題をみつける	◎班ノートや個人ノートなどを利用し、自己評価や相互評価から、自分の課題（得意技をかける機会など）を把握できるようにする

◇「既習技の復習」の具体の評価規準

評価の観点	評価規準	学習指導へのフィードバック
関心・意欲・態度	互いに協力して、自分の得意技を使って、柔道を楽しもうとする	自分の得意技を練習や試合で磨く楽しみを経験させる
思考・判断	得意技を復習しながら、その素早さ、正確さ、力強さなどの課題をもち、磨き方を工夫している	課題のヒントや技の磨き方の手立てを示し、生徒自身に考えさせる
◎技能	自分の得意技を身に付けている	かかり練習や約束練習で素早さ、正確さ、力強さを身に付けさせる
知識・理解	得意技の磨き方を理解している	得意技のポイントや練習の仕方を確認させる

◇「試合①」の具体の評価規準

評価の観点	評価規準	学習指導へのフィードバック
◎関心・意欲・態度	礼儀正しい公正な態度で、得意技を使って試合を楽しもうとする	試合の礼法を徹底し、今ある力で、精いっぱい試合を行い、得意技を使って全力を出すよさを経験させる
思考・判断	試合を楽しみながら、自分の課題を発見し、得意技を生かそうと工夫している	得意技を磨く手立てを生徒自身が考えるように支援する
技能	試合で使える得意技を身に付けている	試合で得意技が使えるように、かかり練習や約束練習で得意技に磨きをかけさせる
知識・理解	既習のルールや審判法および課題の把握の仕方を理解している	試合の仕方やルール・審判法を復習し、確認させる

● なか②　50分×5時間の流れ

　技の系統性を利用して新しい技を身に付ける。毎時間、授業の前半は、「技の発展」として系統別にいくつかの技を学習する。後半は、生徒の選んだ技別に班編成を行い、生徒が互いに協力して得意技を磨き合うようにする。また、学習進度や学習意欲に応じて、試合を入れてもよい。

単元区分	学習内容と指導手順	指導・支援のポイント
学習Ⅱ　なか②　50分×5　ねらい②	1. 技の発展 ◇捨て身技　巴投げ　P193〜参照 ・体を捨てるタイミング、体を捨てる要領、引き手の方向、使い方を理解して約束練習を行う ◇肩固め（けさ固め系の発展）　P202参照 　けさ固め→肩固め、縦四方固め→肩固め ・けさ固め、縦四方固めの連絡から、肩固めを理解する ・肩固めの抑え方と応じ方を理解し、約束練習をする 2. 技の防御　P215〜参照 ・相手の技に対して、腰を引くのではなく、体さばきでかわす、腰を落とす、胸を張り引き手を切る、釣り手を抑えるなどの約束練習をする 　　　　　※8時間目の具体的な時案　P130参照 3. 技の連絡変化　P210参照 ◇進んだ段階の技の連絡変化として、主として相手の技から自分の技への変化を学習する 　例）相手の出足払い→自分の出足払い 　　　相手の小内刈り→自分の膝車 4. 技の班別学習 ・得意技、もしくは習熟度別に班編成を行う	◎前回り受け身の練習を十分に行い、約束練習で自分から前回り受け身ができるようにする ◎抑え技の連絡を利用して、新しい技を理解できるようにする ◎抑え方と応じ方のポイントを一緒に理解できるようにする ◎相手の技や動きを素早く察し、必要なときにだけ力を入れるようにする ◎正しい姿勢は自分の技をかけやすくするだけでなく、相手の技への防御に役立つことを理解できるようにする ◎ここでは、技の変化（相手の技を利用して、自分の技に入る）に重点をおいて指導する ◎ペア学習で技を磨き、トリオ学習で確認できるようにする

第5節　第5ステージ　「柔道を得意にしよう」　127

・技をかける機会や技の連絡変化について、グループで学習する。 ・経験者や技の上手な者を見本とする ・かかり練習や約束練習で技を磨く ・自由練習で実践的な得意技に高める 5．中間まとめの試合（試合Ⅱ　P221参照） ・生徒の学習状況に応じて、得意技をどれくらい使えるか試す試合を設定する ・試合方式は試合①に準じて行う	◎技の上手な者を見本やアドバイザーとして活用する ◎動きの中で技をかけたり、技を連絡してかけるなど、自ら考え、工夫できるようにする ◎ここでは生徒の学習進度や意欲に応じて、試合を行うか自由練習を多くやるかを判断する

◇「技の発展」の具体の評価規準

評価の観点	評価規準	学習指導へのフィードバック
関心・意欲・態度	互いに協力して、捨て身技を身に付け、さらに柔道を楽しもうとする	合理的な方法で、自分の体を捨てて相手を投げる楽しさを示す
◎思考・判断	安全面に配慮して自分から倒れる技の練習方法を工夫している	自分の倒れる勢いを利用する方法など、安全に配慮した課題を示す
◎技能	安全面に配慮した捨て身技を身に付けている	受け身のとり方に留意して約束練習を繰り返し、捨て身技に磨きをかけさせる
知識・理解	受け身のとり方など安全面に配慮した捨て身技の練習方法を理解している	安全で合理的な捨て身技の練習手順や練習方法を確認させる

◇「技の防御」の具体の評価規準

評価の観点	評価規準	学習指導へのフィードバック
関心・意欲・態度	互いに協力して、相手の技に対する適切な防御の仕方を身に付けようとする	合理的な方法で相手の技を巧みにかわす、柔道の楽しさを示す
◎思考・判断	相手の技に応じた適切な防御の仕方やその練習方法を工夫している	相手の技を巧みにかわすポイントや練習の仕方を示す
◎技能	相手の技に応じた適切な防御の仕方を身に付けている	実際に相手に技をかけてもらう約束練習を繰り返し、技の防御に磨きをかけさせる
知識・理解	相手の技に応じた適切な防御の仕方やその練習方法を理解している	合理的に相手の技をかわす動きやその練習方法を確認させる

◇「技の連絡変化」の具体の評価規準

評価の観点	評価規準	学習指導へのフィードバック
関心・意欲・態度	互いに協力して、自分の得意技を生かした技の変化を身に付け、さらに柔道を楽しもうとする	相手の技を利用して、自分の技を生かす楽しさを伝える
◎思考・判断	相手の技を利用して自分の得意技を生かした技の変化を工夫している	どうすれば相手の技を利用して、自分の得意技を生かせるか、生徒自身に考えさせる
◎技能	自分の得意技を生かした技の変化を身に付けている	相手に技をしかけてもらう約束練習で、技の変化を身に付けさせる
知識・理解	相手の技を利用して自分の技をかける方法を理解している	相手の技を利用して自分の技をかける技の変化の合理性を理解させる

●なか③　50分×4時間の流れ

　得意技を使って試合を楽しめるようにする。はじめに、個人、団体などの試合形式を決め、体格や習熟度など、試合相手を考慮した班編成を行う。また、毎時間、試合前に準備運動をかねて班別でかかり練習や約束練習を使って得意技を磨き合う時間をつくる。さらに、試合後は、班ごとにミーティングを行い、相互にアドバイスしながら課題を明確にしていく。一連の試合が終了したら、班ノートや個人ノートをもとに自己評価や相互評価を行い、次の課題を把握できるようにする。

単元区分		学習内容と指導手順	指導・支援のポイント
学習Ⅱ なか③ 50分×4	ねらい②	1. 試合②（試合Ⅲ　P221参照） ・個人戦や団体戦など試合形式を選ぶ ・体格別や習熟度別に試合相手を選ぶ 　例）勝ち抜き試合（団体戦、紅白試合形式） ・さらに進んだレベルのルールと審判法を学ぶ 　例）試合時間：2分、判定基準：有効以上、 　　　抑え込み時間：25秒で一本、20秒で技あり、15秒で有効 　　　反則：極端な防御姿勢や技をかけない場合にのみ反則をとる 2. 課題の把握（自己評価や相互評価の活用） 　課題例 　　「得意技を生かした技の連絡変化ができるか？」 ・班ミーティングや班ノート、個人ノートの記入で自己評価や相互評価を行い、得意技についての課題をみつける	◎得意技を使って安全に試合を楽しめるようルールを設定する ◎試合を楽しむ中で、どうしたら得意技がよくかかるかなど、得意技についての課題をもつことができるようにする ◎班ノートや個人ノートなどを利用し、自己評価や相互評価から、自分の課題を把握できるようにする

◇「試合②」の具体の評価規準

評価の観点	評価規準	学習指導へのフィードバック
関心・意欲・態度	互いに協力して、得意技を生かした技の連絡変化を使い、試合を楽しもうとする	得意技を生かした技の連絡変化などを使い、精いっぱい試合を楽しませる
◎思考・判断	試合の場面で、得意技をかける機会や技の連絡変化を工夫している	得意技を使った技の連絡変化など、課題例を示し、生徒自身に考えさせる
技能	試合で使うことができる得意技を生かした技の連絡変化を身に付けている	試合で得意技が使えるよう技の連絡変化に磨きをかけさせる
◎知識・理解	新たなルールや審判法および課題の把握の仕方を理解している	試合の仕方やルール・審判法を復習し、確認させる

●まとめ　50分×1時間の流れ

　ステージのまとめとして、これまで身に付けた得意技を生かした技の連絡変化を発表するなど、このステージの学習を振り返る機会をつくる。次に、班ノートや個人ノートを整理・分析して、自分の課題を明確にして、次のステージへつなげるようにする。

単元区分	学習内容と指導手順	指導・支援のポイント
まとめ 50分×1	1. 得意技の発表 ・自分の得意技を生かした技の連絡変化を仲間に発表する 2. 個人ノート・班ノートの完成 ・柔道を楽しめたか、得意技を生かした技の連絡変化が身に付いたか、健康や安全に留意できたかなど、班や個人の課題を整理、分析する 3. 課題の明確化 ・次のステージに向けての自分の課題を明確にする	◎得意技を生かした技の連絡変化を仲間に発表する機会をつくり、相互に評価できるようにする ◎個人ノート、班ノートを整理、分析して、次の課題を明確にできるようにする ◎さらに得意技や技の連絡変化を磨くためにはどうするかなど、次のステージへの動機付けをする

◇「得意技の発表」の具体の評価規準

評価の観点	評価規準	学習指導へのフィードバック
◎関心・意欲・態度	互いに協力して得意技やそれを使った技の連絡変化を見せ合い、アドバイスしながら、柔道を楽しもうとする	仲間の得意技を見たり、アドバイスを聞いたりする機会をつくり、互いに柔道を得意にしようとする意欲を高めさせる
思考・判断	発表を楽しみながら、互いに適切なアドバイスをして、新たな課題を発見しようとしている	得意技を磨くために、仲間のアドバイスを参考に練習法を工夫させる
技能	自分の得意技や、それを使った技の連絡変化を身に付けている	アドバイスを参考に、かかり練習や約束練習を繰り返し行わせる

知識・理解	得意技を磨くための計画的な練習の仕方や、次の課題を理解している	自己評価、相互評価を繰り返しながら、しだいに得意技を高めていくことを理解させる

7 学習指導の時案

ここでは、「第5ステージ15時間中の8時間目」の学習指導の具体的な展開例を示している。班別学習で得意技をかける機会を考え、そのタイミングを身に付けるとともに、技の防御についても学ぶことをねらいとしてる。

また、指導と評価の一体化を図るために、学習活動に対応した評価の観点を示している。これを参考に、学習過程の中で、生徒の活動状況を適宜評価し、次の学習指導に生かすようにする

本時のねらい	得意技をかける機会について考え、そのタイミングを身に付けるとともに、技の防御法について学ぶ		配当時間	第5ステージ 15時間中の8時間目
	学 習 活 動	指導・支援の留意点		評価の観点
はじめ 10分	1. 整列、あいさつ 　・正座　・黙想　・座礼 2. 本時の学習内容の把握 3. 準備運動と体ほぐしの運動 4. 受け身 　・後ろ受け身（移動を利用） 　・前回り受け身	・礼法や姿勢を確認する ・本時の学習内容について説明する ・生徒の健康観察を行う ・見学者に学習の補助と見学のポイントを指示する		・伝統的な行動の仕方が身に付いているか （関）
なか 35分	5. 投げ技の班別学習 　・得意技別に班編成をする 　・経験者や技の上手な者を中心に、技をかける機会（技の入り方・タイミングなど）について考える 　・動きの中でのかかり練習、約束練習で技を磨く 6. 投げ技の発表会 　・得意技をかける機会を発表する 　・拍手で相互に評価する 7. 技の防御 　・相手の技に対して、体さばきでかわす、腰をおとす、胸を張り引き手を切る、釣り手を抑えるなどの技の防御法を学ぶ 8. 自由練習 　2分×5セット	・班の中で、技能レベルに差がある場合は、習熟度別に分かれて班編成をする ・動きの中で相手を崩すことが大切であることを理解させる ・生徒の発表に解説を加え本時の課題について理解を深めさせる ・正しい姿勢は自分の技をかけやすくするだけでなく、防御にも役立つことを理解させる ・安全確認と実施上の注意を促す		・互いに協力して課題に取り組んでいるか （関） ・得意技をかける機会を理解し、自分の課題をつかみ工夫しているか （思） ・正しい姿勢や防御の仕方を理解しているか （知） ・動きの中で技をかけたり、防御したりできるか （技）
まとめ 5分	9. 整理運動 10. 整列、あいさつ 　・本時の学習活動の反省、次時の課題 　・正座　・黙想　・座礼	・生徒の健康観察を行う ・本時のまとめをする ・次時の課題を指示する ・礼法、姿勢を確認する		・本時の課題を達成できたか （4観点）

※（関）：関心・意欲・態度、（思）：思考・判断、（技）：技能、（知）：知識・理解

8 学習資料

ここでは、第5ステージの「試合①」で扱う学習資料の具体例を示している。ひとまとまりの試合が終わった後に、各自の試合結果を、この個人ノートに転記させる。その中で自分の得意技がどんなときによく決まるかなど、試合の分析を行い、得意技をかける機会を考える資料にする。また、学習の自己評価・相互評価を行い、学習活動の改善を促すとともに、次の学習課題を明確にする。

個人ノート〈学習課題：得意技をかける機会〉

＿年＿組＿番　氏名 ＿＿＿＿＿＿＿＿＿＿＿　　　年　月　日記入

試合結果	試合数		
勝	負	引き分け	

試合の分析（どんなときに、自分の得意技がきまっているだろうか）

仲間のアドバイス　サイン

	試合相手	結果	かけた技
1			
2			
3			
4			
5			
6			
7			
8			

結果の記号　〇一本勝ち　◎技あり勝ち　⊖有効勝ち　×引き分け　△負け

◇学習の自己評価

強く思う ～ 思わない

区分	No.	項目	評価
成果（技能）	1	得意技がかかり「やったー」と思う場面があった　　どんな場面ですか（　　　）	3・2・1
	2	今まで、できなかったことができるようになった　　どんなことですか（　　　）	3・2・1
	3	こんな機会に得意技が使えたらいいなと思う発見があった　　どんな技ですか（　　　）	3・2・1
楽しさ（関心・意欲）	4	やる気に満ち、精いっぱいやった	3・2・1
	5	楽しさや喜びを感じた	3・2・1
学び方（思考・判断）	6	自分の課題を解決する方法を考えた	3・2・1
	7	自分の目標に向かって、さまざまな工夫をした	3・2・1
協力（態度）	8	係の分担や仕事を協力してできた	3・2・1
	9	お互いに、アドバイスし合いながらできた	3・2・1
（知識・理解）	10	柔道に対する知識や理解が深まった	3・2・1

よかった点	悪かった点	総合点	ランク

仲間からのアドバイス　サイン（　　　）

次の課題

30～25点　Aランク
24～20点　Bランク
19～10点　Cランク

第6節 第6ステージ
「生涯にわたって柔道に親しもう」

>第6ステージ
>第5ステージ
>第4ステージ
>第3ステージ
>第2ステージ
>第1ステージ

▶対象（得意技をさらに磨き、段位（初段、弐段）をめざす生徒　学習経験75時間程度）

1 学習指導の進め方

　このステージは、かなりの時間をかけ柔道を学び、段位をめざしたり、生涯にわたって柔道を楽しんだりしようとする生徒を対象とする。形や試合を中心に授業を展開し、生涯にわたって柔道に親しむ資質や能力を養う。段位の取得をねらいとして形や試合を行い、得意技を磨き、自由練習や試合で生かせるようにする。また、段位をめざさなくても、柔道を得意にして、将来も試合観戦など柔道に親しむことができるようにする。また、習熟度別、得意技別の班編成による活動を中心に、練習法などにも新たな工夫を加え、互いに協力して形や得意技を磨き、柔道が得意になるようにする。このように生徒相互の教え合いなど、仲間とのかかわりを大切にする。

2 単元計画と学習の道すじ　－15時間の具体例－

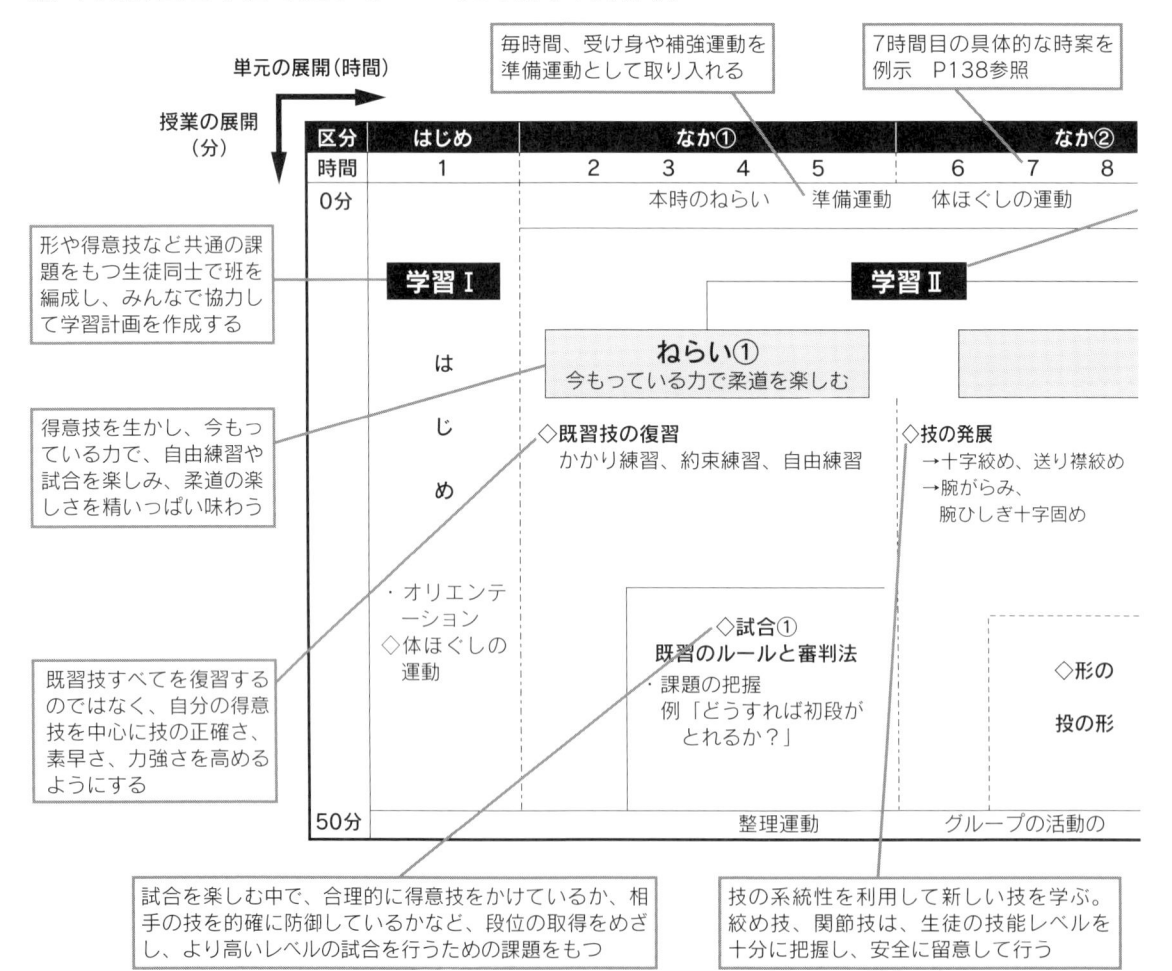

毎時間、受け身や補強運動を準備運動として取り入れる

7時間目の具体的な授業案を例示　P138参照

形や得意技など共通の課題をもつ生徒同士で班を編成し、みんなで協力して学習計画を作成する

得意技を生かし、今もっている力で、自由練習や試合を楽しみ、柔道の楽しさを精いっぱい味わう

既習技すべてを復習するのではなく、自分の得意技を中心に技の正確さ、素早さ、力強さを高めるようにする

試合を楽しむ中で、合理的に得意技をかけているか、相手の技を的確に防御しているかなど、段位の取得をめざし、より高いレベルの試合を行うための課題をもつ

技の系統性を利用して新しい技を学ぶ。絞め技、関節技は、生徒の技能レベルを十分に把握し、安全に留意して行う

区分	はじめ	なか①				なか②		
時間	1	2	3	4	5	6	7	8

0分　本時のねらい　準備運動　体ほぐしの運動

学習Ⅰ

ねらい①
今もっている力で柔道を楽しむ

◇既習技の復習
　かかり練習、約束練習、自由練習

学習Ⅱ

◇技の発展
　→十字絞め、送り襟絞め
　→腕がらみ、
　　腕ひしぎ十字固め

・オリエンテーション
◇体ほぐしの運動

◇試合①
既習のルールと審判法
・課題の把握
　例「どうすれば初段がとれるか？」

◇形の
　投の形

50分　整理運動　グループの活動の

3 主な学習内容

◇体ほぐしの運動　P145
◇既習技の復習
◇技の発展
◇形の学習　P231〜237
◇技の班別学習
◇試合①②　P217〜221
◆新しく扱う技：「十字絞め」P203〜204、「送り襟絞め」P204〜205、「腕がらみ」P206、「腕ひしぎ十字固め」P207

4 指導計画作成上のポイント

　学習Ⅰでは、同じ形や得意技を選択した者同士が班を編成するなど、課題に応じた班編成を行い、生徒が協力して学習計画を立てる場をつくる。

　学習Ⅱは、今ある力で十分に柔道を楽しみ（ねらい①）、高まった力に応じて、新しい工夫を加える（ねらい②）。具体的には、なか①、なか②、なか③の3つの展開の中で、得意技を生かし、自由練習や試合で柔道の楽しさを深め、さらに得意技を磨き、形を身に付けることで、段位の取得もめざす。「まとめ」では、得意技や形を発表するなど、生涯にわたって柔道に親しむ動機付けを行い、第1〜第6ステージの総まとめとして位置付ける。

得意技を生かして、自由練習や試合を楽しみ（ねらい①）、さらに得意技を磨き、形を身に付け、段位に挑戦するなど、生涯にわたって柔道に親しめる（ねらい②）ようにする

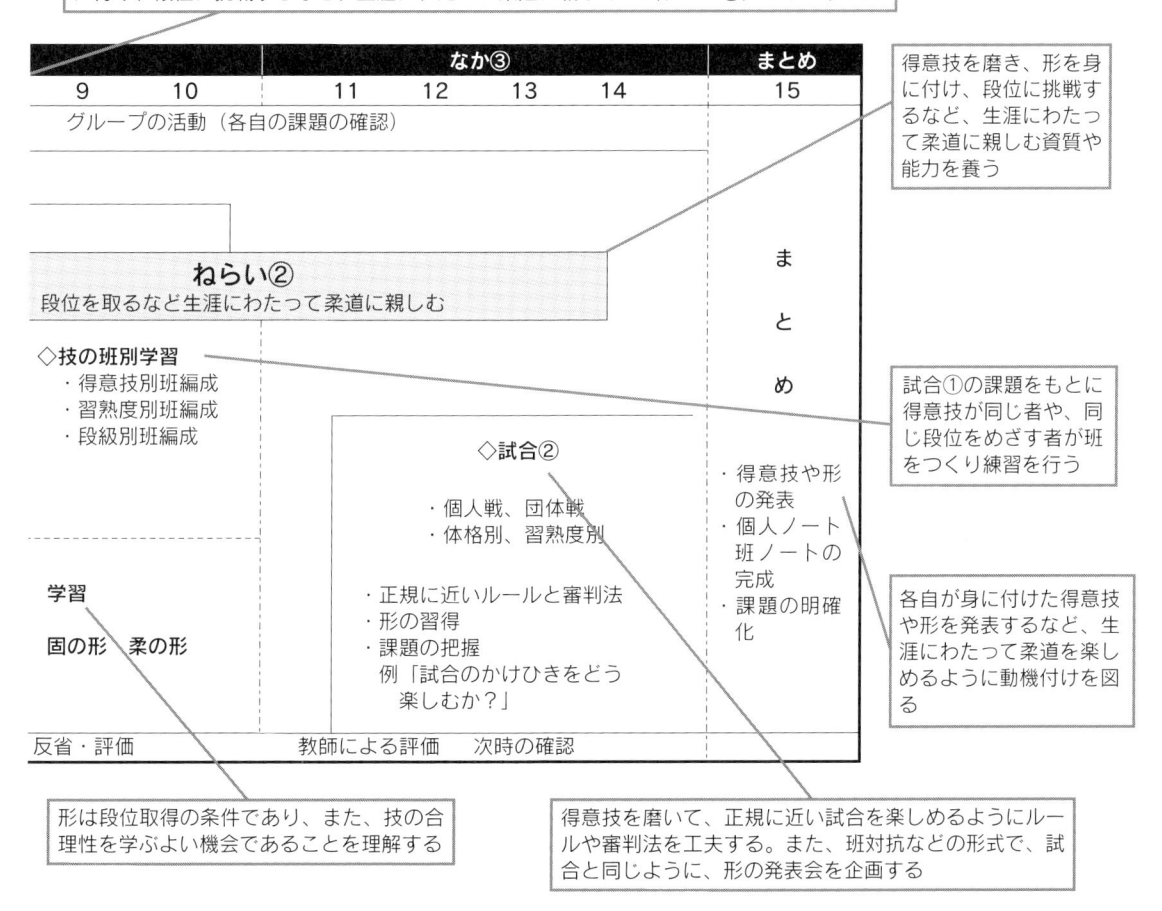

なか③						まとめ
9	10	11	12	13	14	15

グループの活動（各自の課題の確認）

ねらい②
段位を取るなど生涯にわたって柔道に親しむ

◇技の班別学習
・得意技別班編成
・習熟度別班編成
・段級別班編成

◇試合②
・個人戦、団体戦
・体格別、習熟度別

・正規に近いルールと審判法
・形の習得
・課題の把握
　例「試合のかけひきをどう楽しむか？」

学習
固の形　柔の形

ま
と
め

・得意技や形の発表
・個人ノート班ノートの完成
・課題の明確化

反省・評価　　　教師による評価　　次時の確認

得意技を磨き、形を身に付け、段位に挑戦するなど、生涯にわたって柔道に親しむ資質や能力を養う

試合①の課題をもとに得意技が同じ者や、同じ段位をめざす者が班をつくり練習を行う

各自が身に付けた得意技や形を発表するなど、生涯にわたって柔道を楽しめるように動機付けを図る

形は段位取得の条件であり、また、技の合理性を学ぶよい機会であることを理解する

得意技を磨いて、正規に近い試合を楽しめるようにルールや審判法を工夫する。また、班対抗などの形式で、試合と同じように、形の発表会を企画する

5 安全上配慮する事項

ねらい①の段階では、自由練習や試合における既習ルールや禁止事項を確認させ、危険な行為があった場合は中断して指導を徹底する。また、無理な体勢から技をかけたり、強引なかけ方をしないように徹底する。ねらい②の段階では、試合における正規のルールを十分に理解させ、体格や習熟度を考慮した対戦相手を選ばせる。絞め技や関節技は、技能レベルに応じて取り扱いに注意させる。また、自由練習や試合では勝敗のみにこだわらないように十分留意する。

6 学習指導の手順と具体の評価規準

ここでは、モデルとなる第6ステージの単元計画に従い、具体的な学習指導の手順とそれに対応した具体の評価規準を示している。双方を参考にして、学習過程の評価を次の学習指導に生かすようにする。

※具体の評価規準の「評価の観点」の◎は特に重視する観点を示す。

●はじめ 50分×1時間の流れ

ステージの導入として、オリエンテーションを行い、得意技を磨き、生涯にわたって柔道に親しむ資質や能力を養うための学習の道すじを理解させ、そのための班編成や学習資料の使い方を説明する。次に、体ほぐしの運動を楽しみながら、班員の仲間意識や学習への動機付けを高めていく。

単元区分		学習内容と指導手順	指導・支援のポイント
学習Ⅰ	はじめ 50分×1	1. オリエンテーション ・学習のねらいと道すじを理解する ・学習の進め方を知り、学習の見通しを立てる ・生涯スポーツの理念に立った、自主的な班単位の学習活動を理解する ・班編成、活動計画を作成する ・班ノート、個人ノートの使い方を理解する 2. 体ほぐしの運動 P145参照 ・体ほぐしの運動の具体例を参考に、生徒が自由に運動を選択し、やり方を工夫できるようにする。また、以後の授業の導入として活用できるようにする	◎学び方（学習の進め方や活動の仕方）を説明する。特に事故防止の観点から、安全面に配慮した行動を徹底する ◎生涯にわたって柔道に親しむために、試合観戦など、柔道を見て楽しむための課題を設定する ◎各自の課題を明確にし、共通の課題をもつ者同士で班編成ができるようにする

●なか① 50分×4時間の流れ

自由練習や試合を中心に授業を展開し、今ある力で柔道を楽しめるようにする。毎時間10～15分程度、かかり練習や約束練習で得意技の復習を行い、その後、自由練習や試合を行う。その中で、自己の課題（初段を取得するにはどうすればいいかなど）を把握させる。

単元区分			学習内容と指導手順	指導・支援のポイント
学習Ⅱ	なか① 50分×4	ねらい①	1. 既習技の復習 ・自分の得意技を中心に復習をする 　例）かかり練習：10回×3～5、約束練習：5回×3～5、 　　　自由練習：2分×3～5 2. 試合①（試合Ⅲ P221参照） 　例）体格を考慮してグループをつくる 　　　グループの中で試合を行う 　　　試合時間：2分、判定基準：有効以上、 　　　抑え込み時間：25秒で一本、20秒で技あり、15秒で有効 3. 課題の把握（自己評価・相互評価の活用） 　課題例「どうすれば初段が取れるか」 ・班ミーティングや班ノート、個人ノートの記入で自己評価や相互評価を行い自分の課題をみつける	◎得意技ごとのグループで技を反復練習する ◎自分の得意技をより早くより正確にかけるようにする ◎今ある力で安全に試合を楽しめるようルールを設定する ◎試合を楽しむ中で、合理的に技をかけているか、相手の技を的確に防御しているかなどの課題をもたせ、より高いレベルの試合ができるようにする ◎班ノートや個人ノートなどを利用し、自己評価や相互評価から、自分の課題をつかむことができるようにする

◇ 「既習技の復習」の具体の評価規準

評価の観点	評価規準	学習指導へのフィードバック
関心・意欲・態度	礼儀正しい態度で、得意技を使って柔道を楽しもうとする	自分の得意技を磨く楽しみを経験させる
思考・判断	得意技を復習しながら、さらに磨きをかけるための工夫をしている	技の連絡変化や得意技をかける機会など、得意技を生かす課題を生徒自身に考えさせる
◎技能	自分の得意技を正確に、素早く、力強く身に付けている	かかり練習や約束練習を繰り返し行い、得意技の正確さ、素早さ、力強さを高めさせる
知識・理解	自分の得意技の磨き方を理解している	得意技を磨くための練習法を確認させる

◇ 「試合①」の具体の評価規準

評価の観点	評価規準	学習指導へのフィードバック
◎関心・意欲・態度	礼儀正しい公正な態度で、得意技を使って試合を楽しもうとする	試合の礼法を徹底し、今ある力で、精いっぱい試合を行い、得意技を使って全力を出すよさを経験させる
思考・判断	試合を楽しみながら、得意技をかける機会や技の連絡変化を工夫している	得意技をかけるタイミングや連絡変化のさせ方に目を向けさせる
技能	試合で使える得意技やその連絡変化を身に付けている	試合で得意技が生かせるように、正確さ、素早さ、力強さなど、得意技に磨きをかけさせる
知識・理解	既習のルールや審判法および課題の把握の仕方を理解している	試合の仕方やルール・審判法を復習し、確認させる

●なか② 50分×5時間の流れ

　技の系統性を利用して新しい技を身に付ける。毎時間、授業の前半は、「技の発展」として系統別にいくつかの技を学習する。後半は、生徒の選んだ技別に班編成を行い、生徒が互いに協力して得意技を磨き合うようにする。また、学習進度や学習意欲に応じて、試合を入れてもよい。

単元区分			学習内容と指導手順	指導・支援のポイント
学習Ⅱ	なか② 50分×5	ねらい②	1．技の発展 ◇絞め技　→十字絞め、送り襟絞め　P203～参照 ・襟のとり方の違いを利用して、同系統の技として練習する（絞め技系） ◇関節技　→腕がらみ、腕ひしぎ十字固め　P206～参照 ・腕のとり方の違いを利用して、同系統の技として練習する（関節技系） ・はじめは形を理解し、徐々に相手に抵抗してもらい、それを制するようにする 　　→7時間目の具体的な時案　P138参照 2．技の班別学習 ・得意技別、習熟度別、階級別に班編成を行う ・経験者や技の上手な者を見本とする ・かかり練習や約束練習を工夫して得意技に磨きをかける ・自由練習でいっそう得意技を高める 3．形の学習　P231～参照 ・生徒の技能レベルや目標とする段位に応じてグループをつくる ・状況に応じて取り扱う形を考慮する 　例）一般・初段受験者：投の形（手技・腰技・足技） 　　　弐段受験者：投の形（真捨て身技・横捨て身技） 　　　女子：柔の形	◎襟のとり方、腕のとり方、力を加えるポイントを指示する ◎一気に絞めたり、関節をきめたりしないように安全には十分配慮する ◎制し方と応じ方のポイントを一緒に理解できるようにする ◎ペア学習で技を磨き、トリオ学習で互いに確認できるようにする ◎技の上手な者を見本やアドバイザーとして活用する ◎得意技を磨くためには、練習方法を自ら考え、工夫させる ◎形の学習は、普段試合や自由練習で使用しない技を学んだり、技の合理性を学ぶうえで非常に役立つことを理解できるようにする ◎昇段のためには形の習得が必要であることを理解できるようにする

◇「技の発展」の具体の評価規準

評価の観点	評価規準	学習指導へのフィードバック
関心・意欲・態度	互いに協力して絞め技や関節技を身に付けようとする	絞め技や関節技を覚えることで広がる柔道の楽しさや奥深さを伝える
◎思考・判断	安全に配慮しながら、絞め技や関節技の合理的な練習法を工夫している	基本となる絞め技や関節技を発展させ、実際に使える絞め技や関節技を身に付ける手立てを示し、練習を工夫させる
◎技能	いくつかの絞め技や関節技を身に付けている	約束練習を繰り返し、絞め技や関節技を身に付けさせる
知識・理解	絞め技、関節技の安全で合理的なかけ方や練習法を理解している	「参った」の仕方や力の加減など、安全で合理的な学び方や練習法を確認させる

◇「技の班別学習」の具体の評価規準

評価の観点	評価規準	学習指導へのフィードバック
関心・意欲・態度	段位の取得やより高いレベルの柔道をめざして、互いに協力して得意技を磨き合おうとする	段位の取得など自分の目標に応じて、得意技が生かせるようにグループで協力させる
◎思考・判断	段位の取得など、各自の目標に応じて練習方法を工夫している	段位取得のポイントや課題を示し、そのための練習の仕方を生徒自身に考えさせる
技能	段位の取得に必要なレベルの得意技を身に付けている	かかり練習や約束練習を繰り返し、正確さ、素早さ、力強さなど、より高いレベルへと得意技に磨きをかけさせる
知識・理解	得意技の磨き方や発展の仕方を理解している	得意技を磨く練習法を確認させる

◇「形の学習」の具体の評価規準

評価の観点	評価規準	学習指導へのフィードバック
関心・意欲・態度	互いに協力して、自分の目的に応じた形を身に付けようとする	段位の取得など目的に応じて新しい形を覚える楽しさを味わわせる
思考・判断	目的に応じた形を習得するための練習の仕方を工夫している	目的に応じた形の選択やその学び方の手立てを示し、練習を工夫させる
技能	目的に応じた形を正確に習得している	同じ形の習得をめざす者同士でペアをつくり、繰り返し練習させる
◎知識・理解	形の意義や合理的な演じ方を理解している	形の意義や演じ方のポイントを確認させる

●なか③ 50分×4時間の流れ

これまでの学習の成果として、正規のルールに近い試合や形の発表会を楽しめるようにする。その際、試合や形を見るポイントなども示し、生涯にわたって柔道に親しむために観戦者としての課題も与えるようにする。

単元区分			学習内容と指導手順	指導・支援のポイント
学習Ⅱ	なか③ 50分×4	ねらい②	1. 試合②（試合Ⅳ P221参照） ・個人戦や団体戦など試合形式を選ぶ ・体格別や習熟度別に試合相手を選ぶ 　例）リーグ戦、トーナメント戦、勝ち抜き戦、点取り戦、体格別、習熟度別、段別 ・正規に近いルールと審判法 　例）試合時間：3分、判定基準：有効以上、 　　　抑え込み時間：25秒で一本、20秒で技あり、15秒で有効 　　　反則：「講道館柔道試合審判規定」または、「国際柔道連盟試合審判規定」の反則をもとに、生徒の実態に応じて、適用する 2. 形の発表会 ・同じ形を選んだ班ごとに発表する 3. 課題の把握（自己評価や相互評価の活用） 課題例 　「試合のかけひきをどう楽しむか？」 ・班ミーティングや班ノート、個人ノートの記入で自己評価や相互評価を行い、これからの自分の課題をみつける	◎正規のルールに近い試合を楽しめるよう安全には十分配慮する ◎正規のルールに準じて行うが、事故防止の観点から、使用してもよい技に制限を加えることも必要である（例：授業で学んだ技のみとする） ◎試合者としての課題だけでなく、試合を観て楽しむ、観戦者としての課題をもつことができるようにする ◎形を演じる楽しさだけでなく、観る楽しさも伝える ◎班ノートや個人ノートなどを利用し、自己評価や相互評価から、自分の課題を把握できるようにする

◇「試合②」の具体の評価規準

評価の観点	評価規準	学習指導へのフィードバック
関心・意欲・態度	得意技を生かして、正規に近い試合を楽しもうとする。さらに、仲間の試合観戦を楽しもうとする	得意技を中心に思い切って技をかけさせ、精いっぱい試合を楽しませる。また、楽しみ方のヒントを示し、試合を観させる
◎思考・判断	正規に近いルールの中で、どのようにすれば試合を楽しみ、また、その観戦を楽しむことができるか工夫している	絞め技や関節技の活用など正規のルールを生かす課題をもたせる。また、試合前の心理面など、観る立場から試合観戦のポイントを示す
技能	正規に近い試合で生かせるしっかりとした得意技を身に付けている	正規に近いルールでも得意技が生かせるように、かかり練習や約束練習で、さらに技に磨きをかけさせる
◎知識・理解	正規のルールや審判法および課題の把握の仕方を理解している。また、試合観戦のポイントを理解している	正規の試合の仕方やルール・審判法、楽しみ方を確認させる

◇「形の発表会」の具体の評価規準

評価の観点	評価規準	学習指導へのフィードバック
◎関心・意欲・態度	互いに協力して形を見せ合い、アドバイスをしながら、形の演技を楽しもうとする	仲間の演技を観たりアドバイスを聞いたりすることで、形の演技を楽しむ経験をさせる
思考・判断	発表を楽しみながら、互いに適切なアドバイスをして、形の演技を高めようと工夫している	形を観て楽しむ立場で課題や工夫を考えるようにさせる
技能	全体の流れが途切れなく演技できる形を習得している	仲間のアドバイスを参考に、形を反復練習させる
知識・理解	形の意義や合理性を理解している。また、形の習得のための練習の仕方を理解している	なぜ形を学ぶのか、形の意義や合理性、練習の仕方を確認させる

7 学習指導の時案

ここでは、「第6ステージ15時間中の7時間目」の学習指導の具体的な展開例を示している。技の系統性を利用して、関節技を身に付け、班別学習で自分のめざす形を学ぶことをねらいとしている。また、指導と評価の一体化を図るために、学習活動に対応した評価の観点を示している。これを参考に、学習過程の中で、生徒の活動状況を適宜評価し、次の学習指導に生かすようにする。

本時のねらい	技の系統性を利用して、新しい技（腕がらみ・腕ひしぎ十字固め）を学ぶ。さらに生徒のめざす段位や興味・関心に応じて形を学ぶ	配当時間	第6ステージ 15時間中の7時間目

	学 習 活 動	指導・支援の留意点	評価の観点
はじめ 10分	1. 整列、あいさつ ・正座　・黙想　・座礼 2. 本時の学習内容の把握 3. 準備運動と体ほぐしの運動 4. 受け身 ・後ろ受け身（移動を利用） ・前回り受け身	・礼法や姿勢を確認する ・本時の学習内容について説明する ・生徒の健康観察を行う ・見学者に学習の補助と見学のポイントを指示する	・伝統的な行動の仕方が身についているか （関）
なか 35分	5. 関節技 ・腕のとり方の違いを理解し、同系統の技として学習する ・腕がらみ→腕ひしぎ十字固め 6. 形の学習 ・生徒の技能レベルや取得する段位に応じてグループをつくり、学習する 7. 自由練習 　2分×5セット	・はじめは形を理解させ、徐々に相手に抵抗してもらいそれを制するようにする ・一気に力を入れないよう、安全には十分配慮させる ・制し方と応じ方を一緒に理解させる ・少ない力でより合理的にきめるためには何が大切か考えさせる ・段位をとるなど目標に応じて実施する形を決める ・動きをよく理解し、全体の流れが途切れずできるようにする ・安全確認と実施上の注意を促す ・相手の技をしっかり防御するよう指示する	・技の系統性を理解して、練習しているか （知） ・関節技のポイントを理解し、練習の仕方を工夫しているか （思） ・互いに協力して自分のめざす形の習得に取り組んでいるか （関） ・形の動きを理解し、途切れず形を演技できるか （技）
まとめ 5分	8. 整理運動 9. 整列、あいさつ ・本時の学習活動の反省、次時の課題 ・正座　・黙想　・座礼	・生徒の健康観察を行う ・本時のまとめをする ・次時の課題を指示する ・礼法、姿勢を確認する	・本時の課題を達成できたか （4観点）

※（関）：関心・意欲・態度、（思）：思考・判断、（技）：技能、（知）：知識・理解

8 学習資料

　ここでは、第6ステージの「試合②」で扱う学習資料の具体例を示している。正規に近いルールでレベルの高い試合が楽しめるよう、試合が終わった後に、この分析カードに記入し、自分の課題をより的確につかむようにする。このように、緻密な試合分析を行うことで、段位取得や生涯にわたって柔道に親しむ資質や能力を養う。また、学習の自己評価・相互評価を行い、これまでの学習の総まとめとし、これからも柔道に親しむきっかけをつくる。

試合の分析カード

＿＿年＿＿組＿＿番　氏名＿＿＿＿＿＿＿＿＿＿　平成＿＿年＿＿月＿＿日 記入

試合数＿＿＿勝＿＿＿負＿＿＿引き分け

項目	+ 　　　　　　　　　　－
◇情意面（関心・意欲）	5　4　3　2　1
落ち着いて冷静だった	5　4　3　2　1
不安や恐怖心はなかった	5　4　3　2　1
やる気や自信に満ちていた	5　4　3　2　1
集中していた	5　4　3　2　1
楽しさや喜びを感じた	5　4　3　2　1
◇技能面	
技を積極的にかけることができた	5　4　3　2　1
得意技で投げることができた	5　4　3　2　1
技を連絡してかけることができた	5　4　3　2　1
相手の技を防御できた	5　4　3　2　1
投げてから固め技に移ることができた	5　4　3　2　1
固め技でしっかり制することができた	5　4　3　2　1
◇体力面	
相手に組み負けしなかった（筋力）	5　4　3　2　1
スタミナはあった（持久力）	5　4　3　2　1
相手のスピードや勢いに負けなかった（瞬発力）	5　4　3　2　1
◇学び方（思考・判断）	
自分の課題を解決する方法を考えた	5　4　3　2　1
自分の目標に向かって、さまざまな工夫をした	5　4　3　2　1
◇協力（態度）	
係の分担や仕事を協力してできた	5　4　3　2　1
お互いに、アドバイスし合いながらできた	5　4　3　2　1
◇知識・理解	
柔道に対する知識や理解が深まった	5　4　3　2　1

分析結果　→　→	→　→　　自分の課題

仲間からのアドバイス　　サイン　（　　　　　）

選択制授業における学習ノート

▶ 3年・女子

11月29日 月曜 授業 2時間目

授業内容とポイント

- 後ろ受け身 10回
- ストレッチ→柔道風うで立て→腹筋系統
- 前転系、後転系→すばやくうしろ受け身→前まわり受け身
- 2人組みで技のかけあい（3つの技の復習）
- メリ技（大外、大内、小外、小内）
- 大外メリ → 1、2のタイミングで左足を相手の横へ出し右足でメル
　その時手でひきつけないと大外返しをうけるので気をつける
- 大内メリ → 1、2、3のタイミングで右足、左足をそろえて出し、右足でうちがわからかける。
- 小外メリ → よくわからなかったが、足払いのようなもの 左足でメリにいく
- 小内メリ → 相手の腰が引けている状態で、内側から外に払う。手のつかい方がポイント
- メリ技のかけ合い・・・手をたててつけないように気をつける きちんと受け身
- 2人組でなんでもいいからかける
- 寝技
- 乱取り（背合わせから1分×1本）

感想・質問など

今日は、楽しかった。体落としにいくふりをしてメリ技をかけたのがうまくかかったのでうれしかった。臨機応変に対応し、その場にふさわしい技をかけるのと、なにかにこだわって一本それだけをかけるというのと、どっちの方がいいのですか？（→どっちもいい）
あと、技をかけながら手をつかうのが、手の方を少しはやくつかうのがよくわからないのですが、それは技によってちがうのですか？
今度はぜひ先生と組み手をしたいので、その際はよろしくお願いします。

（欄外書き込み）
→これが本質だと思うが
→これも口でがあってよい
表現はむずかしいが手を動かして相手の動きを察する そしてその動きに応じた技を出す。

第3章

柔道の技とその学び方

第1節　基礎知識
第2節　体ほぐしの運動
第3節　基本動作
第4節　技の練習法
第5節　投げ技
第6節　固め技
第7節　技の連絡変化
第8節　防御の仕方
第9節　試合の仕方

第1節
基礎知識

柔道の技を学習する前に、まず「礼」の意味とその方法、柔道衣の扱い方を基礎知識として学習する必要がある。

1 礼法

柔道は、本来激しい格闘形式の技術で成り立っている。そして、相手がいて初めてその技術を表現できる。柔道を学ぶ者は常に相手に敬意を表し、尊重し、また自分も常に謙虚で、冷静でなければならない。礼法は、そのような気持ちを形で表現したものである。技術の上達とともに、人間性の向上をめざすことも大切なことである。

礼法には立礼と座礼があり、座り方と立ち方の作法も同時に練習すれば効果的である。

《立礼》　　　　　　　　　　　　　　　　　　《座礼》

▶座り方と立ち方
座るときは左足から座り、立つときは右足から立つ（左座右起）。座る途中、立つ途中は、つま先を立てる

かかとをつけ、肩の力を抜いて立つ。背筋を伸ばし、約30度前に倒す。手は指をそろえ、膝頭の上まで下げる。ひと呼吸（約4秒）で元に戻す

■礼に始まり礼に終わる
練習中や試合中は激しく格闘していても、その前後に礼をすることで、その行動にけじめをつけることの意味がある。静から動へ移り、そして静に戻る。

足の親指を重ね、肩の力を抜き、両膝を少し開き（こぶし2つ）座る。臀部がかかとから離れないように背筋を伸ばし、背中と頭部が水平になるように体を倒す。手は大腿部から自然に前におろし、「ハ」の字につく。ついた指先の間隔は6cm、ついた手と膝の間隔は20cm、畳と頭の間隔は30cmをめどにする

2 柔道衣の扱い方

　柔道衣は日本の着物の要素を運動技術の道具として採用している。お互いの技術向上のために正しく着用し、また常に清潔に保つ必要がある。

1 柔道衣各部の名称

　柔道衣各部の名称を把握することは、技能の理解、ルールの理解に必要である。

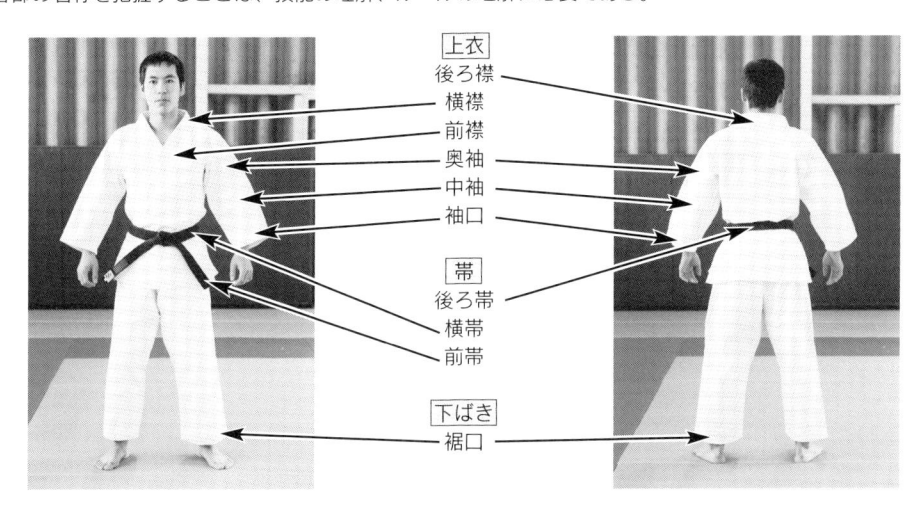

上衣
- 後ろ襟
- 横襟
- 前襟
- 奥袖
- 中袖
- 袖口

帯
- 後ろ帯
- 横帯
- 前帯

下ばき
- 裾口

2 柔道衣の条件

　柔道衣は審判規定で次のように定められている。同じ条件で試合などを行うためである。しかし、授業や普段の練習においては緩やかに考えてもよい。

❶上衣
　身丈は帯を締めたとき、臀部をおおう程度。袖の長さは、最長で手首の関節までとし、最短で手首の関節から5cm短いものとする。袖の空きは、袖全長にわたって袖と腕の間が10～15cmあること。

❷下ばき
　長さは、最長で足首の関節までとし、最短で足首の関節から5cm短いものとする。空きは全長にわたって脚との間が10～15cmあること。

❸帯
　上衣のはだけるのを防ぐために、適度な締め方で腰部を2回りして結んで、その結び目から両端まで20cm程度の余裕のある長さのものであること。

※注：女子は、上衣の下に半袖、丸首の白色のシャツを着用する必要がある。

3 柔道衣の着用

　練習中や試合中に乱れないように、美しく着用する必要がある。

《上衣》左側を上にして重ねる　《下ばき》ひもを横に引っ張り、前で結ぶ（ひも通しのあるほうが前）

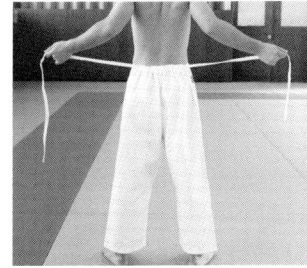

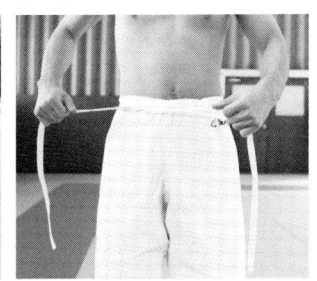

第1節 基礎知識　143

4 帯の結び方

帯が解けると上衣が乱れる。試合では「待て」となり、練習では結び直しをしなければならなくなり、時間のロスになる。解けないように正しい結び方を身に付ける必要がある。

❶ 2本まとめて下から上に通す

❷ 結び目が横長になるようにする

❸ 固結びとする

5 柔道衣のたたみ方の例

持ち運ぶときはバッグなどに入れる。また、汗をかいたときはすぐに乾燥させること。

❶ 上衣の上に半分に折った下ばきをのせる

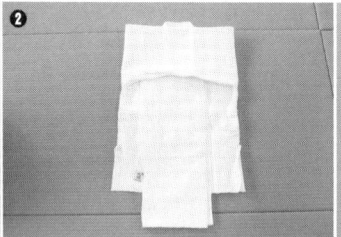

❷ 袖を折る

❸ 外側を折る

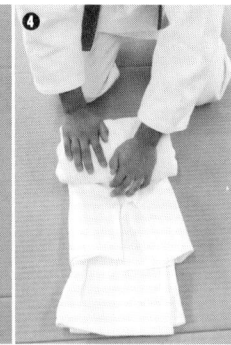

❹ 上のほうから巻く

❺ 下を折り曲げる

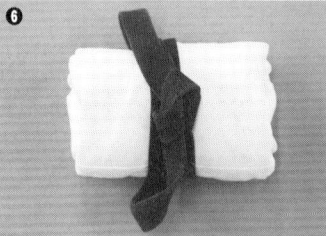

❻ 帯で結ぶ

第2節
体ほぐしの運動

ここでは柔道の学習の導入として、①自分や仲間の体と心の状態に気付く、②体の調子を整える、③仲間と交流することなどをねらいとした「体ほぐしの運動」の例を示す。

それぞれのステージの「はじめ」の部分で、体ほぐしの運動例を生徒に示し、生徒自身にやり方や新しいバージョンを工夫させ、以後の授業の導入として準備運動と関連付けながら取り入れるようにする。

ここで留意すべきことは、機能の向上や体力の向上とは直接関連付けないことである。体ほぐしの運動そのものを楽しむことができるようにすることが大切である。結果として、生徒自身がいろいろな気付きをする。

▶地蔵倒し
倒れる人は体を硬直させ、キャッチする人は近い距離から始める

▶ジャンケンおんぶ
ジャンケンで負けたチームの人が馬になる

▶ケンケン相撲
試合場などを利用して、ケンケンで押し合い、場外に押し出す

▶足跳び越し
相手の出した足を跳び越す

▶根っこ引き抜き
座った姿勢で互いに腕や足を絡め合い、鬼の人がそれを引き離す

▶しっぽタッチ
しっぽの人をタッチする

▶バランス崩し
2人または数人で押したり手を引き合って、バランスを崩し合う。帯などを使ってもよい

▶メリーゴーランド
相手をかかえて回す

第3節
基本動作

　運動技術のすべてに基本があるように、柔道にも基本がある。それらをおろそかにすれば、技術の上達は望めないばかりでなく、傷害にもつながる。たとえば、受け身ができなければ、投げ技の練習の能率は上がらない。基本動作の練習そのものは面白味に欠けることから、指導法を工夫することで、興味・関心をもたせるようにすることが大切である。

1 投げ技の基本動作

　投げ技の基本動作は、①姿勢と組み方、②進退動作、③崩しと体さばき、④受け身に分類される。しかし、それらは個々にあるのではなく、すべて対人的技能（技）との関連の中で成立している。初歩の段階では個々に練習することも必要だが、徐々に一連の動きの中で練習していけば、合理的で効果が上がる。
　ここでは基本動作を「体落とし」を例にあげて説明する。
※注：攻撃するものを「取」、防御するものを「受」という。

■体さばき、崩し、作り、掛けの関連
　体さばきにより相手を崩し（相手を作る）、体さばきにより自分が技を掛けやすいように自分を作り、技を掛ける。

《姿勢と組み方（右組み）》　《進退動作（すり足）》

お互い右組みになり（①）、すり足で移動をする（②③）

《崩し（真ん前）》　《体さばき（後ろ回りさばき）》　《受け身（前回り受け身）》

受が押してきたとき、取はその力を利用して受を真ん前（右前すみ）に崩し（④）、左足後ろ回りさばきで体落としをかけた（⑤）。受は投げられて、前回り受け身をした（⑥）

1. 姿勢と組み方

1 姿 勢

柔道の学習において、姿勢を正しく保つことは次の点から大切なことである。
①技を正しくかけることができる。
②相手の技に対して素早く対応することができる。
③疲労が少ない。
　柔道の基本姿勢には、「自然体」と「自護体」がある。

《自然体》効果的に動くことができ、相手の動きに素早く対応でき、安全な姿勢である。自然体には、自然本体、右自然体、左自然体がある。

▶右自然体　　▶自然本体 　　▶左自然体

▶自然体での攻撃の例
（送り足払い）

▶自然体での防御の例
（体落としを前さばきで）

《自護体》
　相手が技をかけてきたとき、足を開き、重心を落とした防御姿勢である。いつまでもこの姿勢でいるのではなく、すぐに自然体に戻ることが大切である。
　自護体には、自護本体、右自護体、左自護体がある。

▶右自護体　　▶自護本体 　　▶左自護体

▶自護体での防御の例
（体落としを防御）

2 組み方

　柔道は相手と組んで初めて技をかけることが可能になる。さらに自分が技をかけやすい組み方をしないと、技の効果が減少する。組み方は相手の姿勢や体の大きさで変化することもあるが、基本的には相手と自然体で向き合い、一方の手で相手の袖、他方の手で相手の襟を握る。

▶基本的な組み方
（右自然体同士）

▶基本的な組み方
（右組み対左組み）

▶襟と袖の握り方

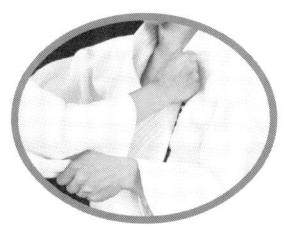

親指が相手の鎖骨に触れる位置（前襟）を握る。相手の中袖を柔道衣の縫い目も含んで握る

練習のポイント

- 柔道衣を握るときは、小指のほうに力を入れ、親指は軽く握る。
- 技をかけるときや相手の技を防御するときに力を出せるように、普段は柔らかく握る。
- 初心者を投げるときは、手をつかないように必ず袖を握って投げる。
- 得意な組み方ばかりでなく、反対での組み方や、後ろ襟を握る組み方も練習する。

第3節 基本動作

2. 進退動作（移動の仕方）

相手を崩すときや相手に崩されようとしたとき、また相手の動きに応じるためには、常に適当な足幅と重心の安定が必要である。そのためには「すり足」での「歩み足」「継ぎ足」の練習が必要である。

❶すり足
足の裏が畳から大きく離れないように、軽く親指の付け根（拇指球）をするように歩く。

❷歩み足
足の移動の仕方は普通の歩き方だが、少し足幅が広くなる。歩み足で真横への移動はできない。

❸継ぎ足
一方の足が他方の足を越さないよう、前の足に後ろの足を継ぐ歩き方。

> **練習のポイント**
> - 速く歩くときは、かかとを畳につけない。
> - 前後左右だけではなく、回転（円運動）して動く練習もする。
> - 足だけを動かすのではなく、腰を先に動かす気持ちで進退動作をする。

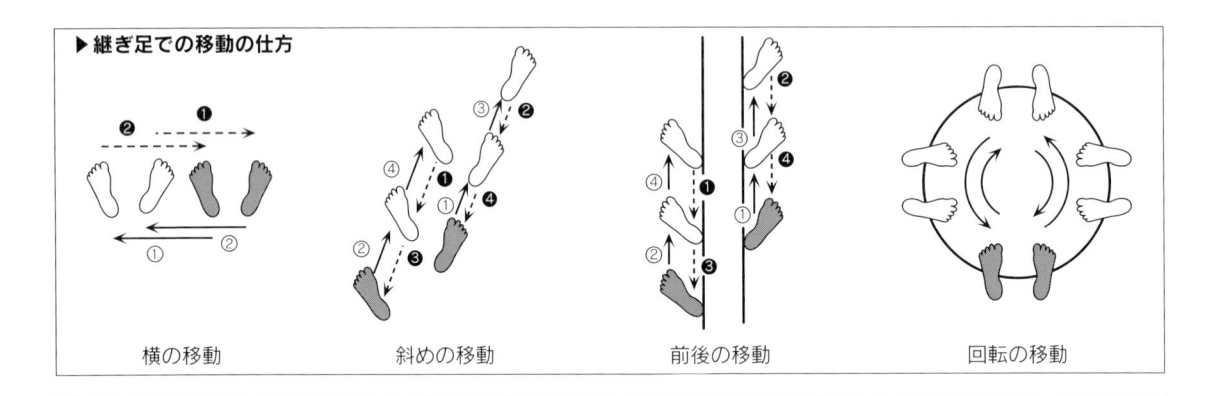

▶継ぎ足での移動の仕方

横の移動　　斜めの移動　　前後の移動　　回転の移動

3. 崩しと体さばき

1 崩し

相手を押したり引いたりして、安定している重心を移動させ、相手の体を剛体（一本の棒のように）にし、自分の技がかかりやすいようにすることを「崩し」という。
崩しの方向は円周の方向に無数にあるが、基本的には「八方向」で練習する。また、平面の崩しだけではなく、上下に崩す方法もある。

> **練習のポイント**
> - 相手を崩しても、自分の体勢が安定していなければ崩しの意味がない。
> - 崩すためには、できるだけ短時間で崩さないと相手が反応することになる。

▶八方向への崩し

右後ろすみ　真後ろ　左後ろすみ
右横　　　　　　　　左横
右前すみ　真ん前　左前すみ

▶崩しの例（前に崩して背負い投げ）
崩された場合、受はつま先立ちになり、防御が困難になる

▶崩れていない例
受は腰を落として防御できる

「押さば引け、引かば押せ」
相手の力が強く、たとえば 10 の力で押してきたとき、自分は 1 の力で素早く引けば、すなわち 11 の力で引いたことになり、相手が崩れる。相手が引いた場合はその逆である。

2 体さばき

自分が相手を崩して不安定な姿勢にし、技をかけやすくしたり、相手が技をはずすために体を移動したりすることを「体さばき」という。相手を投げるために必要な条件はまず「崩し」であり、その崩しにはスムーズな体さばきが必要になる。

基本的な体さばきには、「前さばき」「後ろさばき」「前回りさばき」「後ろ回りさばき」がある。

▶自然本体

	▶右足前さばき	▶左足後ろさばき	▶右足前回りさばき	▶左足後ろ回りさばき
体さばき①				
体さばき②				
施技の例				
体さばきの図	右足を踏み込んで、膝車をかける	右足の向きを変えて、膝車をかける	相手の前に右足、左足と踏み込み、向きを変え、背負い投げをかける	相手の前で左足、右足と向きを変えながら引き出し、背負い投げをかける

第3節 基本動作　149

4. 受け身

　投げ技における「一本」の判定は、「技をかけるか、または相手の技をはずして、相当の勢い、あるいははずみでだいたいあおむけに倒したとき」と規定されている。ゆえに、練習の主な目的は相手を畳の上に勢いをもって転倒させることであり、この目的のために投げ技の技術を磨いていく。しかし、この練習の過程で、けがをしたり、投げられることが苦痛になったりすると、お互いにその目的の達成が困難になる。

　柔道の練習は、まず倒れる方法を練習する必要がある。この方法を「受け身」という。「受け身の上手な者に技の下手な者はいない」「投げられて強くなれ」などと言われるように、受け身の練習を積めば投げられることに不安がなくなり、練習が積極的になり、技術の向上が著しく高まることになる。受け身の練習は、初心者のみならず熟練者にも必要であり、「受け身をとる」という謙虚な姿勢の習得にもつながる。

　投げられるとき、その方向を大別すると、後ろ、横、前の3方向になり、それぞれの場面で、安全に体を守る方法として基本的に行われるのが、「後ろ受け身」「横受け身」「前受け身」「前回り受け身」である。

《受け身の理》
① 投げられたとき、腕あるいは足で畳を打つ（たたく）ことにより、体の受ける衝撃を減じる。
② 投げられたとき、体を円運動の理に沿って丸くすることにより、衝撃を分散させる。
③ 投げられたとき、腕あるいは足で畳を打つ（たたく）ことにより、体に適度な緊張を与え、関節を保護する。

《受け身の練習の順序》
- 静止した姿勢から徐々に移動を伴う（遅→速）。
- 低い姿勢から徐々に高い姿勢に移行する（低→高）。
- 緩やかなたたき方で方法を覚え、しだいに強くたたく（弱→強）。

1 後ろ受け身

　大内刈り、大外刈り、小内刈りなどで投げられたときの受け身である。日常生活において、後ろに倒れる場面は少なく、また加速度のついた頭の重さを首で支えることはとても難しい。後頭部を打撲しないように数多く練習する必要がある。また初心者の段階ではとっさの場面で手を一番先につくことがあり、これは手首や肘の傷害につながるので十分留意する必要がある。

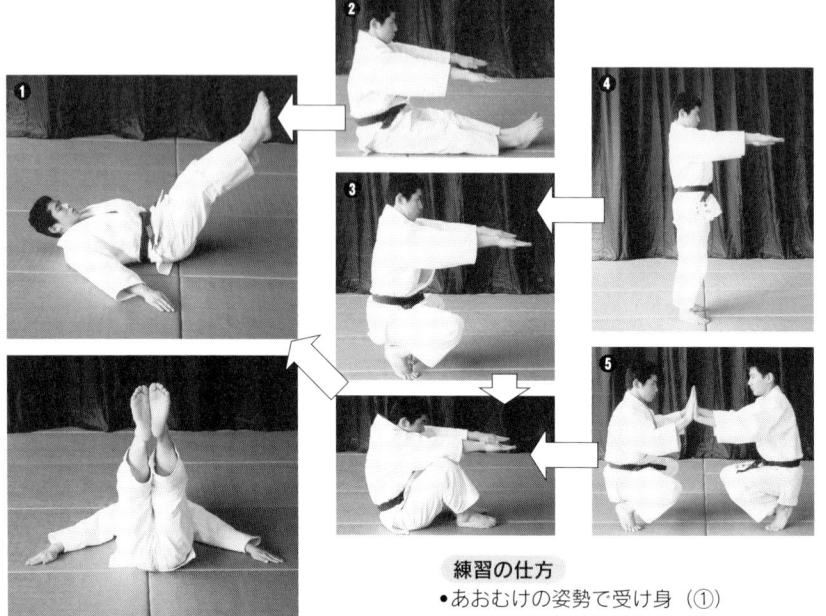

受け身のポイント
- あごを引き、後頭部を畳につけない
- 手のひらを下にして、腕全体で畳をたたく
- 両腕と体の角度は約30度とする
- 畳をたたくときにタイミングよくあごを引く
- 腹筋に力を入れたままにする

練習の仕方
- あおむけの姿勢で受け身（①）
- 長座の姿勢から受け身（②）
- 中腰の姿勢から受け身（③）
- 中腰での受け身を対人で（⑤）
- 立位の姿勢から受け身（④）
- 立位の姿勢から後ろに移動して受け身
- 立位での受け身を対人で
- 対人で技を使って

▶ 後ろ受け身の例

陥りやすい欠点とアドバイス
❶頭を畳につく→
　畳をたたくときに帯を見る
❷肘をつく→
　腕の力を抜き、たたくタイミングを遅らせる
❸後方に回転しそうになる→
　腹筋に力を入れ、つま先を天井方向に伸ばす
❹手の甲でたたく→
　手のひらでたたく
❺腕と体の角度が広すぎる→
　体との角度を約30度にする

2 横受け身

　送り足払いや出足払いなどで側方へ倒れる場合にとる受け身である。横受け身は、次の3つの場合がある。
Ⓐ送り足払いでは足が上方へ上がった後、腕と足で畳をたたく、前回り受け身の最後の形でもある。
Ⓑ出足払いでは足が上方へ上がったまま腕だけで畳をたたく。
Ⓒ送り足払いは払われた足と反対側の腕で畳をたたく。
　基本の受け身とともにいろいろな横受け身の練習をする必要がある。

受け身のポイント
（ⒶⒷⒸに関して）
・背中をつかないように、体を横向きにする
・腕と体の角度は約30度とする
・頭は畳につけず、あごを引き、たたく手を見る
（Ⓐに関して）
・足は自然に伸ばし、膝をわずかに曲げる
・かかとで畳を打ったり、足を交差させない
・両かかとの間隔は、立ち上がったときに自然本体になる広さにする
（ⒷⒸに関して）
・足はそろえて、上方に上げる

▶横受け身の例（出足払いをかけられて横受け身）

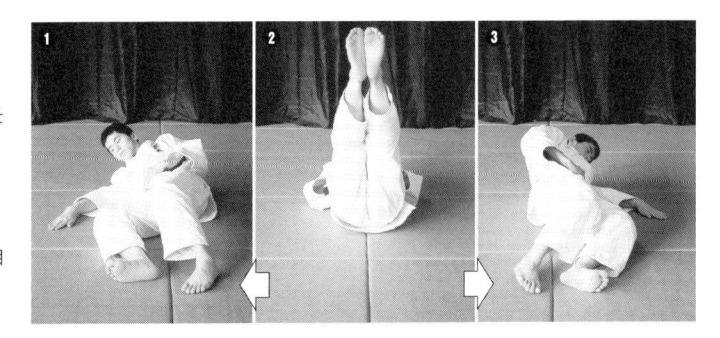

練習の仕方
(Ⓐの場合)
- あおむけの姿勢から横を向き、受け身
- あおむけの姿勢から足を上方に上げ、おろしながら横を向き、片方の腕と両足で受け身 (①〜③)

(Ⓑの場合)
- 長座の姿勢から受け身
- 中腰の姿勢から受け身 (⑤〜⑦)
- 立位の姿勢から受け身 (④〜⑦)
- 立位での受け身を対人で行う

(Ⓒの場合)
- 中腰の姿勢から体を反転させて受け身 (⑤⑥⑧)
- 立位の姿勢から体を反転させて受け身 (⑦)
- 立位での受け身を対人で行う (④〜⑧)

陥りやすい欠点とアドバイス
❶ 足が広すぎる→
　約20cm開く
❷ 足が伸び切っている→
　膝を軽く曲げる
❸ 上げた足がばらばらで、力が入らない→
　両足をそろえて上げる
❹ たたく腕が広すぎる→
　体側から約30cmのところをたたく

❸ 前受け身

　背負い投げや払い腰などをかけようとして前方につぶされたり、相手の引き手が不十分で前方に倒れたりしたときに、顔面や胸腹部を保護するための受け身である。また、日常生活においても前方に倒れることがあるので、大切な受け身である。

受け身のポイント
- 前腕全体でタイミングよく畳をたたく
- 肘のみをつかないよう、また、胸を打たないように両肘の広さを加減する
- 胸腹部を打たないように、腹筋、背筋の力を抜かない

練習の仕方
- 伏臥の姿勢で、前腕を「ハ」の字にして体を支える
- 両膝つきの姿勢から受け身 (①〜③)
- 中腰の姿勢から膝を伸ばして受け身
- 立位の姿勢から受け身

▶前受け身の例（背負い投げをかけようとして、前につぶされて前受け身）

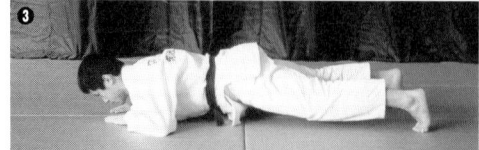

4 前回り受け身

　体落とし、背負い投げ、大腰などの手技、腰技で投げられたとき、多くの場合この受け身を必要とするため、受け身の集大成とも考えられる。後ろ受け身や横受け身と違い、ほとんどの場合、投げられるときに両足が畳から離れ、体が空中に浮いた後に畳に落下する。その際、体を丸くし、畳をたたくことによって、投げられた衝撃を分散、吸収させる。円運動を理想的に運動の実践に表現している。そのような意味でひとつの技と考えてもよい。

▶前回り受け身の例
（背負い投げをかけられて前回り受け身）

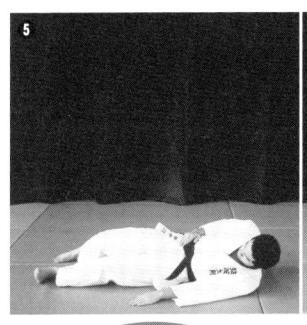

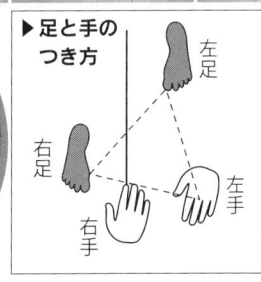

▶足と手のつき方

受け身のポイント
- 右足を1歩前に出し、左手を右足、左足を底辺とした正三角形の頂点につく（③）
- 右手の指を内側に向け、左手の横につく（③）
- 右肘、右肩を前に出しながら、右手のひらを支点にして、両足を真上に蹴り上げる（④）
- 回転して、両足、左腕同時に畳をたたく（⑤）

練習の仕方
- あおむけの姿勢で片腕と両足で畳をたたく練習（フィニッシュの姿勢・横受け身）
- 立位姿勢から回転して受け身（①～⑤）
- 片膝をついて回転して受け身（⑥）
- 両足踏み切りで受け身（⑦）
- 障害物を跳んで受け身（⑧）
- 立位姿勢から2、3歩移動し回転して受け身
- 立位姿勢から2、3歩移動し回転して受け身をした後、立ち上がり、自然本体になる
- 対人で投げられて受け身

陥りやすい欠点とアドバイス

❶ 手の甲をつく→
　手首を痛めるので、手のひらをいったん畳につけた後、回転させる
❷ 右受け身のときに左足が出る→
　体が交差して右肩を痛めることがあるので、立った姿勢で右足を出す練習を繰り返す
❸ 前転になる→
　あごを左肩につけ、右肘、右肩を意識して前に出す
❹ 横転になる→
　右手のひらを畳にしっかりとつき、両足を大きくけり上げる
❺ 両足を交差する→
　寝た姿勢で横受け身の練習を繰り返す
❻ 右膝を立てて受け身をする→
　寝た姿勢で横受け身の練習を繰り返す
❼ 両膝を立てて受け身をする→
　寝た姿勢で横受け身の練習を繰り返す
❽ 膝が伸び切ってかかとを打つ→
　寝た姿勢で横受け身の練習を繰り返す

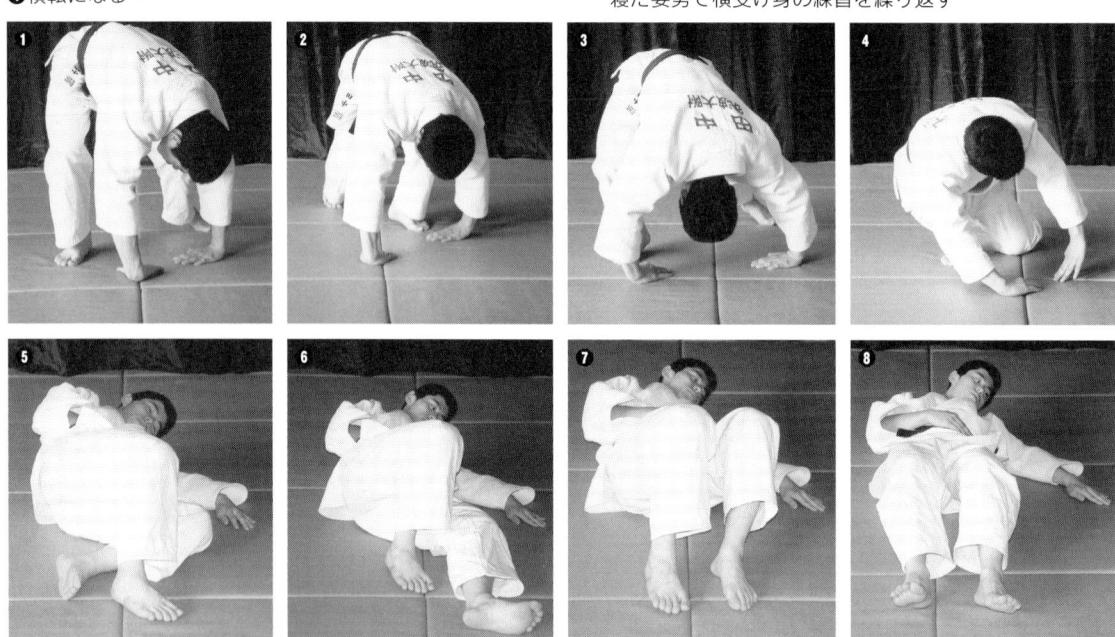

コラム　前受け身は腕立て伏せ？

　前受け身の指導については、本書でも示しているように、技をかけたり、技をかけられたりして前方に倒れたとき、前腕全体でタイミングよく畳をたたくとなっている。これが今日の一般的な指導法である。

　しかし、嘉納治五郎師範が柱道の指導書として著した唯一の「柔道教本」(昭和6年)では、前受け身の指導は、まさに今いうところの腕立て伏せそのものである。「前の受身とは前に倒れる練習で、手のつき方が大切である。（略）手の指が略々45度の角度で、内を向けて地につくようにすれば、肘関節も順に曲り、怪我（略）はない。この練習には先ず俯伏になり、両手は指を45度位の角度で内に向けて地に附け、足は爪立って肘関節を（略）伸ばしたり、（略）曲げたり、幾度も繰返すのである。」として前受け身の練習法を示している。腕立て伏臥腕屈伸そのものである。

　これでわかる通り、嘉納治五郎師範の指導する前受け身は前腕部で打つのではなく、手のひらで打つ方法である。この間の指導上の歴史的な経緯は今後の課題である。

2　固め技の基本動作

　投げ技では、姿勢と組み方、進退動作、崩しと体さばきなど基本動作の学習が必要なように、固め技においても、基本動作が大切である。柔道の試合は投げ技から開始されるが、固め技に移行するチャンスは常にあるといえる。そのチャンスをたくみにとらえ、相手の攻防に対して動きと力を合理的に使い、相手を制するその技能は、投げ技で一本をとったときの喜びとはまた違った喜びが生まれる。固め技は、練習すればその成果は投げ技よりも早く、着実に身に付くといわれる。

　ここでは、基本動作を「攻撃に必要な基本動作」と「防御に必要な基本動作」に分けて説明するが、それらは必ずしも明白に分類できるものではなく、攻撃、防御双方に使用されることが多い。

1. 主として攻撃に必要な基本動作

1 基本姿勢

相手の上から攻撃する場面と、下から攻撃する場面があり、その基本姿勢は違う。

《上から攻撃するとき》
▶基本姿勢　　▶応用

片膝を畳につき、一方の膝を立てる。両膝をつくときもある

《下から攻撃するとき》
▶基本姿勢　　▶応用

背中の一部を畳につけ、頭を上げて、手足を曲げた姿勢をとる

2 体を開く

通　称
腰きり

ねらい
抑えているときに、相手の動きに応じて腰、足を移動して、バランスをとる。

動作の説明
両足を開いた腕立て伏せの姿勢から腰をひねり、足を腹部の前に通して軸足の外側におき半身になる。あるいは、足を背中のほうに上げ、回して半身になる（①②）。

技との関連

- けさ固めや横四方固めで足を絡まれているときに抜く（③）。
- 横四方固めで抑えているときや相手が後ろ帯を持ち返しにきた（通称：テッポウ返し）とき、この動作を行いバランスをとる（④）。
- 横四方固めで抑えているときや相手に足を絡まれそうになったとき、この動作を行い防御する（④）。

陥りやすい欠点
- 腰が高く安定していない
- 両足が十分に開いていない

第3節 基本動作　155

❸ 体を反らす

通 称
すり上げ

ねらい
（横・上・崩れ上）四方固めで抑えるときの、主に上半身の強化

動作の説明
両足を開いた腕立て伏せの姿勢から腰を後ろに引き、腕を十分に曲げながら、胸が畳にするように上体を前に出して、胸を反らす（①②）。

技との関連
（横・上・崩れ上）四方固めで抑えるときの、バランスのとれた姿勢である（③）。

陥りやすい欠点
- 腕が曲がらず、胸が畳をすらない（腰だけおろす）

❹ 脇を締める

通 称
伏臥前進

ねらい
（横・上・崩れ上）四方固めで抑えるときの、主に上半身の強化

動作の説明
両足を開いた伏臥姿勢から両腕を伸ばす。伸ばした腕を固定させ、脇を締めながら腕を曲げ、体を引きつけて前進する（①）。また、その姿勢から左右に移動する（足の親指を使う、③）。

技との関連
（横・上・崩れ上）四方固めで抑えるときの上半身の強化と、相手の帯を握り、胸を張った余裕のある姿勢をつくる（②）。また相手が防御で移動したときに、より適切な位置を保つ。

陥りやすい欠点
- 脇が締まらない
- 前進するときに腰が上がる

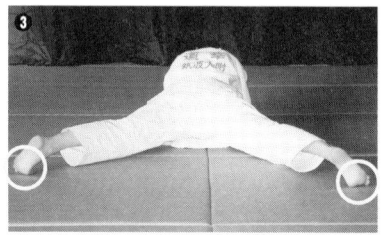

2. 主として防御に必要な基本動作

1 体を横にかわす〈1〉

通称
えび

ねらい
- 仰臥姿勢のとき、側方から攻めてくる相手に対する体のさばき方の習得および強化。
- 相手のけさ固め、横四方固めに対して、防御として、通称テッポウ返しをするときの基本的な動き。

動作の説明
仰臥姿勢から両足を臀部のあたりに引きつけ、同時に両脇を締め、背中を丸め横を向いた姿勢になる。その姿勢から一気に体を伸ばし反転して同じ姿勢になる。その動作を繰り返す（①〜③）。

技との関連
- 自分が仰臥姿勢のとき、側方から攻めてくる相手に対して、相手から遠ざかったり、足を絡んだりするときに用いる。
- 抑えられているときに丸くなり、うつぶせになったり（④⑤）、その反動で返したりする（⑥⑦）。

陥りやすい欠点
- 背中が畳につきすぎて移動できない
- 足を畳から離すので、体の力が空回りして移動できない

2 体を横にかわす〈2〉

通称
逆えび

ねらい
仰臥姿勢のとき、頭部または側方から攻めてくる相手に対する体のさばき方の習得および強化。

動作の説明
仰臥姿勢から両足と肩を使い、両腕を上方へ押し上げながら、えびのように跳ねて移動する（①）。

技との関連
自分が仰臥姿勢のとき、頭部または側方から攻めてくる相手に対して、相手から遠ざかるときに用いる（②）。

陥りやすい欠点
- 背中が畳につきすぎて移動できない
- 足を畳から離すので、移動できない

第3節 基本動作　157

3 体を反らす〈1〉

通 称
ブリッジ

ねらい
抑えられたときの返しの強化。

動作の説明
仰臥姿勢から両足と頭部で体を支え、胸、腹を上方へ上げる（①）。慣れるまでは両手で支える。

技との関連
（上・崩れ上）四方固めで抑えられたときにその抑えに対し、相手との間にすき間をつくり逃れる、返すなどをするときの一動作（②③）。

陥りやすい欠点
- 頭部で支えず、背中の上部で支えてしまう

4 体を反らす〈2〉

通 称
肩ブリッジ

ねらい
抑えられたときの返しの強化。

動作の説明
仰臥姿勢から両足と一方の肩、および頭部で体を支え、胸、腹を斜め上方に上げる（①）。

技との関連
けさ固めで抑えられたときに、反対側に返すときに用いる（②③）。

陥りやすい欠点
- 頭部が畳につかず、胸腹部が上がらない
- 肩と足だけのブリッジになる

5 脚を伸ばす

通 称
脚蹴り

ねらい
足側から攻めてくる相手に対する防御。

動作の説明
仰臥姿勢から膝を胸につけるように膝を曲げ、かかとに力を入れ、交互に両脚を押し伸ばす（①②）

技との関連
- 仰臥姿勢で足側から攻められたとき、相手の腰付近に自分の足を当てて攻めさせないようにする（③）。
- 仰臥姿勢で足側から攻められたとき、相手の上体を引きつけ、側方へ返すときに用いる（④）。

陥りやすい欠点
- 足首が直角にならず、伸びるので力が入らない

つま先を横に向けて伸ばしてもよい

6 脚を回す

通称
脚回し（内回し、外回し）
ねらい
足のほうから攻めてくる相手に対する防御。
動作の説明
仰臥姿勢から膝を曲げ、膝を支点にして下腿部を旋回させる（①）。
技との関連
- 仰臥姿勢のとき、足のほうから両膝を握り、体をさばいて攻めてくる相手の手を、脚を回旋することにより、はずしたり、さばいたりする（②）。
- 仰臥姿勢で足のほうから攻められたとき、相手の上体を引きつけ、側方へ返すときに用いる。

陥りやすい欠点
- 脚全体に力が入り、回旋がなめらかにいかない

7 脚を交差させる

通称
脚交差
ねらい
足のほうから攻めてくる相手に対し、相手を側方に返す。
動作の説明
仰臥姿勢から両脚を上げ、交差させながら腰をひねる（①②）。
技との関連
仰臥姿勢で足のほうから攻められたとき、相手の上体を引きつけ、側方へ返すときに用いる（③④）。
陥りやすい欠点
- 膝が曲がり、力が入らない
- 脚の開きが小さい

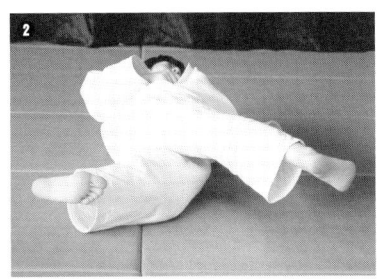

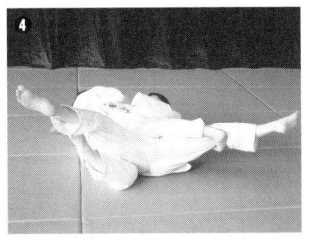

8 脚を上下させる

通称
スコップ
ねらい
足のほうから攻めてくる相手に対し、相手を側方に返す。
動作の説明
2人組みの仰臥姿勢から相手を引きつける。両足首、膝を曲げ、相手の両膝裏に当て、上下させる（①）。

技との関連
仰臥姿勢で足のほうから攻められたとき、相手の上体を引きつけ、側方へ返すときや引き込み返しのときに用いる（②③）。
陥りやすい欠点
- 相手を引きつけていない

3. 簡単な攻め方と返し方

1 相手があおむけの場合の攻め方

あおむけの状態の相手を上から攻める場合は、相手の脚を制して、自分の体を相手の体の横につけることが重要である。その後、素早く相手の上体を制し抑え込みに入る。

《基本姿勢》
腰を落とし、上体は起こす。相手の下ばきを握り、こぶしを膝の内側に当て、脚を制する

❶両脚をさばいて抑える
両手で相手の膝頭付近の下ばきをわしづかみにして相手の脚の動きを止め（①）、素早く移動して制する（②③）

❷片脚をさばいて抑える
相手の片脚を手と脚で制しながら（①）、体を横に移動させて抑え込みに入る（②③）

❸両脚をかついで抑える
両手で後ろ帯をとり、引き上げて相手の腰を浮かし（①）、上体で圧迫しながら相手の胸に自分の胸を合わせて抑え込みに入る（②③）

2 相手がうつぶせの場合の攻め方

相手がうつぶせで体を丸くして防御しているときは、腕を制しながら相手の体を伸ばすようにして抑えることが大切である。

❶体側のほうから抑える
相手の胸腹部の下を通して向こう側の上腕を両手で握り（①）、引っ張りながら胸で圧迫し（②）、横転させて抑え込む（③）

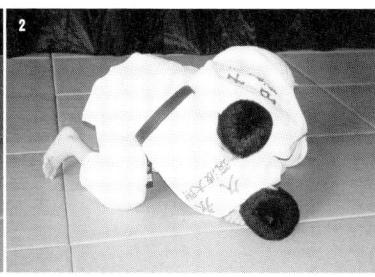

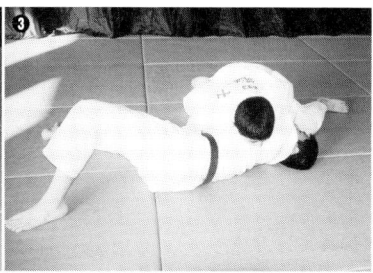

❷頭のほうから抑える
右手は後ろ帯を握って相手の上体を制し（①）、左腕は肩、脇に引っかけて左側に体をさばきながら相手の腕をこじあけるようにし（②）、胸を合わせて抑え込む（③）

❸背中のほうから抑える
相手に馬乗りになり（①）、両腕で相手の脇の下から前襟を握り横転させ（②）、あおむけにして腕を制しながら抑え込む（③）

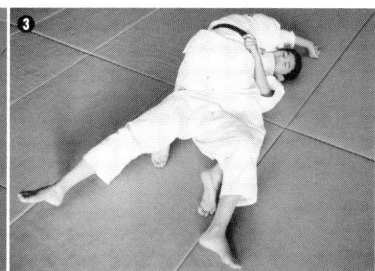

> **技のポイント**
> 相手に足を絡まれた場合は、まず相手の上体を制し、あいている足と手を使って、絡まれている足を一気に抜いて抑え込みに入る。
>
> **受の立場から**
> あおむけの状態で上からの攻めに応じるためには、あおむけの場合の基本姿勢をとり、常に足が自由に使えるように練習をして相手の動きに応じることが大切である。

3 返し方

互いに向かい合っている状態で、上から攻めてくる相手に対しては基本姿勢で相手を引きつけ、頭を下げさせ、足を積極的に使って返す練習を心がける。

《基本姿勢》
上体を起こし、背中、腰を全部畳につけないようにする。両手は相手の同じ側の袖と後ろ襟を握って胸のあたりに引きつけ、足は相手の膝の裏や腰に当てて相手の動きを制する

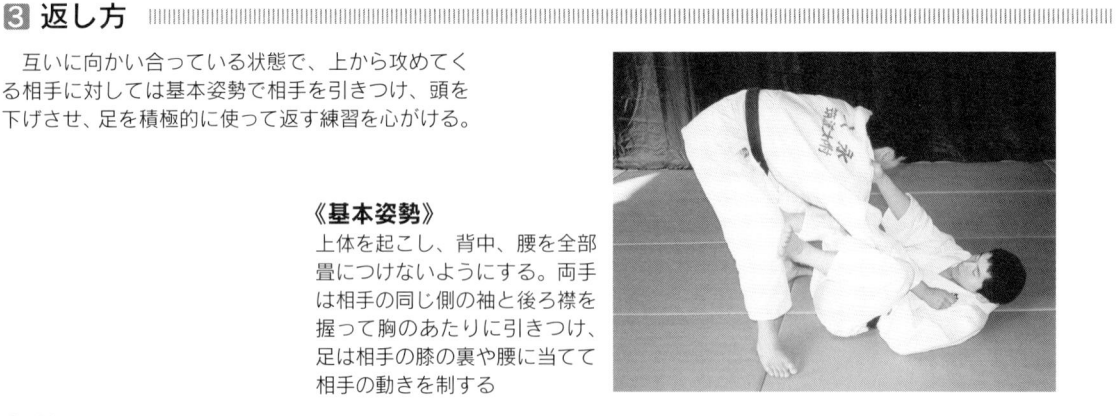

❶側方に返す
相手を引きつけ、左足で相手の右膝を蹴り（①）、右足の甲を膝裏にひっかけて返す（②③）

❷後方に回転して返す
肩越しに相手の後ろ帯をとり（①）、引きつけて足の甲で跳ね上げながら後方に回転し（②）、返して抑え込む（③）

❸相手の後方へ返す
相手を引きつけて相手が後ろに下がろうとするとき、左手を相手の右足のかかとに、右足を相手の左腰に当て（①）、左足で相手の左足を刈り（②）、倒して抑え込む（③）

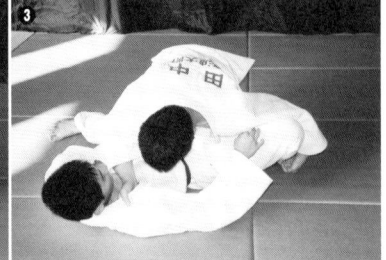

技のポイント
上に述べた下からの攻撃を受けないように、腰を高くしたり、頭を重心より下げたりしないことである。また、不用意に相手の帯より前に首や手を出したり腕を伸ばしたりすると、絞められたり、関節技をきめられたりするので注意が必要である。

第4節
技の練習法

　ここでは各ステージの生徒の技能レベルに応じた、具体的な技の練習法を示している。生徒が得意技を身に付ける道すじを理解し、班やグループで互いに協力しながら、柔道の伝統的な練習法を活用して得意技を身に付けることができるようにする。

1.「技の練習法」の考え方

❶ 得意技を身に付ける道すじ

　初めに基本となる技をいくつか身に付け、その技の系統性を利用して新しい技を学んでいく。練習した技の中から、自分のかけやすい技を選び、その技に磨きをかけて得意技としていく。

```
基本技              →    選択技              →    得意技
基本となる技を学ぶ         自分のかけやすい技を選ぶ      自分に合った技を磨く
```

❷ 技の磨き方

　柔道には伝統的な技の練習法がある。こうした技の練習法を身に付け、仲間と協力して自分の得意技に磨きをかける。

```
かかり練習           →    約束練習            →    自由練習
（打ち込み）                                      （乱取り）
```

かかり練習（打ち込み）	約束練習	自由練習（乱取り）
技に入るまでの動作を繰り返し練習することで、技の入り方や形を身に付ける	約束した動きの中で、実際に投げる感覚やタイミングを身に付ける	かかり練習や約束練習で身に付けた技を、実際の攻防の中で使えるようにする

2. ステージ別「技の練習法」

❶ 第1ステージ～第2ステージ

《かかり練習》
　基本となる技を中心に、崩しや体さばきなど、基本動作を意識しながら、正確に技に入る動作を繰り返す。この段階では、その場でかけることを基本とするが、出足払いなど、技によっては移動を利用したほうがよい場合もある。

留意点
　正しい姿勢で組み、肩や腕に無駄な力を入れない。受の姿勢にも注意を払う。

回　数
　（3～5回）×3～5セット

その場で反復して（背負い投げ）正しい姿勢で

第4節 技の練習法　163

《約束練習》
　動きを利用して正確に技に入り、投げる動作を繰り返す。この段階では、移動の範囲を2〜3歩に制限して、技に入る感覚やタイミングをしっかりと身に付けるようにする。
　留意点　動く方向や歩数などを約束して、無理のない動きから技に入り投げる
　回　数　（1〜3回）×3〜5セット

《自由練習》
　かかり練習や約束練習で身に付けた技を互いに自由にかけ合う。この段階では、約束練習の延長として、相手の動きや技に合わせて、自ら投げられて受け身をとることも大切な練習であることを理解させる。
　留意点
①体格差のない者と正しく組んで行う。
②学習した技のみを使う。
③積極的に技をかけ合うことをねらいとし、腕を突っ張ったり、腰を引いたり防御の体勢にならないようにする。
④投げられたら自分から受け身をとるようにし、相手にぶらさがったり、手や肘をついたりしない。
⑤投げられたらすぐに立ち上がる。
⑥抑え技は、あおむけ、うつぶせ、背中合わせなど、練習開始の体勢を指定する。
　回　数　（1〜2分）×3〜5セット

約束練習では相手を動かして投げる

2 第3ステージ〜第4ステージ

《かかり練習》
　ある程度の技が身に付いたら、自分に合ったかけやすい技を中心に、より正確に技に入る動作を繰り返す。この段階では、同じ技を繰り返し練習して、正確さやスピードが身に付くようにする。また、動きを利用することで技の入り方の幅を広げる。
　留意点　正しい姿勢で組み、肩や腕に無駄な力を入れない。正しく技がかかるように受も協力する。
　回　数　（5〜10回）×3〜5セット

《約束練習》
　相手の動きを利用して正確に技に入り、投げる動作を繰り返す。この段階では、自由練習や試合の場面を想定して、いくつかの動きのパターン（相手が前に出てくるとき、相手が後ろにさがるときなど）をつくり、技に入る感覚やタイミングをしっかりと身に付けるようにする。
　留意点　いくつかの動きのパターンを約束して練習する。受が動きをリードする。
　回　数　（3〜5回）×3〜5セット

《自由練習》
　自分に合ったかけやすい技を中心に積極的に技の攻防を行う。この段階では、防御よりも攻撃に重点をおき、勝ち負けを意識せず、自分の技をしっかりと磨くことを理解させる。
　留意点
①できるだけ体格差のない者と正しく組んで行う。
②学習した技のみを使う。
③積極的に技をかけ合うことをねらいとし、腕を突っ張ったり、腰を引いたりというように、防御の体勢にならないようにする。
④投げられたら自分から受け身をとるようにし、相手にぶらさがったり、手や肘をついたりしない。
⑤投げてから抑え技に移る場合は、一気に体をあびせないようにする（いったん膝つきの姿勢になってから抑え技に移る）。
⑥抑え技は、抑えに入るまでに重点をおき、一定時間抑えたら、練習開始の体勢から再び始める。
　回　数　（2〜3分）×3〜5セット

●受の協力
　かかり練習や約束練習を行うとき、技の上達は受に左右されることが多い。正しい姿勢で相手の技をしっかり受けることが大切である。
　ここでは陥りやすい欠点を示す。

①腕を突っ張らない→
　肩や腕の力を抜く

②腰を引かない→
　自然本体で構える

③上体をひねらない→
　下腹部に力を入れて、体がねじれないように受ける

3 第5ステージ〜第6ステージ

《かかり練習》

得意技を中心に、より正確に、よりスピーディに、より力強く、技に入る動作を繰り返す。この段階では、特に、刈る、かつぐ、もち上げるなど、技に力強さが加わるように全力で反復練習を行う。また、パワー、スピード、バランス感覚を養うために、1人打ち込みや3人組での打ち込みを取り入れてもよい。

留意点 正しい姿勢で組み、肩や腕に無駄な力を入れない。受は取が全力で技をかけてきても姿勢が崩れないように、しっかりと受ける。

回数 （10〜20回）×3〜5セット

- 1人打ち込み——技のイメージをもって、1人で反復練習をする
- 3人打ち込み——取は本気で投げるつもりで技に入り、それを2人で受けとめる。技の力強さをつける

《約束練習》

得意技に入る機会や連絡変化の動きを約束して練習を行う。この段階では、得意技が自由練習や試合でかかるように、実戦的な動きを想定して技に入る感覚やタイミングをしっかりと身に付けるようにする。

留意点 得意技を中心に、技の連絡変化の動きを約束して、実際の動きに近い形で練習する。

回数 （5〜10回）×3〜5セット

▶一人打ち込み

足払い　　背負い投げ　　大内刈り　　大外刈り

《自由練習》

得意技を使い、全力を出して練習できるようにする。また、体格や技能レベルの異なる相手とも、安全に留意して実力に応じた練習ができるようにする。この段階では得意技を磨くために、できるだけタイプの異なる相手と数多く練習することを心がける。

留意点
①異なる体格の相手とも正しく組んで行う。
②得意技を積極的にかける。
③ただがむしゃらにかけるだけでなく、返し技など相手の技を利用することや合理的な防御の仕方も考える。
④絞め技、関節技を使う場合は、相手の状態をよく見て、無理なきめ方をしない。

回数 （2〜3分）×5〜10セット

📖コラム　相手の技能に応じた自由練習の3つの方法

◇**自分より技能が高い相手との自由練習（捨て稽古）**

自分より技能の高い相手との練習は、相手の胸を借りるつもりで、防御より攻撃に重点をおき、自分から積極的に技を仕掛けていく。ただし、無理な技をかけたり、無駄な動きをすることなく、理にかなった正しい姿勢、体さばき、かけ方で練習することが大切である。

◇**自分と同等の相手との自由練習（互角稽古）**

自分と同等の相手との練習は、技能や精神の面からも、最も効果的な練習が期待できる。勝負にこだわることなく、攻防を一体として、自分の得意技を存分に仕掛け合い、最善を尽くすことが大切である。

◇**自分より技能が低い相手との自由練習（引き立て稽古）**

自分より技能が低い相手には、その技能程度に応じて、相手に技を仕掛ける機会を与えるなど、相手を引き立てる気持ちが必要である。それは手加減ではなく、相手の「すき」をついて投げることで「すき」のあることを教えたり、相手がよいタイミングで技を仕掛けてきたら、それが本当によいタイミングだったと相手が実感できるような投げられ方をするなど、練習の中で互いが学び合えるようにすることが大切である。このように相互の技能に応じて適切な練習ができるようになって初めて、本当の意味での自由練習ができたといえる。

コラム 柔道ルネッサンス

　今、講道館と全日本柔道連盟の合同プロジェクトですすめている「柔道ルネッサンス」について紹介する。

　趣旨に示されているように、単なる勝敗を争うだけが柔道ではない。勝敗の結果だけを重視するがために、いわゆる勝利至上主義になり、嘉納治五郎師範の理想とした人間教育が忘れ去られているとの反省に立ち、その復興をめざした活動、それが柔道ルネッサンスである。

　組織と主な活動については表の通りであり、平成13年以降、正しい柔道の発展をめざした諸活動が行われている。

> 趣旨
> 　21世紀を迎え、柔道の競技スポーツ化がより進行し、益々その国際的広がりを見せている。先のミュンヘンに於ける世界柔道選手権大会では、アフリカ大陸のチュニジアが、中近東のイランが、それぞれ初の金メダルを獲得した。我が国発祥の柔道は、国際的スポーツとしてその地歩を固め、もはや、ある特定の国々のみが高い競技力を誇るという時代は過去のものとなりつつある。
> 　柔道がこのように普及してきた理由は、競技としての魅力だけでなく、創始者嘉納治五郎師範の位置づけられた柔道修行の究竟の目的である「己の完成」「世の補益」という教育面が、世界の人々に受け入れられたことに拠るものと思われる。師範は競技としての柔道を積極的に奨励する一方、人間の道としての理想を掲げ、修行を通してその理想の実現を図れ、と生涯を懸けて説かれた。
> 　講道館・全日本柔道連盟は、競技としての柔道の発展に努力を傾けることは勿論、ここに改めて師範の理想に思いを致し、ややもすると勝ち負けのみに拘泥しがちな昨今の柔道の在り方を憂慮し、師範の理想とした人間教育を目指して、合同プロジェクト『柔道ルネッサンス』を立ち上げる。その主目的は、組織的な人づくり・ボランティア活動の実施であり、本活動を通して、柔道のより総合的普及発展を図ろうとするものである。
> 　　　　　　　　　　　　柔道ルネッサンス実行委員会

〔表1〕柔道ルネッサンスの主な活動

第1委員会	人づくり・キャンペーン活動 ・柔道を通しての人づくり活動 ・柔道ルネッサンスのキャンペーン活動
第2委員会	教育・推進活動 ・少年柔道教育活動 ・正しい柔道推進活動 　（美しい柔道・無理のない柔道） ・指導者教育
第3委員会	ボランティア活動 ・クリーンアップ活動 ・柔道ボランティア活動
第4委員会	障害のある人たちとの交流活動 ・大会会場のバリアフリー化 ・障害に応じた体育活動の環境整備 ・パラリンピックの支援

〔図1〕柔道の試合会場に掲示されている標語

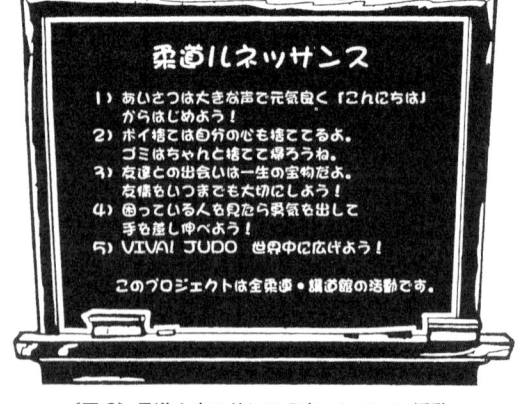

〔図2〕柔道ルネッサンスのキャンペーン活動

第5節
投げ技

　柔道の技には、「投げ技」と「固め技」がある。投げ技は技をかけるときの体勢で、「立ち技」と「捨て身技」とに分類できる。立ち技は、さらに、どの部位で力を使っているかによって「手技」「腰技」「足技」に分類することができる。捨て身技は、体の捨て方の方向によって、「真捨て身技」と「横捨て身技」に分類される。

　審判規定での投げ技の一本の判定は、「技を掛けるか、または相手の技をはずして、相当の勢い、あるいははずみでだいたい仰向けに倒した時」である。

　投げ技の習得には時間がかかるが、相手が誰であれ、自分の技がかかったときの喜びは大きい。そのためには、基本動作の、崩しや体さばきによる合理的な力の使い方を繰り返し練習する必要がある。体の大きい者や力の強い者が、小さい、力の弱い者を投げることはそれほど難しいことではないかもしれないが、そこにも技の理合いに合致したものがなければ技とは言えない。逆に、技の理合いに合致した動きができれば、小さい者、力のない者でも、大きい者、力の強い者を投げることができる。そこまでいくためには練習が必要になってくる。かかり練習や約束練習を繰り返し、合理的な美しい投げ技を身に付けたい。

1 手技

1. 体落とし
受を前すみに崩し、右足を受の前に踏み出し、右手の釣りと左手の引きをさらにきかせて投げる

1 基本のかけ方

右足を軽く踏み込みながら、受を前すみに浮かすように崩す（①）。崩しを保ったまま、左足を回し込む（②）。受が崩れて右足を出した瞬間、右足を前へ踏み出す（③）。右膝を伸ばし、両手をきかせて前方に引き落とす

《受の協力》

- 取の腰に密着しないよう、姿勢を保つ（取の体さばきを容易にする）
- 目線を前方に保つ（体がねじれて、取が投げにくくならないように）
- 右脇を開ける（取の引き出しを補助する）
- 右足に重心を移し、これを軸に回転する（取の踏み出した右足につまずくように）

2 練習の仕方

《単独の練習》

❶体さばきの練習（その1）
- 畳の線を利用して、「イチ、ニ、サン」のタイミングでリズミカルに体さばきができるように練習する。

❷体さばきの練習（その2）
- 後ろにさがりながら、「イチ、ニ」のタイミングの後ろ回りさばきで、足さばきと上体の使い方を練習する。

《2人組の練習》

● **両手の使い方と崩し、体さばきを理解する（初歩の段階の導入例）**
・受に右膝をつかせ、左手は水平に、右手は釣る感じで、左足後ろ回りさばきで、自分を中心に相手を回すようにして前方に崩す（①～③）
・受を崩す感じがわかってきたら、右足を受の前に出し、体落としに近い形で転がすように倒す。

3 技をかける機会

❶ 受が前へ出てくるとき
受が押してくるのに合わせて、さがりながら素早く左足後ろ回りさばきで技をかける

❷ 横へ動くとき
取は引き手の方向に動きながら、左足を大きく踏み出し、側方へ受を引き出してかける

❸ あおって受が上体を伸ばしたとき
両手を強く下方に引き下げ、受が元の姿勢に戻ろうとするのに合わせて前上方へ引き出してかける

4 陥りやすい欠点とアドバイス

❶ 上体が左に傾きすぎる➡
・体重が右足にかかるようにさせる
・右肘を曲げて押させる
・右足先を内側に向けさせる

❷ 釣り手を右横に押しすぎである➡
・両肩を回すようにさせる

❸ 右肘が上がる➡
・肘を手首より上にあげないようにさせる
・脇を軽く締めさせる

❹ 腰にのせてしまう➡
・右手の押しを強くさせ、受をやや半身にさせる

❺ 相手に寄りかかる➡
・受を右前すみへ崩しながら技を施すことを強調する
・引き手を十分に引かせる

第5節 投げ技

2. 背負い投げ

受を前、または右前すみに崩して重心を低くしながら背負い、背中、肩を支点にして、右肩越しに回転させて投げる。双手（もろて）背負い投げと一本背負い投げがある

1 基本のかけ方

両手で受を前に浮かすように崩しながら、右足前回りさばきで受を背中全体でかつぐ（①②）。両膝を伸ばすと同時に、上体をひねりながら両手の引きつけをきかせて前方に投げる（③④）

《一本背負い投げ》

受の右肩を右腕で制して、肩越しに投げる（①②）

《受の協力》

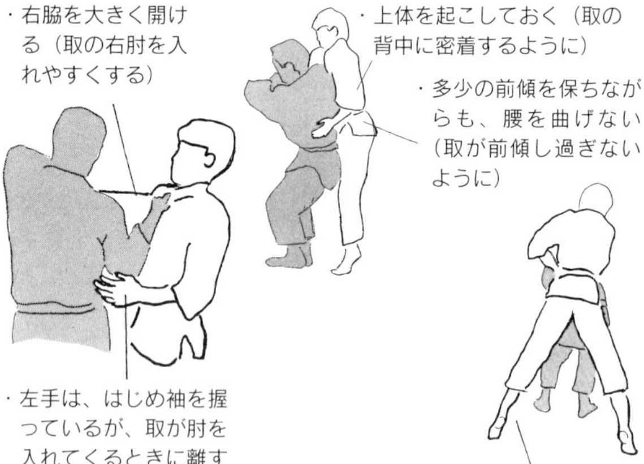

- 右脇を大きく開ける（取の右肘を入れやすくする）
- 左手は、はじめ袖を握っているが、取が肘を入れてくるときに離す（取の右肘が入りやすいように）
- 上体を起こしておく（取の背中に密着するように）
- 多少の前傾を保ちながらも、腰を曲げない（取が前傾し過ぎないように）
- 足は広めに構え、つま先だって取の背中にのっていく（取の体さばきを容易にする）

2 練習の仕方

《単独の練習》

❶体さばきと体の向きを変える感覚をつかむ練習
- その場で1～2回軽くジャンプをし、3回目は180度向きを変えて着地する。左右両方行う。
- 基本のかけ方の足さばきで体を回す練習を繰り返す。

❷左足を回し込む感覚をつかむ練習
- あらかじめ右足を前へ出しておき、右足に引き寄せるようにしながら上下動を十分使って左足を回し込み、後ろ向きになる。前かがみにならないように、腰と背をまっすぐに伸ばして行うことが大切である。手の動作をつけながら行ってもよい。

《2人組の練習》
●入る位置とかつぎの練習
　組まずに体さばきだけで行う。完全に後ろ向きになったら、受におぶさってもらい、背負う感覚をつかませる（1歩目の右足を相手の近くに踏み込みすぎない）。

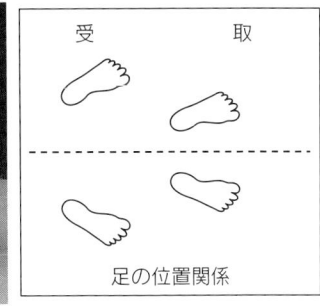

足の位置関係

3 技をかける機会

❶受を押し、止まったとき
受を押し、受が踏みとどまったところに、右足前回りさばきでかける

❷受が前へ出てくるとき
受が押してくる力を利用し、左足後ろ回りさばきでかける

❸あおって受が上体を伸ばしたとき
受を前方に引き下げ、元に戻ろうとするとき、右足前回りさばきで一気にかつぐ

4 陥りやすい欠点とアドバイス

❶左足を回し込めない。十分にかつげない➡
- 体さばきの練習を十分に行わせる
- 受の右脇があくように崩してから、体さばきを行わせる

❷前かがみの姿勢になる➡
- 技に入ったとき、頭を起こし、正面を見るようにさせる
- 受を前上方に浮かすように崩してから、体さばきを行わせる

❸腰を深く入れすぎる➡
- 受の真正面に体を回すようにさせる（おんぶができるような位置に入らせる）

❹膝が畳についた背負い投げになる➡
- 受が危険であることを理解させる

❺右肘が受の脇に入らない➡
- 受の右脇があくように、引き手を大きく引き上げてから、背負い投げをかけさせる

第5節 投げ技

2 腰 技

1. 大 腰　　受を前に崩し、右手で受の腰を抱き寄せて腰にのせ、前方に投げる

1 基本のかけ方

両手で受を前に崩しながら、右足を受の右足内側に踏み込んで前回りさばき（①②）。右腕を受の左脇下から差し入れ、腰を抱き寄せて自分の腰にのせ、膝のバネと両手をきかせて、前方に投げる（③④）。

《受の協力》
- 上体を起こしておく（取が前傾しすぎないように）
- 目線は前方に保つ（投げやすい姿勢を保つために）
- 右脇を開ける（取の引き出しを補助する）
- 足は広めに構える。自然体よりやや広く。取の腰にのるようにつま先立つ（取の前回りさばきを容易にさせる）
- 左下腹部で受ける（体がねじれて倒れないように）
- 左手は、初め取の袖を握っているが、取が脇に手を入れてきたら離し、袖の奥を握り直す（取の体さばきをスムーズにする）
- 足を開く（体がねじれないようにバランスを保つ）

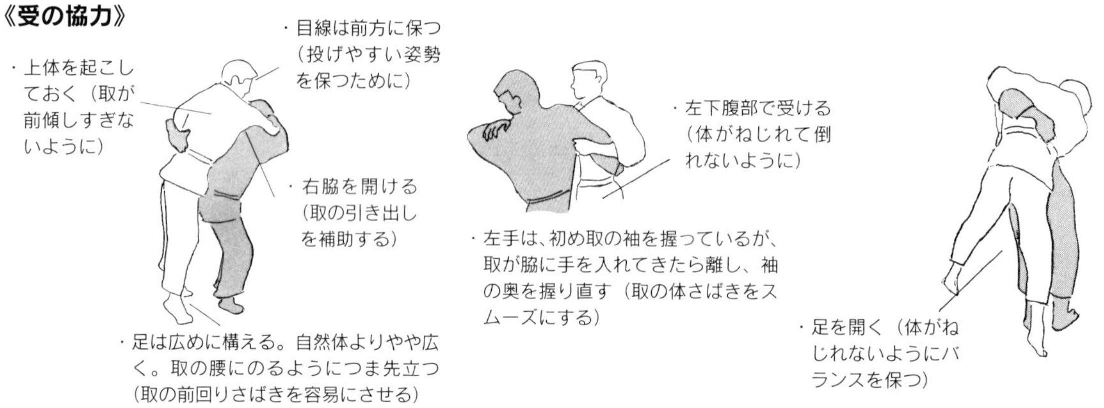

2 練習の仕方

《単独の練習》
畳の線を利用し、体さばきを理解する。

《2人組の練習》
❶受を腰に乗せる感覚を覚える
- 右手は帯を握ってもよいので、自分の腰に引きつけるようにしてのせる。
- 慣れてきたら、帯は握らずに右脇を締めて技を施す。
- 取が前かがみにならないように、受はもち上げられても上体を適度に反り、取に協力する。

3 技をかける機会

❶受を押し、止まったとき
受を押し、受が踏みとどまったところに、右足前回りさばきでかける

❷けんか四つの組み手のとき
けんか四つのとき、釣り手で受を背中のほうに回し込み、右足前回りさばきでかける

4 陥りやすい欠点とアドバイス

❶崩しが不十分である（相手に寄りかかってしまう）➡
- 受を真ん前にした状態から技を施させる
- 膝、足首を前方に適度に曲げさせる

❷引き手が不十分である➡
- 左手（引き手）を返させる
- 左手（引き手）の肘がほぼ水平になるように引かせる

❸腰の位置が浅すぎる（腰の入れ方が浅くなり、投げることができない）➡
- 引き手だけでかかり練習をさせる

❹足の幅が狭すぎる➡
- 足幅を肩幅程度に保たせる
- 組まずに右足前回りさばきの練習をさせる

❺腰が深く入りすぎる➡
- 自分の腰が相手の腰と重なるように注意させる
- 足の位置、腰の位置に注意させ、組まずに右足前回りさばきを練習させる

2. 釣り込み腰

受を前方に釣るように崩し、重心を低くし、腰を支点に、回転させて投げる

1 基本のかけ方

両手で受を釣るように前に崩しながら、受の右足内側に右足を踏み込んで右足前回りさばき（①②）。膝を十分に曲げ、受を後ろ腰に引きつけたまま、膝の伸ばしと上体の曲げ、両手をきかせて前方に投げる（③④）

《受の協力》

・右胸を取の右体側に合わせる（取の釣り込み動作を容易にする）
・上体を起こしておく（取が前屈しすぎないように）
・右脇を開ける（取の引き出しを補助する）
・目線は前方に保つ（投げやすい姿勢を保つために）
・取の釣る動作に合わせ、左手を取の右肘にのせる（取の右肘を釣り込みやすくする）
・左脇を開ける（取の右肘を入れる）
・足は自然体より広めに構える。取の腰にのるようにつま先立つ（取の前回りさばきを容易にする）

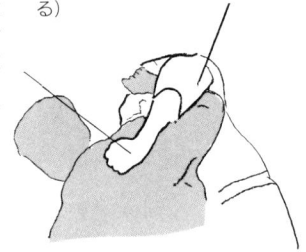

2 練習の仕方

《単独の練習》
●体さばきの練習
畳の線を利用したり、マークをつけて正確に素早く向きを変えることができるようにする。

足を引き始める 　　　肩が後ろに反りすぎないように

《2人組の練習》
●体さばき、崩しの練習
・組まずに、体さばきだけの練習を行う。
・釣り手だけで形をつくる練習を行う。

▶受の姿勢

▶体さばきのポイント

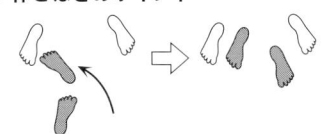

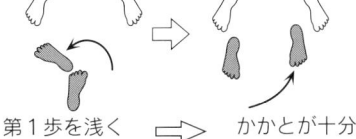

第1歩の踏み込みが深すぎると ⇒ 左足が残ってしまう〔悪い例〕　　第1歩を浅くすると ⇒ かかとが十分に回る〔よい例〕

受は腰を伸ばしてつま先立ち、崩れた姿勢で受ける

3 技をかける機会

❶受を押し、止まったとき
受を押し、受が踏みとどまったところに、右足前回りさばきでかける

❷受が前へ出てくるとき
受が押してくる力を利用し、左足後ろ回りさばきでかける

❸前へあおって、受が上体を伸ばしたとき
受を前方に引き下げ、元に戻ろうとするとき、右足前回りさばきでとびこんでかける

4 陥りやすい欠点とアドバイス

❶釣り手の肘が受の外側に出る➡
・釣り手だけの練習をさせる
・肘が左脇に入るようにさせる

❷体がくの字に曲がってしまう（腰の入れすぎ）➡
・1歩目の足（右足）の膝を十分曲げさせる

❸釣り込みが不十分で、後ろに崩れる➡
・右手を背中に回した形で腰にのせる練習（大腰など）を行い、釣り込みと腰にのせる感じを意識させる

第5節 投げ技

3. 払い腰

受を前、または右前すみに崩し、引きつけながら後ろ腰に密着させ、右脚で受の右脚を払い上げて投げる

1 基本のかけ方

右足前回りさばきで受を右前すみに釣るように崩す（①②③）。左足を回し込み、さらに崩しながら前に出てくる受の右脚を前方からすり上げるように払って投げる（④⑤）

《受の協力》
- 取の右胸にのっていく（取が右胸を密着させやすくする）
- 右足を前に出す（払われやすくなる）
- 両かかとを浮かす（払われやすくする）
- 右脇を開ける（取の引き出しを補助する）
- 右膝を伸ばす（払われやすくする）

2 練習の仕方

《単独の練習》
●軸足の向きに注意する
- 軸足のつま先が前方を向いていないということは、腰が十分に回っていないということである。正しい軸足の向きを確認するために、体さばきの練習を畳の線などを利用して行う。

《2人組の練習》
●上半身の引きつけを確認する
- 右手を受の後ろにそわせて腰を引きつけ、胸を密着させる感覚を覚える。慣れてきたら、右手を襟に持ち替える。

3 技をかける機会

❶受が押し返してくるとき
右足を踏み出しながら押し、受が左足、右足とさがった後、再び右足を踏み出すところへ、左足後ろ回りさばきでかける

❷前へあおって、受が上体を伸ばしたとき
受の体を引き落としながら前に崩した後、上体が起き上がるところへ、左足後ろ回りさばきでかける

4 陥りやすい欠点とアドバイス

❶ 釣り手の手首が曲がっている➡
- 手首の親指側を自分の顔のほうへ起こしつつ、釣り込むようにさせる

❷ 軸足の位置が深すぎるため、払い上げる脚が空を切る➡
- 正しい軸足の方向と位置を示唆し、単独で、または相対で練習させる

❸ 腰を曲げすぎて、頭が下がりすぎている➡
- 頸椎を痛めやすく、最も危険な状態である

ことを理解させる
- 上体を密着することを体得させるために、取は右手を受の左脇下から差し入れ、その肩甲骨あたりに手のひらを当てて、施技をさせる。その後で正しく受の襟を持ち、崩しを十分に行わせる

❹ 釣り手が背負い投げのようになる➡
- 手首の親指側を自分の顔のほうへ起こしつつ、釣り込むようにさせる（⑤）

肘が相手の左脇に入る

4. 跳ね腰

受を前、または右前すみに釣るように崩し、引きつけながら右膝を軽く曲げて、受の右脚を跳ね上げて投げる

1 基本のかけ方

右足前回りさばきで、受を前に釣るように崩す（①②③）

跳ね上げる脚の形

左足を回し込み、さらに崩しながら膝を軽く曲げた右脚で、前に出ようとする受の右脚前面を跳ね上げて投げる（④⑤）

《受の協力》
- 上体を前屈しない（取の体さばきを容易にさせる）
- 右脇を大きく開く（取の引き出しを補助する）
- 両足はやや開き気味にし、つま先に体重をかける（取の体さばきと前への崩しを容易にさせる）

第5節 投げ技

2 練習の仕方

《1》単独の練習
●壁を利用して、右脚と右腰を相手に当てる感覚を確認する

《2》2人組の練習
❶腰の位置の矯正
・腰が高いと、相手を跳ね上げることはできない。受の帯よりも取の帯の位置が下にくるように確認する。

❷跳ね上げる脚の位置の矯正
・受は右膝を外向きにして軽く曲げ、取の右脚がかかりやすいようにする。

3 技をかける機会

❶受が押し返してくるとき
受が押し返してくる力を利用し、左足後ろ回りさばきでかける

❷前へあおって、受が上体を伸ばしたとき
受の体を引き落としながら前へ崩した後、上体が起き上がるところへ左足後ろ回りさばきでかける

4 陥りやすい欠点とアドバイス

❶釣り上げることができない➡
・取は右肘を受の左脇に入れるようにさせる
・取は右手首を内転させる

❷足先が伸びない➡
・足先を畳に触れさせながら、技に入らせる
・膝を軽く曲げて、足首は受に触れないように技をかけさせる

❸跳ね脚が高すぎる➡
・軸足が受の両足の中間に位置するようにさせる
・上体が前に倒れないようにさせる
・取は右手を受の左脇下から差し入れ、受の肩甲骨のあたりに手のひらを当てて、上体が密着するように練習させる

3 足技

1. 膝車

受を右前すみに崩し、受の右膝に左足裏を当て、それを支点にしてねじるように投げる

1 基本のかけ方

右足前さばきで右足のつま先を受の左足前外側に内側に向けてつき、右手を釣り、左手を肘で引くようにして右前すみに崩す（①②）。崩されて出そうとする受の右膝頭を左足裏で押すようにして支え、さらに手の力をきかせ、腰のひねりを加えてその前方に投げる（③④）

《受の協力》
・腰を引かない（正しい方向に崩れるように）
・右膝を曲げない（取の支え足が定まり、正しい方向に投げられるように）
・右足に重心を移す（回転の軸がずれないように）

2 練習の仕方

《単独の練習》
●体さばきの練習
・畳の線などを利用して、1人で体さばきの練習をする。左右とも行い、徐々にスピードを増す。慣れてきたら、左足を畳につけないで、膝車の形でケンケンをしてバランスをとる練習をする。

▶足の移動

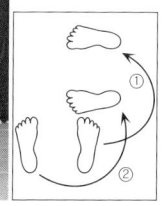

《2人組の練習》
❶体さばきと崩しの練習（膝つきの姿勢から）
・取は右足前さばきで受を引き出して倒す（両手は受の肩の位置で水平に回す）。
・上の練習でうまく崩せるようになったら、左足裏を受の膝上に当てて倒し、受の出足を止める感覚をつかむ（受が倒れたら左足は戻す）。

受は右膝をつき、腰を伸ばす

両手が常に自分の前にあるように

第5節 投げ技　179

❷**体さばきと崩しの練習（中腰の姿勢から）**
・受け身の習熟の程度により、❶の練習を中腰から行う。
❸**技をかけるタイミングの練習**
・右自然体で組んだ状態から、取は左足を1歩出して受を押し、受けの右足を下げさせる。受が右足を前へ踏み出してきたところに、基本のかけ方で膝車をかける練習を繰り返す。

3 技をかける機会

❶**受が前へ出てくるとき**
受が押してくるとき、右足を素早く右横へ踏み換え（左足後ろさばき）、受を崩して投げる

❷**受が右方向に回り込もうとするとき**
受が回り込もうとする動きを利用し、さらに大きく右足を踏み込み（右足前さばき）、受けを崩して投げる

4 陥りやすい欠点とアドバイス

❶**相手の膝に当てた左足に体重がかかる→**
・単独での体さばきの練習をさせる
・膝の真ん前に足裏を当てるようにさせる
・軸足を受から離してつかせる
❷**腰や膝が曲がる→**
・軸足の位置を遠くにつかせる
・軸足のつま先を内側に向かせる
・両手の使い方をチェックする

2. 支え釣り込み足

受を右前すみに釣るようにして崩し、受の右足首あたりに左足裏を当て、それを支点にして釣るように投げる

1 基本のかけ方

右足前さばきで右足を受の左足前、やや外側につま先を内側に向けてつき、右手を釣り、左手を肘で引くようにして右前すみに崩す（①②）。受は崩されて安定を保つために1歩踏み出そうとするその右足首前面を左足裏で支え、さらに手の力をきかせ、腰のひねりを加えてその前方に投げる（③④）

《受の協力》
・腰を引かない（取が正しい方向に崩せるように）
・腕を突っ張らない（取が上体を引きつけやすくする）
・自然本体でつま先立ちになる（取が足首を支えやすくなるように）

第3章 柔道の技とその学び方

2 練習の仕方

《単独の練習》
●左足裏を正しく当てる
・支点となる左足裏を、受の右足首に正しく当てるようにするために、左膝、腰を伸ばすことに留意して反復練習する。

《2人組の練習》
❶体さばきと崩しの練習
・膝車の練習と同じ（P179参照）。
❷腰が曲がらないようにする
・取は左足を当てるとき、腰を曲げてしまうと崩しが弱くなるので、受は左手で取の帯を引きつけて腰が曲がらないように助言する。

腰が曲がる　　　　左手で帯の前を引きつける

3 技をかける機会

❶受が前へ出てくるとき
受が押してくるとき、右足を素早く右横へ踏み換え（左足後ろさばき）、受を崩して投げる

❷受が右方向へ回り込もうとするとき
受が回り込もうとする動きを利用し、さらに大きく右足を踏み込み（右足前さばき）、受を崩して投げる

4 陥りやすい欠点とアドバイス

❶自分のほうへ相手を引いてしまっている➡
・軸足となる右足を右方向におき、受との間合いをとる
❷腰が曲がっている➡
・背筋を伸ばし、腰を出すことを意識させる

第5節 投げ技

3. 大外刈り

受の右足に体重がのるように右後ろすみに崩し、その右足を自分の右脚で外から大きく刈り上げて投げる

1 基本のかけ方

右手を釣り、左手を自分の胸の前に引くようにして、受を後ろに崩しながら、左足を受の右足横に踏み込む（①②）。右脚を振り上げ、重心のかかった受の右脚を全身の力で刈り上げて投げる（③④⑤）

《受の協力》

- 腕を突っ張ったり、取の袖を離したりしない（技を入りやすくする）
- 腰を引いたり反ったりせず、ゆったり構える（取が上体を密着させやすくする）
- 足幅はやや狭くし、自然本体で構える（取の軸足の踏み込みを行いやすくする）
- 前傾姿勢にならない（取の前傾姿勢をつくる）
- 取の踏み込みに応じて、斜め後方に体を傾ける（崩す方向性を補助する）
- リラックスした姿勢から投げられた後の受け身にそなえる
- 受は自ら取に体を合わせる（崩しと取の引きつけを補助する）

2 練習の仕方

《単独の練習》
●右脚で正しく刈る（刈り方と踏み込み方）
- 左足で踏み込み、右脚を振り上げ、刈りおろすという一連の動作を単独で行う。
- 軸足となる左足は、相手を真後ろに倒すために相手の足と平行に踏み込む必要がある。それを意識するために、畳の線を利用する。

《2人組の練習》
●上半身の崩しを理解する
・受の右足かかとに重心がかかるように崩すことが必要である。
・取の引き手を矯正するために、受は自分の右肘を外に開き、正しい引き手の位置を確認させる（①）。
・取の釣り手を矯正するために、受は取の右手を引きつけながら上へ引き上げる（②）。

3 技をかける機会

❶受がさがったとき
引き手を押し、受の右足がさがるとき、左足を大きく踏み込んで刈る

❷受が前に出たとき
釣り手を引き、受の左足を出させ、左足を踏み込んで刈る

4 陥りやすい欠点とアドバイス

❶左足の踏み込みが浅い ➡
・左足は受の右足の真横に踏み込ませる

❷踏み込んでも重心が後ろに残っている➡
・腰を伸ばし、胸を張らせる

❸上体を伸ばしたまま刈っている➡
・あごを引かせる

❹左足の踏み込みが深い ➡
・左足は受の右横に踏み込ませる

❺釣り手が伸びている➡
・右手で受の胸部を釣り込みながら押し、お互いの右上体を密着させる

❻相手に寄りかかったまま刈っている➡
・左手を自分の胸の前に引きつけ、受の右足に体重をかけさせる

4. 大内刈り

受を真後ろ、または左後ろすみに崩し、右脚で受の左脚を内側から大きく刈り広げてあおむけに倒す

1 基本のかけ方

足をやや広げた受を固定するように、右足、左足の順に受の右胸につくように受に近づく（①②③）。右足裏を垂直に立て、半円を描くように重心のかかった受の左脚を刈り倒す（④⑤）

▶軸足（左足）の位置と方向
受の右足のほうに向ける

▶腕の使い方
両脇を締め、扉を開けるように押し広げる。そのとき、受の胸に自分の胸がつくようにする

《受の協力》
・軽く脇を締める（取の釣り手が突っ張らないように）
・上体を伸ばし、腰を引かない（お互いの上体が密着しやすいように）
・足幅はやや広く（取の体さばきをしやすくするため）
・つま先の方向に足を開いていく（取が正しい方向に刈れるように）
・軽く脇を締める（取の引き手が上がらないように）

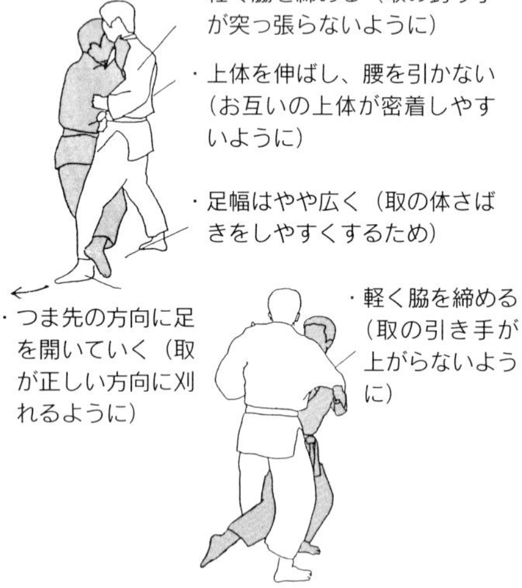

2 練習の仕方

《単独の練習》
❶体さばきの練習
・膝を曲げ、右足を受の両足の中央に進める。続いて左足を右足のかかと付近に近づける。

❷刈り脚の練習
・右足かかとを大きく右方向に広げながら、円を描くように刈る。右足つま先は畳から離す。

❸手と足のコンビネーションの練習
・❶、❷の動作に手の動きをつける。

《2人組の練習》
❶刈り方の練習
・右膝を畳についた中腰の受を、右脚で内側から刈り広げながら押し倒す。

❷手と足のコンビネーションの練習
・両足を大きく広げた受を刈り倒す。

❸タイミング（受が左足を前に出すとき）をつかむ練習〈その１〉
・お互いに右自然体で組み、受は左足、取は数回タイミングを合わせて右足を動かす。その左脚を内側から刈る。

❹タイミングをつかむ練習〈その２〉
・自由な動きの中で受を引き出し、❸と同じように脚を刈る。また、受を押し込みながら、右足を横へ刈り広げる練習もする。

③ 技をかける機会

❶受がさがるとき
取は右足を踏み込み、両手で押す。受が右足をさげ、両足かかとに体重をかけたとき、自分の左足を引きつけ、素早く内側から刈る

❷受を前へ引き出し、その左足が畳につこうとするとき
取は右足からさがり、受を引き出す。左足をさげるとき半身になりながら、右手で受を右方向に回し気味に引き出すのに応じて、受が左足を大きく踏み出してくる。そのとき、刈り倒す

④ 陥りやすい欠点とアドバイス

❶腰が引けてしまう➡
・左膝を曲げ、胸を受の胸部に密着させる
❷刈る位置が高い➡
・つま先を畳から離さないで刈らせる
❸足首が曲がっている➡
・足裏を天井に向けるように意識させる

第5節 投げ技

5. 小内刈り

受を真後ろ、または右後ろすみに崩し、右足で受の右足を内側から大きく刈り広げて、あおむけに倒す

1 基本のかけ方

足を広げた受を固定するように、右足、左足の順に近づき、受のかかとに重心がかかり、動けないように崩す（①②③）。両肘を締めながら、左手は受の右腰下へ、右手は胸に当て、右足裏で受の右足つま先方向に鋭く刈り、倒す（④⑤）

《受の協力》

・上体を伸ばし、腰を引かない（取が上体を密着しやすいように）

・軽く脇を締める（取の引き手が上がらないように）

・軽く脇を締める（取の釣り手が突っ張らないように）

・足幅はやや広く（取の体さばきをしやすくするため）

・つま先の方向に足を開いていく（取が正しい方向に刈れるように）

2 練習の仕方

《単独の練習》
●体さばき、刈り方の練習
・その場で「イチ、ニ、サン」のタイミングで、あるいは1歩下がりながら「イチ、ニ」のタイミングで刈る練習を繰り返す。

《2人組の練習》
❶体さばきの練習
・受の両肩に手を当てた姿勢から、腕を曲げながら近づく練習をする。慣れたら軽く刈り、倒してみる。

❷刈り方の練習
・受に足を開いてもらい、右足裏で受のかかとの近くに当て、つま先の方向に徐々に開くように刈る練習をする。

③ 技をかける機会

❶受が前に出てきたとき
受が右足を踏み出そうとしたとき、左足後ろさばきで体を開き、右足に体重がのろうとした瞬間、つま先方向に刈り倒す

❷受が後ろにさがろうとしたとき
受を前方に引き落とし、その反動で上体を反らそうとしたとき、右足前さばきでとびこんでかける

④ 陥りやすい欠点とアドバイス

❶釣り手が伸び、相手に近づけない➡
- 受に近づくときは、一瞬腕の力を抜き、肘を曲げさせる

❷引き手が上がりすぎて、相手を右後ろすみに崩せない➡
- 左手は腰のあたりに落として固定させる

❸腰が曲がり、相手の足が刈れない➡
- 軸足の膝を十分に曲げ、腹部を前に出す。上体を起こし、右前腕が受の胸部に当たるように意識させる

❹受け身がとれない（手をついてしまう・頭を打つなど）➡
- 初歩の段階から、しりもちをついたら転がる習慣をつける（後ずさりしながらの後ろ受け身、相手に軽く押してもらっての後ろ受け身を練習しておくことが大切である）
- あごをしっかり引く（自分の帯を見る）
- 腕全体で畳をたたく

両手の使い方

6. 出足払い

受を前に引き出し、出てきた右足に重心がのろうとした瞬間に左足で払い上げる

1 基本のかけ方

下がりながら右手を釣り、左手で受の肘を進行方向に押し、受の右足が取の左足内側に出てくるように、右足後ろさばきの要領で体を開く（①②）。受の右足が畳につく瞬間、受の右足かかとを左足で鋭く払い、投げる（③④）

《受の協力》

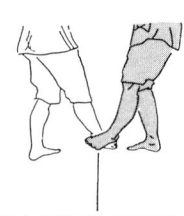

- 胸を反らせる（取が払いやすい姿勢をつくる）
- 右肘を自分の胸の前に絞り込む（取の引き手をうながす）
- かかとを浮かし気味にし、つま先が軽く畳に触れるようにする（体重がのろうとする瞬間を払わせるために）

2 練習の仕方

《単独の練習》

❶体さばきの練習
- 左足前さばきで左足を1歩踏み出し、その後ろにおよそ直角に右足を進ませる。その後は、左足裏で横に払う動作を繰り返す。

❷払い方の練習
- ほうきを逆さに持ち、❶の要領で払う練習をする。

《2人組みの練習》

❶払い方の練習
- 左膝をついた受の右足を払う。腰を曲げない。

❷タイミングをつかむ練習
- 受を引き出しながら、右足を後ろさばきで左足近くにつき（相手と直角になり）、受の出てくる右足を左足裏で払う。

3 技をかける機会

❶受が出てくるとき
取、受ともに自然本体で構え、取が左足、右足とさがりながら受を引き出し、受が右足、左足と進み出るところを、取は十分引き手を引き、右足後ろさばきをして、受の右足がつこうとするところを払う

❷受がさがるとき
取、受ともに自然本体で構え、取は押しながら左足、右足と進め、受が右足、左足とさがるところを、取は十分引き手を引き、右足後ろさばきをして、受のさがろうとする右足を払う

4 陥りやすい欠点とアドバイス

❶引き手〈左手〉の方向が悪い➡
・引き手は両者の間に引き落とさせる
❷払うタイミングがつかめない➡
・取は技をかける体勢をつくっておき、受だけが右足を前後し、その足に体重がのる瞬間に払わせる
❸足の内側で払ってしまう➡
・払う足の小指が畳をするようにさせる

7. 送り足払い

受を右横に移動させ、受の重心が右足にかかる瞬間に、左足で受の足首付近を大きく横に払い、投げる

1 基本のかけ方

右手で受を右上に釣り、左手で受の右肘を押し上げ、受が背伸びをするように崩す（①②）。受の重心が左足から右足にかかる瞬間、左足裏を受の足首付近に当て、両足が一直線にそろうように送り、払う（③④）

▶正しい足の当て方

《受の協力》
・伸び上がるようにする（送り込まれて崩れた姿勢をとる）
・つま先立ちになる

・脇を締め、横へ傾いた形をとる（送り込まれて崩れた姿勢をとる）
・両足をそろえる（技の理合いから、両足を同時に払われるため）

第5節 投げ技

2 練習の仕方

《単独の練習》
❶払い方の練習
・初めは手を腰に当てて、足の払い方だけの練習を行う。慣れてきたら、手による崩しの動作をつける。

❷崩しの練習
・左手で受の右肘を右脇につけるように押し込む。右手は釣り上げる（ハンドルを左に切る動作）。

❸足と手のコンビネーションの練習
・左足で払う動作と右足で払う動作を交互に行う（払う足と腰、胸が一直線になるように）

《2人組の練習》
❶払い方の練習
・両膝をついた受の右膝付近に左足裏を当てる。

❷タイミングをつかむ練習〈その1〉
・中腰の受がジャンプするとき、足首付近を払い、投げる。その後、立位の体勢で行う。

❸タイミングをつかむ練習〈その2〉
・取、受ともに、横へ移動しながら何歩目で技をかけるか決めておき、払う動作をする。数回、足裏を当てる動作をしてから投げる（サイドステップのようにリズムよく移動すると、タイミングがつかみやすい）。

❹タイミングをつかむ練習〈その3〉
・投げるリズムがつかめたら、タイミングのよいときにいつでも投げる練習をする。受け身に習熟していれば、受に目を閉じさせて試みると、技の理合いが理解できる。

3 技をかける機会

❶受が横、あるいは斜め後方へ移動したとき
左手で受の肘を体に押しつけながら横へ移動させ、両足がそろったところを払う

❷あおって受が上体を伸ばしたとき
両手で受を強く引き下げ、元の姿勢に戻ろうとするのに合わせて釣り上げながら、右足を踏み込み、受の両足がそろったところを左足で払う

4 陥りやすい欠点とアドバイス

❶腰が引けて、足だけの動作になる➡
・軸足を広くとり、大きな動作で払わせる
❷足の内側で払ってしまう➡
・小指を畳から離さないように払わせる

8. 内股

受を前、または右前すみに崩し、受の左内ももに右脚を深く振り込み、下から払い上げて投げる

1 基本のかけ方

右足前回りさばきで、受を前、または右前すみに釣るように崩す（①②③）

▶腕の使い方
右手は釣り上げ、左手は大きく出す

左軸足を受の重心の下におくと同時に、受の左内もも付近を右脚大腿部の後ろで勢いよく跳ね上げて、投げる（④⑤）

《受の協力》
・上体をやや前傾させる（跳ね上げ姿勢を容易にさせる）
・右脇を大きく開く（取の引き出しを補助する）
・両足を左右に大きく開く（体さばき、脚の払い上げを容易にさせる）

2 練習の仕方

《単独の練習》
●体さばきと脚の振り上げの練習
・壁に両手をつき、右足、左足と体さばきをし、さらに右脚を大きく振り上げる（胸を張るようにする）。

《2人組の練習》
❶体さばきの練習
・受の両肩に両手をおき、バランスを保ちながら、単独の練習と同じ要領で脚を振り上げる。

❷ 手と足のコンビネーションの練習〈その1〉
・受は右膝を畳につき、左膝を立てて開く（①）。取は右足前回りさばきで受を前に崩しながら、右脚で受の大腿部を跳ね上げる（②）。

❸ 手と足のコンビネーションの練習〈その2〉
・受は腕を取の両肩におき、膝を伸ばして前傾する（腰を引く）。単独の練習と同じ動作で、受の内股を跳ね上げ、受をもち上げる。
・このとき、取は軸足の左足一本で両者の体重を支え、バランスをとることが重要である。数回もち上げた後、リズムがつかめたところで、投げる動作まで行う。

③ 技をかける機会

❶ 受が前に出てきたとき
右足を出して押し込み、その反動で押し返してきたときに、左足後ろ回りさばきでかける

❷ 右方向に回転しているとき
釣り手で大きく右方向に受を回し、その動きに応じて釣り上げながら前方へ崩して投げる

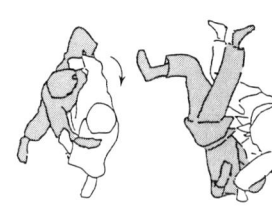

❸ 下にあおって、受の上体が伸びたとき
取は受を手前に引きながら強く下に落とし、受が状態を戻そうとしたときにかける

④ 陥りやすい欠点とアドバイス

❶ 引き手が不十分で、頭が下がってしまう➡
・お互いの頭の間隔を離さないようにさせる
・右の釣り手を自分の耳に当てるつもりで引かせる

❷ 軸足（左足）が浅く、脚だけで上げようとする➡
・右手を受の左脇下から入れ、背中を引きつけさせる（③）
・右胸が受の胸に密着するようにさせる
・引き手を離して、釣り手（右手）だけで受をもち上げる練習をさせる（④）

4 捨て身技

巴投げ
受を前に崩し、その下に体をあおむけに捨てると同時に右足を受の下腹部に当てて押し上げ、それを支点にして頭越しに投げる

1 基本のかけ方

《受の協力》
・少し前かがみになる（取の右足を入れやすくする）
・両足は肩幅よりやや広く開く（取の左足が入りやすい）
・右自然体となり、つま先立ちになる（取が投げやすくなるように）
・あごを引く（体が丸くなるように）

受を手前に引きながら強く下に落とす。その反動で受が伸び上がろうとするときに両手を使い、さらに前に浮かすようにして崩す（①②③）。その瞬間、受の両足の間に左足を踏み込み、臀部をそのかかとの近くに下ろしつつ体を捨てる。右足裏を受の下腹部に当て、両手を「バンザイ」するようにきかせながら、右足を伸ばして頭越しに投げる（④⑤⑥）

2 練習の仕方

《単独の練習》
●捨て身の練習
・左足を踏み出し、そのかかとに臀部をつけるように体を捨て、右足を伸ばしながら左肩を中心に後転する。

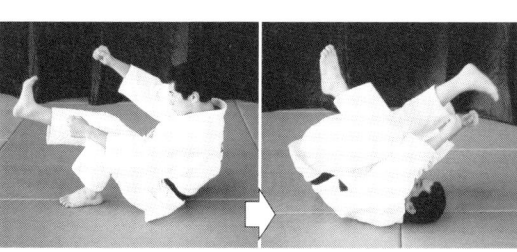

《2人組の練習》
❶バランスをつかむ練習
・受は前かがみになり、その真ん中に体を捨て、右足裏を受の下腹部に当て、もち上げる（無理なくもち上げることのできる位置をつかませる）。
❷安全に投げる練習
・基本のかけ方を参考にして、受を投げる。受け身に不安があれば、マットを敷く。

③ 技をかける機会

❶受が前へ出てきたとき
取が右足を踏み出しながら両手で押すのに対し、受が足をさげた後押し進んでくるときに、左足から踏み込んで体を捨ててかける

❷あおって受が上体を伸ばしたとき
取は両手を強く下に落とし、受が逆に伸び上がろうとしたとき、左足を踏み込みながら、体を捨ててかける

④ 陥りやすい欠点とアドバイス

❶受の真下に入れない➡
・左足かかとに臀部をつけさせる
・受に両足の間隔を広げさせる
・手を「バンザイ」のようにして崩す
❷左足の踏ん張りがない（左足が浮いてしまう）➡
・投げるときに、腰を畳から上げるつもりで行わせる
❸真ん前ではなく、横に倒れてしまう➡
・両手を「つ」の字型にして、頭上に引かせる
・両手で布団を頭にかぶるつもりで引かせる
・右膝を右に開かない

第6節
固め技

　投げ技と両輪の関係にあるのが固め技である。固め技は「抑え技」「絞め技」「関節技」に分類される。

　「抑え技」は、①相手をだいたいあおむけにする、②自分は相手の上でおおむね向かい合った形になっている、③相手から束縛を受けずに（胴、脚を相手の脚で絡まれていない状態）、一定時間起き上がることができないように制して抑える技をいう。

　「絞め技」は、相手の頸動脈または気管を柔道衣の襟、手首、前腕で圧迫し制する技である。一本の判定は、相手が「参った」と発声するか、または手か足で、相手または自分の体あるいは畳を2度以上たたいて合図したとき、あるいは「落ちる」など、技の効果が十分現れたときである。

禁止事項
・頸部以外を絞めること
・頸部であっても帯の端、または上着の裾を利用して絞めること
・こぶしまたは指で直接絞めること
・直接両脚ではさんで絞めること

　「関節技」は、相手の肘関節をねじったり、逆に伸ばして制する技である。一本の判定は絞め技と同じである。初心者の段階では、取は力を制限しながら、受は力を抜かずに行うなど、けがをしないように注意する必要がある。

禁止事項
・肘関節以外の関節をとること
・頸の関節および脊柱に故障を及ぼすような動作をすること
・立ち姿勢から腕ひしぎ脇固めなどを施す場合、一挙に体を捨てて関節をとること

　なお、審判規定では、「試合は立ち勝負から始める」とされている。その意味では投げ技が重視されているといえるが、固め技もその攻防は多様で興味深いものがある。特に抑え技は初心者の段階でも技術の獲得が着実に行われ、自由練習（乱取り）ができる。いわば抑え技は体をぶつけ合いながら相手を制する、あるいは遊ぶという人間の本能的な動きであるために、生徒は喜んで活動する。柔道の授業の初心者の段階における興味付けには大変効果的である。

1 抑え技

　抑え技は抑える者の体勢によって、けさ固め、横四方固め、上四方固め、縦四方固め、肩固めなどの名称がつけられている。しかし、前述した3つの条件を満たせば「抑え込み」になるので、いろいろな抑え方を考案することも大切なことである。

1. けさ固め

受の上体を、お坊さんのけさ衣のように肩から脇へ斜めに制して抑える技である。受の応じ方によって抑え方を変化させる「崩れけさ固め」はさらに合理的な抑え方になる

1 基本の抑え方と応じ方

《抑え方》
右腕で受の首を、左腕で受の右腕をそれぞれはさみ制する。足はバランスよく開き、膝は立てない。胸を張る

▶崩れけさ固め　　　　　　▶崩れけさ固め（後ろけさ固め）

受の左脇下に右腕を回して制する　　　後ろ向きになって「けさ」に制する

※けさ固め以外の「けさ」の形に抑える技を総称して「崩れけさ固め」という

《応じ方》
❶足をからむ（①）
・からまれまいとして、取が逃げる
・取と反対側に動き、腹筋の力で起き上がる（②）
❷腕を抜き、うつぶせになる（③）
・取が押してくる
・帯を取って、ブリッジで返す（④⑤）

2 攻撃の仕方

自分があおむけのとき、足を使い、受を横に倒して抑える

3 陥りやすい欠点とアドバイス

❶首だけを制している➡
- 首を痛めるので、禁止させる
- 右手は受の後ろ襟を、左手は右奥袖を握らせる

❷足の開きが逆である➡
- 基底面が狭くなるので、左右の足を入れ換える

❸受の右腕を脇にはさんでいない➡
- 左脇で受の腕をはさみ、その右腕が抜けないようにする

❹膝を立てて抑えている➡
- 脚をからまれやすいので、左膝も畳につけるようにする

❺腰が受と離れている➡
- 受の右体側に腰をつけるようにする

❻背中で抑えている➡
- 左脇を引き締めながら、上体を前傾させる

2. 横四方固め

受の側方から首と上体を制し、抑える技である。首と胸を制する方法と、肩越しに帯をとって胸をけさに制する方法がある。他の固め技に連絡することが容易で、実践的な技である

1 基本の抑え方と応じ方

《抑え方》
❶右腕と肩口で受の首、胸・肩部を制し、左手は下ばきまたは帯を持ち、下半身を制する。胸で胸を斜めに圧迫すると効果がある

❷右手で肩越しに帯をとり、受の上体を真上から圧迫し制する

《応じ方》
❶「体を横にかわす（えび）」の動作を使い、取のほうに動いて足をからむ
❷右手で取の右肩を押してすき間をつくり、左腕を抜く
❸取の肩と腰を押して、うつぶせになる
❹❸の応じ方をして、取が押し返してきたときに帯をとり、肩ブリッジをして反対側に返す（通称テッポウ返し）

2 攻撃の仕方

受の前方から脇をすくい、横にさばきながら返して抑える

3 陥りやすい欠点とアドバイス

❶受の腰部に右膝を当てていない➡
- 受が体をひねって足をからめてくるので、右膝を密着させ、すき間をつくらない

❷足の開きが狭く、足の甲が畳についている➡
- 基底面が狭く安定しないので、右膝を腰部につけ、つま先を立て、両足を大きく開かせる

❸下がりすぎ（腹が畳についている）➡
- 左腕を引き締めながら、左胸で受の右胸を圧迫するように抑えさせる

❹上体がのりすぎ➡
- 胸を張り、足を開いて、腰を落とし、あごが受の左胸部の上に位置するように抑えさせる

3. 上四方固め

受の頭部のほうからその上体を制して抑える技である。受の応じ方によっては、上四方固めの変化した崩れ上四方固めも合理的な抑え方である

1 基本の抑え方と応じ方

《抑え方》
両手で受の横帯を握り、脇を締め、胸で圧迫して抑える

《応じ方》
❶両手を肩に当て、突き放しながら体をひねってうつぶせになる

❷後転または体を横にひねり、足をからませる

▶崩れ上四方固めの場合
・抑え方：受と「く」の字の形になり、片腕を抱えて制する

右腕の制し方

・応じ方：帯をとり、もう一方の手で取の膝付近を持ち、ブリッジして反対側に返す（テッポウ返し）

2 攻撃の仕方

両手で横帯をとり、引き上げて受の腰を浮かし、上体で圧迫しながら胸を合わせて抑える

3 陥りやすい欠点とアドバイス

❶腕を制していない➡
- 肩口から受の両腕をはさみつけるようにし、両脇を締めさせる

❷上体がのりすぎている➡
- 上腹部が受の頭部付近にくるようにさせる

❸足の開きが狭い➡
- 基底面を広くし、安定するように足を十分開かせる

❹腰の位置が高い➡
- 胸を張り、下腹部を畳につけるような感じで抑えさせる

4. 縦四方固め

受に馬乗りになり、上半身を制して抑える技である。肩越しに帯をとって上半身を制する方法と、肩固めのように肩と首を制して抑える方法がある

1 基本の抑え方と応じ方

《抑え方》
❶右手で肩越しに帯をとり、上体を制し、両脚で下半身をはさみ抑える

❷右腕と首で受の肩と首を制し、両脚で下半身をはさみ抑える

《応じ方》
❶制せられている足を抜き、取の足をからむ

❷ブリッジで横に返す

▶ポイント
受の動きに応じて、足を変化させる

2 攻撃の仕方

肩越しに受の後ろ帯をとって引きつけ、後方に回転しながら足の甲で跳ね上げて返し、抑える（引き込み返し）

3 陥りやすい欠点とアドバイス

❶ **両脚で受の下半身を制していない** ➡
- かかとを受の臀部付近に引き寄せる

❷ **下半身が受の股間にある** ➡
- 抑え込みの条件を理解させる

❸ **下半身にのりすぎている** ➡
- 受の首と肩を制するために、両腕を引き締めさせ、重心を胸付近にかける

❹ **体が丸くなりすぎている** ➡
- 腕を引き締め、胸を張らせる

5. 肩固め

受の肩と首を同時に制し、抑える技である。縦四方固めやけさ固めからも連絡できる

1 基本の抑え方と応じ方

《抑え方》
右腕で受の右腕と首をはさんで肩を制し、右膝を体側に当てるとともに、左足を立ててバランスをとって抑える

《応じ方》
❶両手を合わせ、取の首付近を肘で押し、腕の締めつけを緩め、体をひねってうつぶせになる
❷後転してうつぶせになる

2 攻撃の仕方

下から受の上半身を制し、横に回転させて、肩固めで抑える

3 陥りやすい欠点とアドバイス

❶左足の甲が畳についていてバランスが悪い
➡
- 右足はつま先を起こし、左足は膝を立てて抑える

❷首の押しつけが弱い➡
- 両腕を引き締めて首の押しつけを強くするとともに、右肩を出すようにさせる

2 絞め技

絞め技には、襟を持って頸部全体を圧迫する方法、直接気管に腕を当てて圧迫する方法、脚を使って圧迫する方法がある。また、相手と正対して制する方法、横や後ろから制する方法など、多彩な攻め方がある。体の小さな者でも理にかなえば大きい者を一瞬のうちに制することができる。しかし、初心者の段階では、慎重に練習する必要がある。

1. 十字絞め
受と正対し、両手を交差させて襟を握り、手首の力をきかせて頸動脈を圧迫し制する技である

《十字絞めの種類》十字絞めには、襟の握り方、手首の使い方によって3つの名称がつけられている。

❶並十字絞め——両手の親指を襟の中に入れて絞める 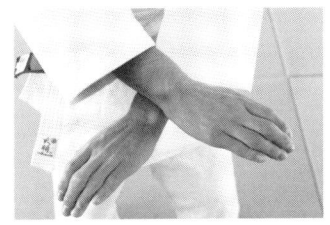
❷片十字絞め——片手を親指、もう一方は4指を中に入れて絞める 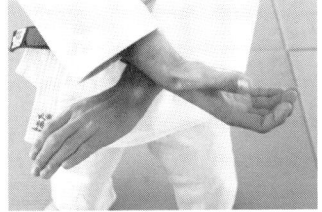
❸逆十字絞め——両手とも4指を中に入れて絞める

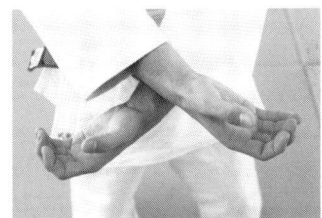

1 基本の絞め方と応じ方

《絞め方》
❶受に馬乗りになり、体重をかけながら絞める。 
❷下から引き込み、脚で胴体をはさみ、肘、脇を締めながら絞める

《応じ方》
❶両手を取の肘に当てて突き上げ、体をひねって逃れる 
❷交差している取の両腕の中に自分の腕を入れ、ひねって首に空間をつくる

2 攻撃の仕方

受の右腕を左脇ではさみ、左前襟を握る。右手は4指を中にして右横襟を握り、引きつけながら片十字絞めで制する

3 陥りやすい欠点とアドバイス

❶受に密着していない➡
- 両脚で受の下半身を制し、受を自分のほうに引き上げる感じで、肘を曲げ、胸を押しつけながら絞める

❷両手の位置が浅い➡
- 受の前襟ではなく、横もしくは後ろ襟を持って絞める。また、手首をひねると効果がある

2. 送り襟絞め

受の背後から両襟を握り、頸部全体を圧迫して絞める技である。絞め技の中で最も多く使われる技である

1 基本の絞め方と応じ方

《絞め方》
下半身を脚で制し、右手は手首をきかせて右横に引き、左手は下に引く。胸を密着させると絞めやすい

《応じ方》
❶あごを引き、取の手と自分の首の間に手を入れて防御する

❷取の右袖を両手で引き落とし、絞めを緩めると同時に顔を右側に向ける

▶受がうつぶせの場合

右手で受の左横襟を握り、胸で背中を圧迫して相手を制し、右手首をきかせながら頭部のほうへ移動し、絞める

▶片羽絞め（送り襟絞めからの連絡）

左腕で受の左腕を引き上げ、肩と首を同時に制する

2 攻撃の仕方

❶馬乗りの姿勢から

馬乗りの姿勢から、かかとを相手の内側にかけて受を制し、胸で圧迫しながら絞める

❷受の横から

受の横から右手で左横襟を握り、左腕で受の左腕を制し、胸で圧迫しながら絞める

3 陥りやすい欠点とアドバイス

❶受に密着していない➡
- 脇を締め、あごを受の左肩につけるようにして絞める

❷右手が首に密着していない➡
- あごの線に沿って右手を滑り込ませ、左横襟を握って絞める

❸右手の使い方が不十分である➡
- 左横襟を握って手首をきかし、親指の付け根で絞めるようにする

❹脚で受を制していない➡
- 両かかとを受の内ももに当てて、動きを制するようにする

第6節 固め技

3 関節技

体に多くある関節のうち、肘関節のみを制することがルールで認められている。肘の関節は比較的大きな関節であり、防御もしやすいからである。格闘技の特性から、相手を制するひとつの技術であるが、施技をするときには慎重に行い、「相手をかばいながら制する」という気持ちが大切である。

関節技には、肘関節をねじる方法と、逆に伸ばす方法の2つがある。

1. 腕がらみ

一方の手で受の手首を握り、もう一方の手で自分の手首を握り、相手の肘関節をひねりあげて制する技である。「てこの原理」を応用している

1 基本のきめ方と応じ方

《きめ方》
❶胸で受を圧迫し、受の肘の角度を90度に保ち、片方の腕で肘をひねりあげて制する。❷は受の腕の向きは逆であるが、制する原理は同じである

《応じ方》
自分の帯を握ってひねられないようにする

2 攻撃の仕方

受の前方から脇をすくいながら返し、伸びた腕を制する

3 陥りやすい欠点とアドバイス

❶受に密着していない➡
・受を胸で圧迫する。また、受の手首と肩が畳から離れないようにして制する

❷受の肘が伸びている➡
・受の肘の角度を90度に制する

2. 腕ひしぎ十字固め

受の手首を両手で握り、受と自分の体を「十字」の体勢にしながら両膝で腕をはさみ、その腕を引き伸ばして肘関節を制する技である

1 基本のきめ方と応じ方

《きめ方》
受と十字に位置し、腰を受に近づけながら両膝で腕をしっかりはさんでその腕を引き伸ばす。そのとき受の親指を上にして腰をやや上げながら肘関節を制する

《応じ方》
❶腕を伸ばされないように、自分の手または襟を握る
❷取のほうを向いて、とられた腕を抜く
❸取の頭部に脚をかけるように動いて、腕を抜く

▶ 受がうつぶせの場合
受がうつぶせになっても制することができる

2 攻撃の仕方

送り襟絞めを施し、左腕を引き下げられて防御されたとき、その動きを利用してわざと左腕を抜かせ、同時に自分の左脚を受の首にひっかけ、十字になって肘関節を制する

3 陥りやすい欠点とアドバイス

❶受に密着していない➡
・腰をできるだけ相手に近づけ、その腕をしっかり引き伸ばす

❷受と「十字」に位置していない➡
・かかとを支点にして素早く腰を移動し、受と直角になるようにする

❸膝で受の肘をはさんでいない➡
・両膝と両大腿部を密着させるようにして、受の上腕をはさむ

❹手首のきめ方が悪い➡
・受の親指が上になるようにして制する

第7節
技の連絡変化

　柔道の上達をめざすためには、まず基本的な技を習得することである。しかし、技を習得しても、自由練習（乱取り）でうまく相手を投げることができるかといえば、なかなか難しい。相手もそれに応じた防御の練習ができているからである。そこで工夫が必要になる。そのひとつの方法が、技を連続してかけたり、相手のかけた技の力を利用して自分の技をかけるという方法である。これを「技の連絡変化」という。この方法は、柔道の創始者嘉納治五郎のいう「精力善用」、つまり、力を有効に活用するという柔道の理念にも通じるものでもあり、ここに「柔よく剛を制する」という技の理が生きてくる。

　一般的に、技の連絡とは、自分の技から自分の技へつなげる方法、技の変化とは、相手の技をかわすなどして自分の技へつなげる方法である。

1 投げ技から投げ技への連絡変化

　同じ技に強弱をつけたり、緩急をつけたりして技を連絡する方法や、相手の技の力やタイミングを利用して技をかける方法がある。工夫すればいろいろな組み合わせができる。

1 技の連絡（自分の技→自分の技）

　技の連絡には①同じ技を連続してかける、②2つの技を同じ方向にかける、③2つの技を違う方向にかける、という3つの方法がある。

《同じ技を連続してかける》
- 第1の技を全力でかけ、相手が辛うじて防御したところに第2の技をかける。
- 第1の技を余裕をもってかけ、相手の動きを察し、先んじて動き全力で第2の技をかける。

▶**背負い投げ→背負い投げ**
背負い投げをかけ（①）、受が体さばきで防いだところに（②）飛び込んで背負い投げをかける（③）

▶**体落とし→体落とし**
体落としをかけ（①）、受が足を踏み出して防御したところに（②）さらに体落としをかける（③）

《2つの技を同じ方向（前→前、後→後、左→左、右→右）にかける》
- 第1の技をかけ、相手の重心が崩れたところに第2の技をかける。

▶大内刈り→小内刈り
大内刈りをかけ（①）、受が重心を反対の足にかけたときに（②）小内刈りをかける（③）

▶大内刈り→大外刈り
大内刈りをかけ（①）、受が下がりながら重心を右足にかけ防御したところに（②）飛び込んで大外刈りをかける（③）

▶大内刈り→体落とし
けんか四つのとき、大内刈りを軽くかけ（①）、受が反対の足に重心を移したところに（②）鋭く体落としをかける（③）

《2つの技を違う方向（前→後、後→前、左→右、右→左）にかける》
- 第1の技をかけ、相手の重心が崩れ、元に戻そうとする力を利用し、第2の技をかける。

▶釣り込み腰→大内刈り
釣り込み腰をかけ（①）、受が腰を引いて防いだとき（②）、大内刈りをかける（③）

▶大内刈り→背負い投げ
大内刈りをかけ（①）、受が下がりさらに押し返してきた瞬間に（②）、背負い投げをかける（③）

第7節 技の連絡変化

▶大内刈り→体落とし
大内刈りをかけ（①）、受が下がりさらに押し返してきた瞬間に（②）体落としをかける（③）

2 技の変化（相手の技→自分の技）

技の変化には次の4つの方法がある。

《相手が技をかけようとする直前、かけた直後、あるいは相手の戻り際に技をかける（巴投げ→小内刈り、体落とし→体落とし）》

▶体落とし→体落とし
相手が体落としをかけ（①）、戻る動きに合わせて（②）体落としをかける（③）

《相手が技をかけた瞬間、これに応じて体さばきをし、相手の体勢が崩れたところに技をかける（出足払い→出足払い［つばめ返し］、内股→浮き落とし［内股透かし］）》

▶出足払い→出足払い（つばめ返し）
相手が取の出ている足を払った瞬間（①）、その足を上に抜き上げ空を払わせ（②）、逆にその足を払う（③）

《相手に技をかけさせたまま、その力を利用して自分の技をかける（小内刈り→膝車、小内刈り→巴投げ）》

▶小内刈り→膝車
相手が小内刈りをかけてきたとき、刈られた足をそのまま受の膝頭に当て（②）、体をひねるようにして膝車をかける（③）

▶小内刈り→巴投げ
相手が小内刈りをかけてきたとき（①）、刈られた足をそのまま相手の下腹部に当て（②）、体を捨てながら巴投げをかける

▶大内刈り→背負い投げ
相手が大内刈りをかけてきたとき（①）、刈られた足を抜きながら後ろ回りさばきをして（②）背負い投げをかける（③）

《相手の技を受け止めて、自分の技で切り返す（大外刈り→大外返し、内股→小外刈り［内股返し］）》

▶大外刈り→大外返し
相手が大外刈りをかけてきたとき（①）、取は軸足を後ろに引き（②）、釣り手をきかせて逆に大外返しに切り返す（③）

2 投げ技から固め技への連絡変化

　試合において、投げ技で「一本」をとれば「それまで」でその試合は終了する。しかし、「一本」がとれなかった場合は引き続き固め技に展開していく場合が出てくる。そのため普段の練習においても、投げ技から固め技への連絡変化を取り入れることが望ましい。ただし、道場の広さと練習する人の数を考えるとともに、適切な連絡変化の仕方に留意するなど、安全面には十分配慮が必要である。

●大外刈り→けさ固め
大外刈りで投げた後、引き手を離さないようにして（②③）けさ固めに連絡する（③）

▶ 小内刈り→横四方固め
小内刈りで投げた後、足をさばいて素早く相手の体側につき（①②）横四方固めで抑える（③）

▶ 体落とし→腕ひしぎ十字固め
体落としで投げた後（①②）、引き手を十分に引いて腕ひしぎ十字固めに連絡してきめる（③）

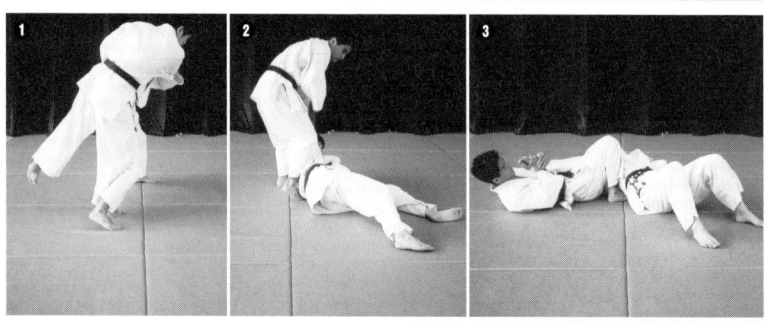

▶ 一本背負い投げ→送り襟絞め
相手の一本背負い投げを防御すると同時に（①②）、素早く送り襟絞めに変化して絞める（③）

3 固め技から固め技への連絡変化

　抑え技においては30秒間抑え続けて「一本」であるが、ひとつの技で30秒抑える必要はなく、相手の動きに応じて他の抑え技に連絡してもよい。また、チャンスがあれば、絞め技や関節技に連絡することもできる。このことにより、さらに技の幅が広がり、柔道が面白くなる。

▶ けさ固め→肩固め
受が右腕を抜き、左側に体をひねろうとするとき（①②）、取は受の右上腕部にほおを押しつけ、肩固めで制する（③）

▶けさ固め→崩れけさ固め
受が首を抜き、うつぶせになろうとするとき（①②）右腕で受の右腕をはさんで後ろ向きになり（③）、左腕で受の左横帯を握り、崩れけさ固めで抑える（④）

▶横四方固め→崩れ上四方固め
受が体をひねり、足をからめようとするとき（①②）、体を上方へ移動して右手で受の肩の下からその右横襟を握り、崩れ上四方固めで抑える（③）

▶上四方固め→崩れ上四方固め
受が左右に体をあおり、逃げようとするとき（①②）、取は受の右肩のほうに体を移動し、右手を持ち換えて崩れ四方固めで抑える（③④）

▶縦四方固め→肩固め
受がブリッジをしてあおり、斜め上方へ返そうとするとき（①②）、取は体を受の側方へ移動させて肩固めで抑える（③④）

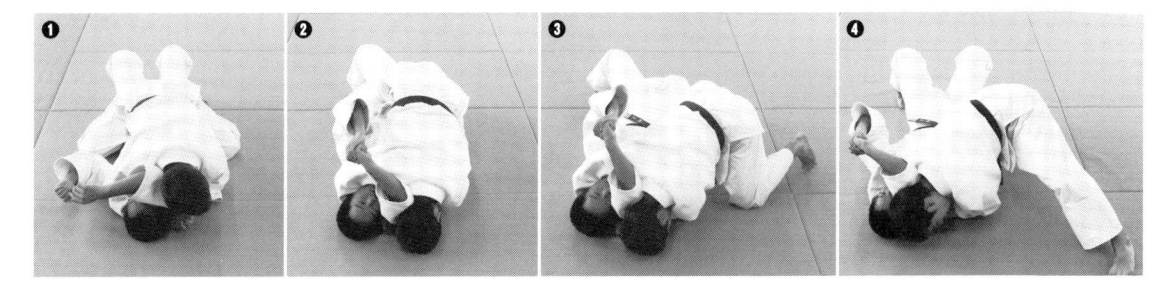

第7節 技の連絡変化 213

▶ 片十字絞め→横四方固め

亀のような姿勢の受を横から片十字絞めで絞めようとすると（①）、受は絞めの緩むほうへ回転して逃げようとする（②）。取は右腕を首の下にまわし、胸で圧迫して横四方固めで抑える（③④）

▶ 横四方固め→腕がらみ

受が横四方固めを逃れようとして、右腕を移動させたとき（①②）、すかさず手首を握り（③）、腕がらみできめる（④）

▶ 横四方固め→腕ひしぎ十字固め

受が横四方固めから逃れるために左腕を抜いてうつぶせになろうとしたとき（①～③）、その左腕を固定し右脚を顔の上にかけ（④）、腕ひしぎ十字固めできめる（⑤）

第8節
防御の仕方

　防御の仕方については、お互いに技をかけあう中で、徐々にわかってくるものである。最初から全力で防御することはお互いの技の発展につながらないことから、初歩の段階では防御を加減し、投げたり投げられたり、抑えたり抑えられたりすることで、まず柔道に慣れることが大切である。そして技術が高まるにつれて防御している相手を投げることが、あるいは抑えることができれば、さらにその面白さが深まる。

1　投げ技に対する防御

　投げ技に対する防御の仕方については、体さばきによって相手の技をかわす方法（①②）、重心を下げ自護体になって防御する方法（③）、そして相手の引き手を切って防御する方法（④）などがある。

《背負い投げの防御の例》

1　相手の引き手のほうに体さばきをしてかわす

2　相手の釣り手のほうに体さばきをしてかわす

3　重心を落として防ぐ

4　相手の引き手を切って防ぐ

2　固め技に対する防御

　固め技に対する防御の仕方については、あおむけで足を使って防御をする方法（①②）と、完全にうつぶせになって絶対にあおむけにならないようにして防御をする方法（③）などがある。

《あおむけでの防御（攻撃にも効果がある）》

① 足を回旋させるなどして、受の腕の動きを制限する

② 足の甲を受の膝の裏に当て、受の脚の動きを制限する

《うつぶせでの防御（攻撃できない）》

③ あおむけにされないように膝、肘を突っ張ったり、絞めたりして防ぐ。特に、背中につかれたときは絞められないように脇を締めて防ぐ

コラム　試合の観戦のポイント

①選手の得意技を知る

　一流選手は特長ある得意技をもっている。体の小さい人は「背負い投げ」、大きい人は「大外刈り」といったように、それは主に体格に応じたものが多く、自分と体格の似ている選手の技を参考にすることは、自分の得意技を発見することにもつながる。

②試合展開のスリルを味わう

　試合にはかけひきがある。自分に有利な組み手になるための組み手争いは、自分の得意技をかけるためだけでなく、相手の技を封じる役割もする。また、試合時間やスタミナを考えて、技を仕掛けるタイミングを図ったり、相手の攻撃パターンを読んで、相手のかけてくる技を利用して自分の得意技を出すなど、試合の流れの中ではさまざまなかけひきや作戦が展開されている。自分がその選手になったつもりで、相手の得意技を分析し、試合展開の醍醐味を味わう。

③メンタルな戦いを見抜く

　試合前にすでに戦いは始まっている。試合場に向かう選手の表情や態度などから、その闘志や気迫が感じられる。格闘技を観戦する醍醐味はこうした選手の気迫を肌で感じ、戦いへの期待感を高めていくことにもある。また、試合終了時、勝敗にかかわりなく、落ち着いて正しい礼をする選手からは、さわやかな人間性を感じることができる。こうした目に見えない心理的な内面を推測することも、また、試合観戦の面白さといえる。

第9節
試合の仕方

授業における試合は、各ステージにおける課題発見の機会であるとともにまとめでもある。したがって、適時に試合を行うにあたってはお互いの学習成果の「試し合い」と考え、安全面に十分留意しながら協力して実施することが大切である。

1 授業における試合の考え方

柔道の試合は、練習した技能をお互いに試し合う機会である。オリンピックや世界選手権大会の試合はその頂点であり、その目的として勝つことに重点がおかれる傾向が強い。

しかし、学校における試合の目的は、各学習段階に応じて、自分の課題をみつけることができたか、その課題を達成したかであるとともに、いかに学習のねらいに近づいたか、さらに楽しむことができたかなどのまとめにある。そのために、自己評価や相互評価をする。そして、その後の学習をいかに意欲的に実践していくかということにある。

柔道の創始者嘉納治五郎は柔道修行の目的を、「攻撃防御の練習において身体精神を鍛錬修養し、斯道（柔道のこと）の真髄を体得することである。そうして、これによって己を完成し世を補益すること」と述べている。この目的は試合にも通じる。そのような意味から、学校における試合は、勝敗を争う試合だけではなく、生徒の能力や学習のねらいなどに応じて、いろいろな試合の仕方を考える必要がある。

2 試合の指導

試合にはルールが必要である。公式のルールとしては「講道館柔道試合審判規定」と「国際柔道連盟試合審判規定」とがある。その内容は、試合場、服装、試合、審判、禁止事項、勝負の判定などである。授業においては、生徒の技能の程度に応じてこの規定の適用範囲を簡易化したり、学習のねらいに応じて新たな規定を考えたりすることなどして、実践すればよい。

その際大切なことは、安全面に十分留意することである。学習のねらいに応じて決められたその規定を遵守して安全に試合を経験したり、また審判をすることにより、よりいっそう柔道への関心が高まる。試合の後は自己評価、相互評価をして、以後の練習や試合に生かすようにすることが大切である。

柔道は格闘形式で争われ、相手を制することが技術の到達目標である。その際留意することは、相手がいて初めて身に付いた技術の成果を試すことができるわけであるから、相手に敬意を表することである。具体的には、礼の気持ちを「礼法」という形で表す。また単に制するということではなく「かばいながら制する」。具体的には投げた際に引き手を離さない、相手の「参った」を待ちながら絞めたり関節をきめたりする。そのような気持ちで試合を実施することが大切である。

3 試合の方法

　柔道の試合は、すべて1対1で行う。試合の方法としては「個人戦」と「団体戦」がある。団体戦は複数の人数でチームを構成し、その勝敗の決め方には「点取り方式」と「勝ち抜き方式」がある。また、順位の決め方にはそれぞれに「リーグ戦」と「トーナメント戦」がある。

　試合は、平等の条件で行うという原則と、安全に行うという配慮から、授業の試合においては、習熟度別、体力別、体重別などの条件を考慮し、各学習のねらいに応じて効果が上がるような試合形式を考える必要がある。

4 各ステージに応じた試合の考え方

　これまで試合は、「学習のまとめ」として学習目標にどれだけ近づいたかを確かめるために学習指導の最後におかれることが多かった。

　ここでは、試合を課題発見の機会としてもとらえている。つまり、各ステージの学習過程の途中において、試合を通して課題を発見し、その課題を達成することで柔道の楽しさや喜びを味わう機会として位置付けている。

　具体的には、ステージごとに、「ねらい①」として、今ある力で試合を楽しみ、その中で各自の課題を発見し、その課題をどのようにしたら解決できるか、そのための練習の仕方や試合の仕方を工夫する動機付けとする。次に「ねらい②」として、新しく身に付けた技と、新しいルールで試合を行うことで柔道の楽しさを深めていく。

| ねらい① 　今ある技で試合を楽しむ |

　　　　↓　自分の課題を発見・解決する

| ねらい② 　新しく身に付けた技やルールで試合を楽しむ |

　第1ステージ〜第2ステージまでは、自由練習の延長として「簡易な試合」をおき、少しずつ試合の仕方や審判の仕方に慣れることを主なねらいとする。また、第3ステージ〜第6ステージまでは、「試合Ⅰ〜Ⅳ」として、試合のルールや審判法を正規の試合に段階的に近づけるようにするが、その際、試合を通して生徒が自分の課題を発見する中で、しだいに得意技の習得へと発展できるようにすることが大切である。

　具体的には、単元計画の展開例に示されているように、ステージごとに2〜3回の試合の機会をつくる。各ステージの初めの試合は、既習のルールで既習の技を使って試合を楽しめるようにする。また、中間におく試合は、授業時間数や生徒の学習状況に応じて、試合にしたり、自由練習にしたり適宜工夫する。最後の試合は、まとめの意味も含め、新しく身に付けた技を使い、新しいルールに基づいた試合にチャレンジするようにする。

　次に、ステージ別に試合の仕方の具体例を示すので、ステージに対応した試合の仕方の中から実際の生徒の学習状況に適した内容を選択して利用するとよい。

5　試合の具体例 ── 各ステージへの対応

1. 簡易な試合－第1ステージ～第2ステージ

《主なねらい》
・試合の仕方に慣れる。
・試合を通して自分の課題を振り返ることができる。
・試合の運営や審判法の基礎を学ぶ。

《主なポイント》
・特に試合場などを設けず、約束練習や自由練習の延長として試合を行う。
・審判は慣れるまでは教員や経験者が行い、しだいに生徒相互に行わせる。

・同じ体格の者同士で行う。
・技の効果や判定の仕方は試合を通して体験的、段階的に身に付けさせる。
・試合運営の流れを知ることを重視して、試合の仕方や役割分担を工夫する。
・反則は特にとらないが、気が付いた点があれば教師が試合を止めて注意を促す。
・試合の中に自分の課題を振り返る場面をつくる。

	ねらい	ポイント	具体例
ごく簡易な試合　第1ステージ	・進退動作や体さばきを使って、技のできばえを試し合うことができる ・試合の仕方に慣れる	・特に試合場などを設けず、約束練習や自由練習の延長として試合を行う ・抑え技（投げ技）の約束練習や自由練習を利用し、動きや技に対して簡単な判定を行う ・審判は慣れるまでは教員や経験者が行う ・同じ体格の者同士で行う ・初めは「できばえ」を基準に判定し、しだいに投げた回数や抑えた時間を基準にする。この段階では、技の効果は問わない	〈例1〉 　交互に投げ合う約束練習で教員が審判になり、進退動作、体さばき、受け身などの基本動作や技のできばえを判定する 〈例2〉 　交互に抑え合う約束練習で教員が審判になり、抑え方や逃れ方のできばえを判定する 〈例3〉 　3人組で自由練習を行い、経験者が審判になり技の効果を判定する ◇判定基準 ・抑え技：10秒抑えたら1ポイント、ポイント数で勝敗を決する ・投げ技：投げたら1ポイント、ポイント数で勝敗を決する
簡易な試合①　第2ステージ	・技のできばえを試し合う中で、自分の課題を振り返ることができる ・試合の仕方に慣れる	・特に試合場などを設けず、自由練習の延長として行う ・審判は慣れるまでは教員や経験者が行う ・同じ体格の者同士で行う ・初めは投げた回数などを基準にするが、正しく投げたら一本とするなど、投げる定義を示し、判定基準を設けて、しだいに技の効果を意識させる ・勝敗がついたら終了するなど、短い試合時間を設定する ・試合の中に自分の課題を振り返る場面をつくる	〈例1〉 　投げ技の試合、抑え技の試合 　紅白形式で自由練習を行い、教員が技の効果を判定する 　一本取ったら試合は終了 ◇判定基準 ・抑え技：正しく抑えたら一本 ・投げ技：正しく投げたら一本 〈例2〉 　投げ技の試合、抑え技の試合 　3人組で試合形式の自由練習を行い、経験者が技の効果を判定する ◇試合時間：1～2分　一本取ったら試合は終了 ◇判定基準 ・抑え技：10秒抑えたら一本 ・投げ技：正しく投げたら一本
簡易な試合②	・試合を通して自分の課題を振り返ることができる ・投げて抑える試合の仕方に慣れる	・特に試合場などを設けず、自由練習の延長として行う ・審判は慣れるまでは教員や経験者が行う ・同じ体格の者同士で行う ・投げ技から抑え技への連絡を重視する	〈例1〉投げ技と抑え技の試合 　立ち勝負から始め、投げたら必ず抑える 　紅白形式で自由練習を行い、教員が技の効果を判定する ◇試合時間：1～2分 ◇判定基準：投げてから抑えることを一本勝ちの条件とする。投げてから、10秒間抑えたら勝ちとする 〈例2〉投げ技と抑え技の試合

	ねらい	ポイント	具体例
第2ステージ		・投げて抑えることを習慣付けるようなルールを設定する ・技の判定よりも、試合の流れを知ることを重視して試合の仕方を工夫する ・試合の中に自分の課題を振り返る場面をつくる	3人組で試合形式の自由練習を行い、経験者が技の効果を判定する ◇試合時間：1〜2分 ◇判定基準：投げて一本、抑えて一本のセットで勝ちとする ・抑え技：10秒抑えたら一本 ・投げ技：正しく投げたら一本
簡易な試合③ 第2ステージ	・試合を通して自分の課題を振り返ることができる ・投げて抑える試合の仕方に慣れる ・試合の仕方や審判法の基礎を学ぶ	・必要に応じて試合場を設ける ・審判や係は生徒が相互に協力して行うようにする ・班やグループ編成をする場合でも、対戦は同じ体格の者同士で行う ・試合運営の流れを知ることを重視して試合の仕方を工夫する ・技の効果を判定できるようにする。一本、技あり、有効の違いをわかりやすく示す ・反則は特にとらないが、気が付いた点があれば教師が試合を止めて注意を促す ・試合の中に自分の課題を振り返る場面をつくる	〈例1〉技の効果の違いを学ぶための試合 　紅白形式で自由練習を行い、教員または経験者が技の効果を判定する ◇試合時間：1〜2分　一本取っても時間内は続ける ◇判定基準 ・投げ技：一本、技あり、有効 ・抑え技：25秒で一本、20秒で技あり、15秒で有効 〈例2〉3人組の試合 　3人組で試合形式の自由練習を行い、相互に審判をやり技の効果を判定する ◇試合時間：1〜2分 ◇判定基準 投げ技：正しくあおむけに投げたら一本、それ以外は技あり 抑え技：10秒で技あり、20秒で一本。 〈例3〉班別対抗戦（団体戦） ◇試合時間：2分 ◇判定基準 ・投げ技：正しくあおむけに投げたら一本、一本に近い場合は技あり、それ以外は有効 ・抑え技：25秒で一本、20秒で技あり、15秒で有効 ◇反則：特にとらないが、気が付いた点があれば教師が試合を止めて注意を促す

2. 試合－第3ステージ〜第6ステージ

《主なねらい》
・試合を通して自分の課題を見つけ、それを達成することで、柔道の楽しさを深める機会とする。
・自分の課題を解決する中で段階的に得意技の習得へと発展させる。
・試合の運営や審判を通して協力や公正などの態度を養う。
・試合は体格や習熟度を考慮した対戦相手で行う。
・試合運営の役割分担を工夫し、協力や公正などの態度を身に付けさせる。
・試合のルールや禁止事項を明確にし、危険な行為があった場合は試合を中断して指導を徹底する。
・試合が勝敗のみにこだわらないように、各ステージの試合のねらいに留意する。
・試合を通して自分の課題を把握させ、次の学習に生かせるようにする。

《主なポイント》
・審判は生徒相互に行わせる。

	ねらい	ポイント	具体例
試合Ⅰ 第3ステージ	・身に付けた技を使って安全に試合を楽しめる ・試合を楽しむ中で、身に付けた技が試合でかかるかなど、自分の技についての課題をもたせ、しだいに自分に合った技を意識させる	・審判は生徒相互に行わせる ・試合は体格や習熟度を考慮した対戦相手で行う ・試合のルールや禁止事項を明確にし、危険な行為があった場合は試合を中断して指導を徹底する	〈例1〉 　少し進んだレベルのルールと審判法 ◇試合形式：初めは主に団体戦を行い、班やグループの協力体制をつくる ◇試合時間：生徒の状況を判断して短めに設定する。1分30秒〜2分程度 ◇判定基準：有効以上、3段階の判定に慣れる ◇抑え込み時間：25秒で一本、20秒で技あり、15秒で有効

試合Ⅱ 第4ステージ	・得意技を使って安全に試合を楽しめる ・試合を楽しむ中で、得意技がかかるかなど、得意技についての課題をもたせる	・習熟度の高い者には体格の異なる者との対戦も工夫する ・試合に慣れてきたら試合形式に工夫をこらし、関心・意欲を高める ・状況に応じて反則を取り入れ、試合展開をアグレッシブにする	〈例1〉 　進んだレベルのルールと審判法 ◇試合形式：ねらいに応じて個人戦や団体戦など試合形式を選ぶ。 ◇試合時間：生徒の状況を判断して無理のないように設定する。2分程度 ◇判定基準：有効以上、3段階の判定をより的確に行う ◇抑え込み時間：25秒で一本、20秒で技あり、15秒で有効 ◇反則：積極的に技をかけない。注意（有効と同じ）：累積しない。注意以上にはならない
試合Ⅲ 第5ステージ	・得意技に磨きをかけ安全に試合を楽しめる ・試合を楽しむ中で、得意技を使った連絡変化など、得意技についての課題をもたせる	・体格の異なる者との対戦も工夫する ・試合形式に工夫をこらし関心・意欲を高める ・反則なども積極的に取り、試合展開をアグレッシブにする	〈例1〉さらに進んだレベルのルールと審判法 ◇試合形式：ねらいに応じて個人戦や団体戦など試合形式を選ぶ。勝ち抜き試合（団体戦、紅白試合形式）や代表戦、延長戦などの工夫 ◇試合時間：生徒の状況を判断して設定する。2〜3分程度 ◇判定基準：有効以上 ◇抑え込み時間：25秒で一本、20秒で技あり、15秒で有効 ◇反則：極端な防御姿勢や技をかけない場合に反則をとる。指導→注意→警告→反則負け。反則を累積する
試合Ⅳ 第6ステージ	・試合者としてだけでなく、観戦者としても試合を楽しめる ・試合を楽しむ中で、生涯にわたって柔道を楽しめる資質や能力を養う	・正規のルールに準じて行うが事故防止の観点から、使用してもよい技に制限を加える（例：授業で学んだ技のみとする） ・試合者としての課題だけでなく、試合を見て楽しむ、観戦者としての課題ももたせる	〈例1〉正規に準じたルールと審判法 　生徒の状況に応じて「講道館柔道試合審判規定」または、「国際柔道連盟試合審判規定」を適宜適用する ◇試合形式：ねらいに応じて個人戦や団体戦など試合形式を選ぶ。リーグ戦、トーナメント戦、勝ち抜き戦、点取り戦、体格別、習熟度別、段別、代表戦、延長戦などのさまざまな工夫をする ◇試合時間：生徒の状況を判断して設定する。授業では3分が上限 ◇判定基準：効果または有効以上 ◇抑え込み時間：25秒で一本、20秒で技あり、15秒で有効、10秒で効果 ◇反則：生徒の状況に応じて必要なものを「講道館柔道試合審判規定」、または「国際柔道連盟試合審判規定」から適用する

選択制授業における学習ノート

▶ 1年・男子

1、柔道単元で学んだことをまとめる　（心・技・体・精力善用・自他共栄）

今回、柔道をやって一番難しく、苦労したのが、相手を思いやる自他共栄の精神だった。正直、自分はかなりの負けず嫌いで、最初は相手に投げられたり倒されたりするのがすごく悔しくて恥しいことだと思っていた。そして、先生に「投げられることは恥ではない。むしろ、自分の体がくずれているのに受け身を取らないことの方が恥だ。」と教えられた。その時はまだよく分からなかったが、何度か投げられるうちに、投げられないと分からないこともあるのだと思った。それは、自分が実際にとる受け身のやり方はもちろん、どうすれば、相手をより上手く投げられるのか。そして、相手を倒そうとばかり思っていて余裕のない時には分からなかった相手のスキがしだいに見えてきた。そんな中で相手も自分も技を磨き合うと同時に、その技を支える土台となる体・体力を鍛えることも大切。そして何より、仲間と共に高め合っていこうという気持ちが一番重要なのだと感じた。

又柔道という格闘技は柔術とは違い、相手を倒す為にあるのではない。もちろん、それもあるかもしれないが、それよりはこの格闘技を通して自分の心を鍛える為のものではないかと思う。だから、それを弱い者をいじめる手段として用いるのではなく、もっと善い方向に用いるべき。そして、柔道だけでなく普段の生活においても、自分の最大限の力を最高の場で使うことこそが精力善用というものであると思う。

▶ 1年・男子

1、柔道単元で学んだことをまとめる　（心・技・体・精力善用・自他共栄）

何事にも集中して取り組めば、ケガをしにくくなるし、技術もつくと思いました。初めは腕立てふせはあまりできなかったけど、毎回毎回やっていけば少しずつできるようになっていき成長を実感しました。
投げられまいと意地を張るのは無意味だと知りました。「潔さ」というのが大切で、崩れているのに中途半端にねばって投げられると危険です。崩れてしまったら思っきり投げられた方がかっこいいと思いました。受け身がウマいとやはりかっこいいし、相手のためにもなります。あと、相手の力を利用するというのも柔道ならではだと思いました。

補章

1. 柔道試合審判規定
2. 初段への道
3. 日本の柔道から世界の「JUDO」へ

1．柔道試合審判規定

1．講道館柔道試合審判規定（抜粋）

1　試合場

　原則として、14.55メートル（8間）四方とし、これに畳50枚を敷き、その外側の周囲2.73メートルに畳を敷き、場内周囲は約90センチメートルの赤い畳を敷き、場内外を明確にする。

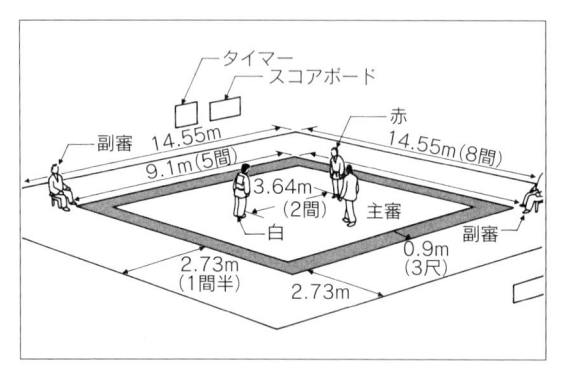

〔図1〕試合場

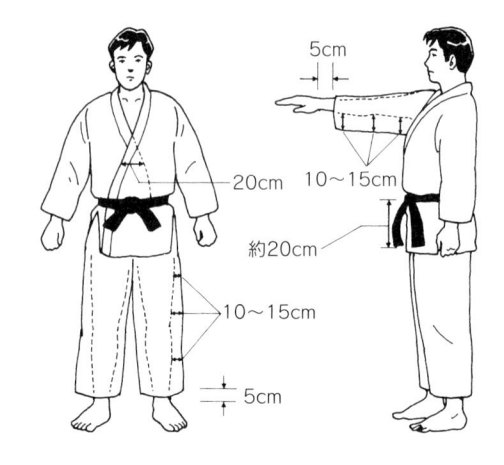

〔図2〕柔道衣の規格

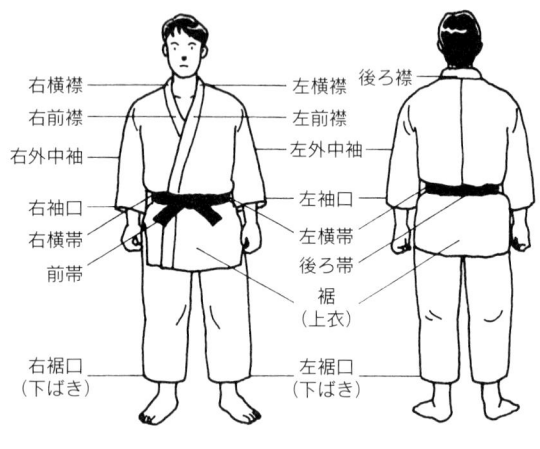

〔図3〕柔道衣の各部の名称

2　服装

　試合者は、柔道衣を着用し、原則として、赤又は白の紐を各々のその帯の上に締める。
　（柔道衣の条件）
（1）上衣
　身丈は帯を締めたとき臀部を覆う程度。袖の長さは手首の関節までとする。（最短は手首の関節から5センチメートル短い）
　袖の空きは、袖全長にわたって腕との間が10から15センチメートルあること。
（2）下ばき
　長さは足首の関節までとする。（最短は足首の関節から5センチメートル短い）
　下ばきの空きは、全長にわたって脚との間が10から15センチメートルあること。
（3）帯
　適度の締め方で腰部を2回りして結び、結び目から両端まで20センチメートル程度余裕のあるもの。

3　試合

（1）試合時間
　3分から20分の間で、あらかじめ定めるものとする。「待て」の宣告から「始め」の宣告までの時間、「そのまま」から「よし」の宣告までの時間は所定の試合時間から除く。

（2）試合の開始

試合場の中央で、約3.64メートル（2間）の距離をおいて向かい合って立ち、互いに立礼を行い左足から一歩前に進んでそれぞれ自然本体に構え審判員の「始め」の宣告により、直ちに試合を始める。ただし、礼は座礼を行ってもよい。

（3）試合の終了

試合者は、試合が終わったとき、試合開始時の位置に戻り、向かい合って自然本体に立ち、審判員の宣告と指示あるいは宣言と動作の後、右足から一歩さがって直立の姿勢になり、互いに立礼を行う。ただし、礼は座礼を行ってもよい。

（4）試合の技

試合は投技、又は固技で勝負を決する。

（5）立ち勝負

試合は、立ち勝負から始める。

（6）一本勝負

試合は、一本勝負とする。

〔表1〕勝負の判定基準

一本	投げ技	技をかけるか、相手の技をはずして、相当な勢い、あるいははずみで、だいたいあおむけに倒したとき。	一方が「技あり」を二度とったとき（合わせ技）
		投げられた者が、意識的に頭と足で体を支え、背部を畳につけない場合でも、「一本」の条件をみたすときは「一本」と判定する。	
	固め技	「参った」と発声するか、又は手か足で、相手又は自分の体、あるいは畳を2度以上打って合図をしたとき。 抑込技では、「抑え込み」と宣言があってから30秒間抑えたとき。 絞技と関節技では、技の効果が十分あらわれたとき。	
技あり	投げ技	「一本」とは認めがたいが、今少しで「一本」となるような技があったとき。	
	固め技	25秒以上抑え込んだとき。	
有効	投げ技	今少しで「技あり」となるような技があったとき。	
	固め技	20秒以上抑え込んだとき。	

4 禁止事項

（1）「指導」

①積極的戦意に欠け、攻撃しないこと。（約30秒間）

（注）最初に与えられるものを「教育的指導」といい、反則とはならないが、2回目は反則の「指導」となる。

②相手と取り組まず勝負を決しようとしないこと。（約20秒間）また、組んでも切り離す動作を繰り返すこと。

③攻撃しているような印象を与えるが、明らかに相手を投げる意思のない動作を行うこと。（偽装的な攻撃）

④立ち勝負のとき、極端な防御姿勢をとること。（6秒以上）

⑤立ち勝負のとき、相手の同じ側の襟や袖を握り続けること。（6秒以上）

⑥立ち勝負のとき、相手の帯や裾等を握り続けること。（6秒以上）

⑦立ち勝負のとき、必要もなく相手の腕の下をくぐり抜けること。

⑧相手の袖口や裾口に指を入れて握ること。及び立ち勝負のとき、相手の袖口を直接ねじって握ること、又は絞って握ること。

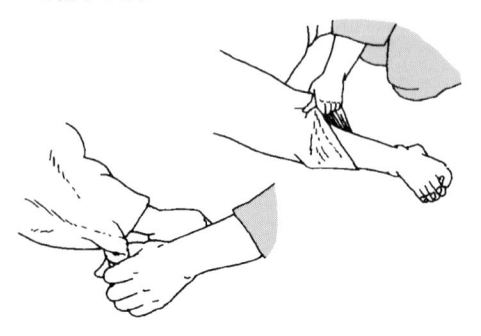

⑨立ったままで、試合者が互いの手指を組み合わす姿勢を続けること。（6秒以上）

⑩服装を乱すこと、及び審判員の許可を得ないで勝手に帯等を締め直すこと。

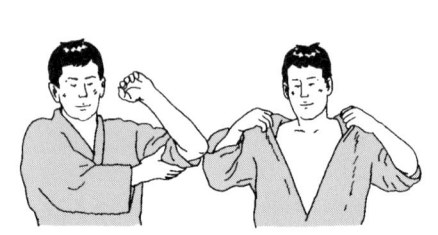

⑪防御又は寝技に移るために、立ち姿勢又は寝姿勢から、立ち姿勢の相手の足（又は脚）を手でとること。ただし、巧みに相手を制す場合を除く。

⑫帯の端や上衣の裾を相手の腕に巻きつけること。

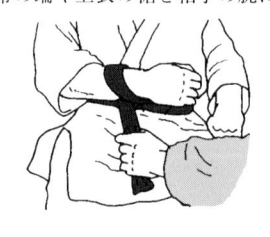

⑬柔道衣をくわえたり、相手の顔面に直接手（又は脚）をかけること。又は相手の髪をつかむこと。

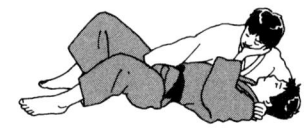

(2)「注意」
①絞技の中で、頸部以外を絞めること。頸部であっても帯の端又は上衣の裾を利用して絞め、拳又は指で直接絞めもしくは直接両足で挟んで絞めること。

②固技のとき、相手の帯や襟に足（又は脚）をかけること。

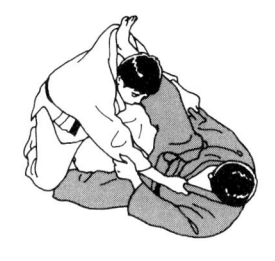

③相手の指を逆さにして引き離すこと。

④寝技に引き込むこと。

⑤相手の握りを切るために、相手の手又は腕を膝や足（又は脚）で蹴り放すこと。

⑥立ち勝負のとき、場外に出ること。ただし、相手の技又は動作により出る場合を除く。

(3)「警告」又は「反則負け」
①故意に、場外に出ることや相手を出すこと。

②払腰等を掛けられたとき、相手の支えている脚を内側から刈り又は払うこと。

③河津掛で投げること。

④関節技の中で、肘関節以外の関節をとること。

⑤頸の関節及び脊柱に故障を及ぼすような動作をすること。

⑥背を畳につけている相手を引き上げ又は抱き上げたとき、これを突き落とすこと。

⑦試合者の一方が後ろから搦みついたとき、これを制しながら、故意に同体となって後方へ倒れること。

⑧立ち姿勢から腕挫脇固等を施す場合、一挙に体を捨ててとること。

⑨場外で技を施すこと。

⑩審判員の制止又は指示に従わないこと。
　審判員は、定められたとおりに試合を司り、試合者に自分勝手な行動をさせないことや危険を回避することを目的としている。「待て」の宣告、礼のやり直しなどの指示に従わないことも含まれる。

⑪相手の人格を無視するような言動をすること。
　柔道は格闘技であるゆえに相手を尊重することが重視されており、相手の人格を無視するような言動や、品位を傷つけるような言動は一切行ってはならない。このことを厳守しなければ柔道ではなくなる。

⑫相手の体に危害を及ぼしたり、柔道精神に反するようなこと。
　危険事項にはないが危険性の高い技や、相手にかみつくなどの動作を行ったり、著しく相手の人格や柔道の品位を汚すようなことが起こる場合もあるため、そのときは合議して反則を適用する。

(4)「反則負け」
①内股、跳腰、払腰等の技を掛けながら身体を前方に低く曲げ、頭から畳みに突っ込むこと。

2. 講道館柔道試合審判規定・少年規定（抜粋）

　少年（中学生・小学生）の柔道試合は、「講道館柔道試合審判規定」のうち、次のことを加え、あるいは置き換える。

　少年たちに正しく、積極的に「一本」をとる柔道を学ばせるため、勝負偏重にならないように相手を尊重し、公正な立場で試合をし、相手の心を傷つけたり、身体に負傷を負わせることのないように配慮しながら、審判にあたらなければならない事項としてあげられている。

1　加えるもの

(1)「立ち勝負」のとき
ア　相手の後ろ襟、背部又は帯を握ること。
　　・・・・・・・・・・・・・「指導」
　　ただし、技を施すため、瞬間的（1、2秒程度）に握るのは認められる。
イ　両膝を最初から同時に畳について背負投げを施すこと。・・・・・・・・・・・・「注意」以上
ウ　いきなり相手の足（又は脚）をとること。
　　・・・・・・・・・・・・・「注意」以上

(2) 関節技を用いること、及び絞技のうち、三角絞を用いること。
　　・・・・・・・・・・・・・「注意」以上
(注) 小学生の場合は、絞技、関節技いずれも禁止する。
　「注意」以上

(3) 次の技を施すこと。
・蟹挟　・・・・・・・・・・・「反則負け」
・無理な巻き込み技　・・・・・・「注意」以上
・相手の頸を抱えて施す大外刈、払腰など。
　　・・・・・・・・・・・・・「注意」以上
・双手刈　・・・・・・・・・・・「注意」以上
(注) 小学生の場合は、裏投を禁止する。
　　・・・・・・・・・・・・・「注意」以上

(4) 固技などで、頸の関節及び脊椎に故障を及ぼすような動作をすること。
　　・・・・・・・・・・・・・「指導」以上

2　置き換えるもの

(1)「抑え込み」及び「解けた」の宣告
　また、抑えられている試合者が両膝とも畳についた形になったときは「解けた」「待て」と宣告して立たせる。
　　・・・・・・・・・・・・・追加し、置き換える

(2) 絞技と関節技
　「技の効果が十分現れたとき」を適用し、絞技においては、審判員は見込みによって「一本」の判定を下す。

3　教育的配慮から特に留意する禁止事項

(1)「相手と取り組まず勝負を決しようとしないこと（約20秒間）。また組んでも切り離す動作を繰り返すこと。」
(2)「立ち勝負のとき、極端な防御姿勢をとること。(6秒以上)」
(3)「立ったままで、試合者が互いの手の指を組み合わす姿勢を続けること。(6秒以上)」
(4)「服装を乱すこと、及び審判員の許可を得ないで勝手に帯等を締め直すこと。」
(5)「無意味な発言をすること。」
(6)「相手の体に危害を及ぼしたり、柔道精神に反するようなこと。」

2．初段への道

1．講道館昇段資格

　柔道を学んでいる生徒にとっては、昇段審査に合格して、黒帯を締めることも憧れである。しかし、実際どのような基準で審査が行われているのかを理解している指導者は、柔道を専門とする以外は非常に少ないのが現状である。ここでは、講道館昇段資格について主な内規を取り上げ、初段を受検するに必用な形について紹介する。

> 昇段候補者の審議は、修行者の品性、柔道精神の修得、柔道に関する理解及び術科体得の程度、並びにこれをその身に応用している実況、柔道上の功績について評定する。品性不良の者、柔道精神に悖(もと)る言動ある者は、他の事項の如何にかかわらず昇段を認めることができない。
>
> （講道館昇段資格に関する内規）

　上記の条件が黒帯（初段）を締めるために必用な条件である。

　柔道の授業だけを受講して、初段を獲得することは非常に難しいことである。しかし、部活動に参加したり、寒稽古や暑中稽古に加わったりして積極的に柔道に取り組むことが、黒帯に近づくことになる。

　授業で学ぶ生徒に対して、必ず一人ひとり目標をもたせ、柔道に取り組ませることが、生徒の意欲を引き出し、積極的な授業展開に必ずつながると考える。

※昇段審査の実施については、各中体連・高体連柔道部、または各地区柔道連盟に問い合わせてください。

> **高校時代に黒帯を獲得**
>
> 　クラスのみんなが柔道初段に挑戦すると言って、授業中、柔道部員と乱取りを積極的にやっていた。僕と同じくらいの力だったＡ君がだんだん強くなり、Ａ君を投げることができなくなった。力の差を感じてきた。負けるのが悔しくて、柔道部の練習に出ることにした。
>
> 　ここからが大変だった。寒稽古に参加、体のあちこちが擦り傷と筋肉痛。投の形がなかなか覚えられずに苦労した。でも二度目の挑戦で合格できました。クラス12名が黒帯を絞めることができました。
>
> 　　　　　　　　　　　　都立Ｋ高校３年Ｗ生

2. 柔道の形

柔道の形は、柔道の合理的な崩し、体さばき、力の用法などを、代表的な技を選んで系統付け、そして、技から技へ移る順序をも加味して体系的に組み立てたものです。そのため、技の理合いを学ぶためには、形を学習しなければならない。

また、この形の習得は、昇段するための一つの条件にもなっている。日々の学習の中に形の練習を取り入れ、技の理合いを学ぶとともに、昇段審査に備えておくことも大切になる。

1 投の形

投の形は、いかにして相手を崩し、いかにかけるかを理論に基づいて組み立ててあり、その理論にしたがって練習しなければ、形がいわゆる「かたち」に終わって、技の神髄を学ぶことができない。「受」もいかに受けるか理にかなった練習をすることが大切になる。

投の形は手技、腰技、足技、真捨身技、横捨身技の5つに分類され、おのおの3本ずつ、計15本から成り立っている。

手技　①浮落　②背負投　③肩車
腰技　①浮腰　②払腰　③釣込腰
足技　①送足払　②支釣込足　③内股
真捨身技　①巴投　②裏投　③隅返
横捨身技　①横掛　②横車　③浮技

初段に課せられている投の形は、手技、腰技、足技なのでこの技について解説する。（それぞれ右組み、左組みの施技を行うが、ここでは右組みを解説する）

(1) 礼から間合いまで

①正面の礼　呼吸を合わせて正面に立礼（①）。
②お互いの礼　立礼または座礼で行う（②、p142参照）。
③構え　左足から一歩前に出て、自然本体に構える（③④）。
④間合い　取・受同時にあゆみ足で前進し、間合いに入る。
※「間合い」取と受の位置のことで、その位置から行動をおこすのに最も適当な距離のこと。
※形の終了したときの礼法は、はじめの礼法の逆順で終了する。

(2) 手技（浮落、背負投、肩車）

●浮落（うきおとし）　間合い約60cm

①互いに歩み寄り、「受」は右足を進め「取」と組もうとし、「取」は左足を一歩下げながら右自然体に組む。
②さらに左足から継ぎ足で下がり、「受」を前方に崩す。
③三歩めに「取」は後ろさばきで左膝を畳につけながら、
④⑤両手の引きをきかせて「受」を前方に引き落とす。

●背負投（せおいなげ）　間合い約2m（1間）

①「受」は左足を踏み出しながら、右こぶしを頭上に振り上げ、
②右足を踏み込みながら、「取」の頭上を打っていく。「取」は左手で受け流しながら右足前回りさばきで、
③「受」の胸腹部に背中を密着させ、右手で肩口を握り背負う。
④両膝を伸ばし、両手の引きつけをきかせて、前方に投げる。

●肩車（かたぐるま）　間合い約60cm

①「受」が右自然体に組もうとするのに合わせ、「取」は左足を下げながら組む。
②さらに後退しながら、左手を内側に持ちかえる。
③「取」はさらに左足を大きく引き「受」を前方に崩し、右腕を「受」の右内股に入れ、右側頭部を「受」の右腰につける。
④左足を引き寄せながら一気に腰の力をきかせ、「受」をかつぎあげ、
⑤左前すみの方向に投げる。
※手技が終わったら次の腰技に移る。服装が乱れたときは、この間に素早く整える。

(3) 腰技（浮腰、払腰、釣込腰）

●浮腰（うきごし）　間合い約2m（一間）

①「受」は左足を踏み出しながら、右こぶしを頭上に振り上げ、
②右足を踏み込みながら、「取」の頭上を打っていく。「取」は「受」のこぶしをかわし、「受」の内側に左足前さばきで入り込む。
③「受」の後ろ帯にそって左手で抱き寄せる。
④右手で「受」の左外中軸を握り、一気に右に腰のひねりをきかせて投げる。

●払腰（はらいごし）　間合い約60cm

①「受」が右自然体に組もうとするのに合わせ、「取」は左足を下げながら組む。
②さらに後退しながら、右手を「受」の左脇下から入れ崩そうとする。
③「取」は、左足を右斜め後方に引き回し、体の右側に「受」の前面を密着させ、
④右脚で「受」の右脚をすり上げ気味に払い上げて投げる。

●釣込腰（つりこみごし）　間合い約60cm

①「受」が右自然体に組もうとするのに合わせ、「取」は右手で後ろ襟を握りながら左足を下げながら組む。
②「取」は再び左足から一歩後退し、「受」を前方に崩そうとし、一歩前進させる。
③「取」はさらに下がりながら後ろ回りさばきで「受」を前に釣り込む。
④「受」が体を反らして防いだとき、
⑤⑥「取」は腰を下ろし、一気に膝を伸ばし、「受」を抜くようにして投げる。
※腰技が終わって、両者元の位置に戻って服装を正し、向き直り、歩み寄って足技に移る。

(4) 足技（送足払、支釣込足、内股）

●送足払（おくりあしばらい）　間合い約30cm

①「受」は自然本体のまま右に組もうとする。「取」はこれに応じ組み、左手で押しやり、
②右足から継ぎ足で右横に進み、
③④三歩めに「受」の勢いを利用し、「受」の移動する方向へ左足裏でくるぶしを素早く追い込みかけるように払って投げる。

●支釣込足（ささえつりこみあし）　間合い約60cm

①「受」が右自然体に組もうとするのに合わせて、「取」は左足を下げながら組む。
②さらに「取」は左足から継ぎ足で下がり、後退した右足で弧をえがきながら、右斜め後方へ足先が内側を向くように回り込む。
③体を左に開き、「受」が引き出しに応じて右足を進めようとしたとき、「取」は「受」の右足首に左足裏を当てて支え、
④左手を大きく強く引き、左後方に投げる。

●内股（うちまた）　間合い約60cm

①互いに右足を踏み出し右自然体に組む。そして左足前さばきの要領で「受」を右側方に回し、
②さらに左足前さばきの要領で「受」を右側方に回す。
③さらに同じ動作で、「受」の三歩めの左足を大きく回し込み、
④左足に体重が移ろうとするところを、
⑤「取」は右脚で「受」の左内股を払いあげて投げる。

2　柔の形

　柔の形は、攻撃防御の方法を、ゆるやかな動作で力強く、表現的・体育的に組み立てたもので、とくに女子柔道では、欠くことのできないものとして重視されている。
　柔の形は、第1教、第2教、第3教の3つに分類され、おのおの5本ずつ、計15本から成り立っている。

第1教　①突出（つきだし）　②肩押（かたおし）　③両手取（りょうてどり）　④肩廻（かたまわし）　⑤腮押（あごおし）

第2教　①切下（きりした）　②両肩押（りょうかたおし）　③斜打（ななめうち）　④片手取（かたてどり）　⑤片手挙（かたてあげ）

第3教　①帯取（おびとり）　②胸押（むねおし）　③突上（つきあげ）　④打下（うちおろし）　⑤両眼突（りょうがんつき）

ここでは、第1教5本の技について取り上げる。

(1) 礼から間合いまで

　正面に向いて「取」は右、「受」は左、互いに約3m（3間）離れる。

①正面の礼　呼吸を合わせて正面に立礼（①）。
②お互いの礼　立礼または座礼で行う（②）。
③構え　左足から一歩前に出て、自然本体に構える（③④）。
④間合い　取・受同時にあゆみ足で前進し、間合いに入る。
※「間合い」取と受の位置のことで、その位置から行動をおこすのに最も適当な距離のこと。
※形の終了したときの礼法は、はじめの礼法の逆順で終了する。

(2) 第1教
● 突出（つきだし）

① 「受」は右手の指をそろえて伸ばし、三歩めに「取」の烏兎（うと、両目の間のこと）に当たるように少しずつ挙げながら、右足から継ぎ足で進む。
② 「取」は顔を右に向けながら、右足を下げて体を右に開き、右手の四指を上にして、「受」の手首を握って引き出し、「受」を継ぎ足で進ませ、体を重ねる。
③ 「取」は左手で「受」の手首を、親指を上にして握り、右手を斜め上に、左手を斜め下に引き伸ばし、体を反らして「受」を真後ろに制する。
④ 「受」は左足を右足近くに引き寄せ、体を左へ、（「取」も呼応して右へ）ひねりながら両手首を握り返しながら、一回転する。
⑤ 「受」は「取」の背部と密着し、親指を上にして握り、体を反らして「取」を後方へ制する。
⑥ 「取」は体を右へ、（「受」は呼応して左へ）ひねりながら前の要領で両手を握り返しながら一回転する。
⑦ 「取」は前の要領で体を反らして、「受」をその後方へ制する。
⑧ 「取」は左手を「受」の左腕にそってすり上げ左肩を抑え、右手で「受」の右手を上方へ引き伸ばす。
⑨ 「取」は右足から一歩下がって自然本体となり、「受」を後方に崩して制する。「受」は左手で「参り」の合図をする
※ 「取」は左足から一歩前に出、「受」の体を元の姿勢に戻し、「取」も元に返る。

●肩押（かたおし）

「取」は正面を左にして自然本体で立つ。「受」は「取」の左後ろすみに立つ。

① 「取」「受」とも正面を左にし、「受」は右手の指先を上に、掌（てのひら）を前に向け肩の高さまで挙げる。
② 「受」は右手で「取」の右肩背部を押し、「取」の前屈にあわせ、「受」も体を曲げる。
③ 「取」は右足から小さく下がりながら、右手で「受」の右手を小指側から四指を握る。
④ 「受」は右足を軸にし、左足を進め体を右へ回し、左掌を上に「取」の烏兎を突きにいく。
⑤ 「取」は右足を後ろに下げて、左手で「受」の突いてきた左手を迎えるように、小指側から四指を握り、突いてきた方向へ引き出す。
⑥ 「取」は「受」の両手を引き上げ、真後ろに崩して制する。「受」は一方の足をわずかに下げ「参り」の合図をする。
※「取」は左足から一歩前に出、「受」の体を元の姿勢に戻し、「取」も元に返る。

●両手取（りょうてどり）　間合い約30cm

① 「受」は両手で「取」の手首を順手（親指を内側）で握る。
② 「取」は両手を後方に引き、「受」を前方に引き崩す。
③ 「取」は左足を小さく退いて体を左に開き、左手で「受」の右手首を下から握り返して、さらに右手を左斜め上に外し、右足、左足と回り込む。
④ 「取」は右手を「受」の右肘に当て、「受」の右腕を右脇下に抱きかかえる。「受」は左手を「取」の後ろ腰に当てる。
⑤ ④の角度を変えて。
⑥ 「受」を腰に乗せ、体を前屈して制する。「受」は両足をそろえて伸ばし挙げ、体を十分に反らして、左手で「参り」の合図をする。「取」は静かに「受」を下ろす。

● 肩廻（かたまわし）

「取」は正面を左にして自然本体で立つ。「受」は「取」の後ろ約一歩の間合いで自然本体で立つ。

① 「受」は両手を体にそわせて挙げ、右手を「取」の右肩背部、左手を左肩前部に当てる。
② 「受」は「取」を右手で押し、左手で引き、「取」を左へ回す。
③ 「取」は左足、右足、左足と踏みかえ左回りして「受」と向かい合い、左手の小指を上に、「受」の右肘あたりを内側から握り、引き出す。
④ 「取」は右足、左足と回り込み、右手を「受」の右脇下からいれて右肩に当てる。
⑤ 体を沈めて、一本背負いの形にして制する。
⑥ 「受」は両足をそろえて伸ばし、体を十分に反らし挙げた後、左手で「参り」の合図をする。

● 腮押（あごおし）

① 肩廻が終わった位置から、「取」は左足、右足と進める。
② ついで右足を軸にして左足を進め、右向きになる。
③ 「受」は三歩目に「取」の腮に当たるように、右手の親指を上にし、そろえて伸ばし、少しずつ挙げながら、右足から継ぎ足で進む。
④ 「取」は腮を引き、右手で「受」の右掌を下から握る。
⑤ 「取」は顔を左に回し、左踵を軸にして足先を左に向ける。
⑥ 「取」は「受」を引き出しながら、右足を左斜め前に一歩大きく踏み出す。さらに、右足を軸に「受」の右手の下をくぐって左に回転する。
⑦ 「受」が左手（掌を上）で烏兎をついてくるのを、左手で握る。
⑧ 「取」は左足を退き、「受」は右足を退いて後ろ向きになる。さらに「取」は両腕を後ろ上方へ十分に伸ばす。
⑨ 「取」は「受」の両手を押し下げ「受」の体を真後ろへ崩して制する。「受」は、一方の足をわずかに退いて「参り」の合図をする。

※以上で第一教が終了したので、「受」「取」ともはじめの位置に戻る。

3. 日本の「柔道」から世界の「JUDO」へ

　明治15（1882）年、東京下谷北稲荷町の永昌寺で誕生した柔道は、創始者嘉納治五郎の指導のもと、日本国内のみならず海外への普及にも力を入れ、現在では、国際連合加盟189カ国に匹敵する、183カ国が国際柔道連盟に加入している。嘉納師範がめざした「柔道」は、その高邁な理想を有しているとともに師範の献身的な努力により普及発展したのである。21世紀においても、さらに世界各地で広がりをみせるであろう。

　昭和31（1956）年第1回世界選手権大会が東京で開かれたが、その後、回を重ね、昭和55（1980）年には、女子の世界選手権大会が加わり、男子のスポーツと思われがちであった柔道における女子柔道の普及・発展に大きな影響を与えた。

　オリンピックでの登場は昭和39（1964）年東京大会からである。東京大会では無差別級でオランダのヘーシンク選手が金メダルを獲得し、柔道がすでに世界へ広がり、根づいていることを感じさせる大会であった。女子は昭和63（1988）年ソウル大会での公開競技として登場し、その後オリンピック競技として現在に至っている。

1. オリンピック柔道競技におけるメダル獲得数

〔男子〕

　表4は1964年東京、1972年ミュンヘン、1976年モントリオール、1980年モスクワ（日本不参加）、1984年ロサンゼルス、1988年ソウル、1992年バルセロナ、1996年アトランタ、2000年シドニー大会までの各国のメダル獲得数である。

　東京大会は4階級で始まったが、その後、6階級、8階級となり、現在の7階級になったのはソウル大会からである。体重区分はシドニー大会より、60kg級、66kg級、73kg級、81kg級、90kg級、100kg級、100kg超級になった。

〔女子〕

　1988年ソウル大会で公開競技としてスタートし、1992年バルセロナ、1996年アトランタ、2000年シドニー大会と回を重ねてきた。表4はこれまでの4大会における各国のメダル獲得数である。

　女子はソウル大会より7階級で競技が行われている。体重区分はシドニー大会より、48kg級、52kg級、57kg級、63kg級、70kg級、78kg級、78kg超級で実施されている。

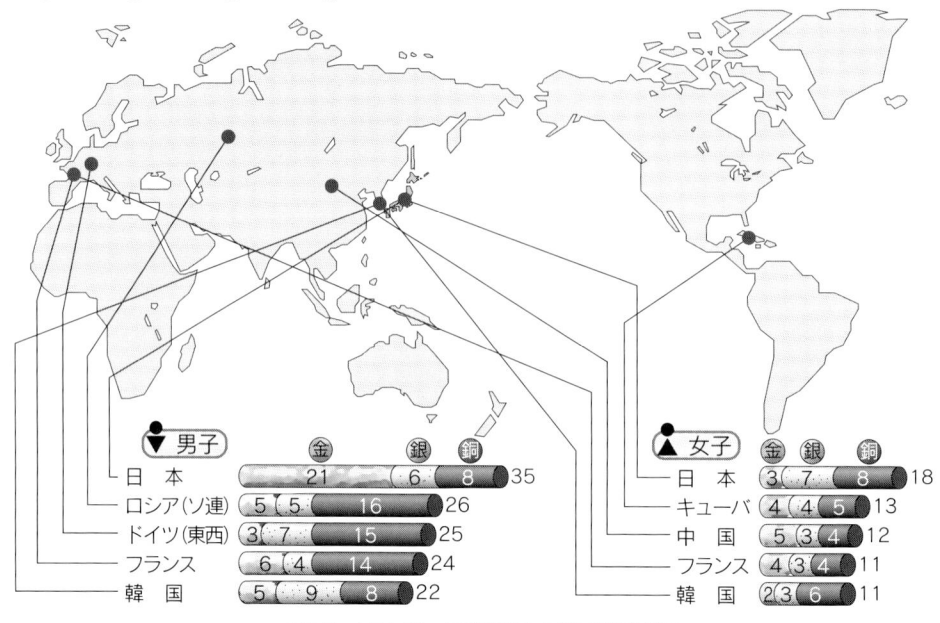

〔図4〕オリンピック柔道競技メダル獲得上位国

▼男子　金　銀　銅
- 日　本　21　6　8　35
- ロシア(ソ連)　5　5　16　26
- ドイツ(東西)　3　7　15　25
- フランス　6　4　14　24
- 韓　国　5　9　8　22

▲女子　金　銀　銅
- 日　本　3　7　8　18
- キューバ　4　4　5　13
- 中　国　3　5　4　12
- フランス　4　3　4　11
- 韓　国　2　3　6　11

〔表4〕 オリンピック柔道競技におけるメダル獲得数

●男子

	国名	金	銀	銅	計
アジア	日本	21	6	8	35
	韓国	5	9	8	22
	朝鮮民主主義人民共和国		2	2	4
	モンゴル		1	1	2
	ウズベキスタン		1		1
ヨーロッパ	オランダ	4		4	8
	ロシア(ソ連)	5	5	16	26
	フランス	6	4	14	24
	イタリア	2	2	2	6
	スイス	1	1	1	3
	ベルギー	1		3	4
	ドイツ(東西)	3	7	15	25
	オーストリア	2		2	4
	ポーランド	3	2	2	7
	ハンガリー	1	2	4	7
	グルジア	2		3	5
	イギリス		5	7	12
	ブルガリア		1	1	2
	スペイン		1		1
	ユーゴ			2	2
	チェコ			1	1

	国名	金	銀	銅	計
ヨーロッパ	ルーマニア			2	2
	アイスランド			1	1
	イスラエル			1	1
	キルギス			1	1
	トルコ	1			1
	ラトビア			1	1
	ベラルーシ			1	1
	ポルトガル			1	1
	エストニア			2	2
	ウクライナ			1	1
アメリカ	キューバ	1	3	3	7
	アメリカ		3	5	8
	ブラジル	2	3	3	8
	カナダ		2	2	4
	エジプト			1	1
	合計	60	60	120	240

●女子

	国名	金	銀	銅	計
アジア	日本	3	7	8	18
	韓国	2	3	6	11
	朝鮮民主主義人民共和国	1		1	2
	中国	5	3	4	12
ヨーロッパ	イギリス	2	2	2	6
	ドイツ			5	5
	ロシア		1	1	2
	ベルギー	2	1	4	7
	オランダ	1		3	4
	フランス	4	3	4	11
	スペイン	3		2	5
	イタリア		1	4	5
	イスラエル		1		1
	ポーランド		1	1	2
	トルコ			1	1
	ルーマニア			1	1
	オーストリア			1	1
	キューバ	4	4	5	13
	アメリカ		1	1	2
	オーストラリア	1		2	3
	合計	28	28	56	112

2. 世界の子どもたちに柔道衣を送ろう

IJF(世界柔道連盟)加盟183カ国では、柔道を真剣に学んでいる子どもたちが大勢います。立派な道場がなく、畳も満足にそろわなくても、マットや代用品で補い、柔道を続けている国もあります。

当然、わが国のようにきちんとした柔道衣を身につけて柔道を学んでいる子どもたちもいますが、それは経済的に恵まれた国の子どもたちです。アジア・アフリカなどの国々では、1着の柔道衣を皆で順番に着て、すり切れるまで練習している子どもたちがいます。

もし、柔道の授業が終わり、不要になる柔道衣があるようでしたら、ぜひ、そうした子どもたちへ送りましょう。

柔道衣のリサイクル運動に参加しましょう。

●送付方法

着払いによる。

通常、運送会社はヤマトもしくは佐川急便を使ってください。

●送付条件

・洗濯済みであること。

・学校単位(個人不可)で送ることとし、担当の先生が取りまとめてください。

●宛て先

筑波大学と東海大学の2ヵ所で受け付けています。

・〒305-8574 茨城県つくば市天王台1-1-1
　筑波大学体育科学系柔道研究室　中村良三先生
　Tel：0298-53-2725

・〒259-1207 神奈川県平塚市北金目1117
　東海大学体育学部柔道研究室
　Tel：0463-58-1211

●補足

・100着以上の寄付の場合は、IJFより柔道関係のビデオテープおよび感謝状が贈られます。

・寄付された柔道衣は、IJF5大陸の会長および教育委員の審議の後に各地域に贈られます。

最新　体育授業シリーズ

新しい柔道の授業づくり

©Motomura Kiyoto 2003　　　　　　　NDC 375　240 P　26cm

初版第1刷──2003年6月10日

編著者 ──	本村清人（もとむらきよと）
発行者 ──	鈴木一行
発行所 ──	株式会社 大修館書店
	〒101-8466　東京都千代田区神田錦町3-24
	電話 03-3295-6231（販売部）　03-3294-2358（編集部）
	振替 00190-7-40504
	［出版情報］http://www.taishukan.co.jp

装丁者 ──	中村友和（ROVARIS）
イラスト ──	イー・アール・シー
印刷所 ──	横山印刷
製本所 ──	三水舎

ISBN 4-469-26523-3　　　　　　Printed in Japan

Ⓡ本書の全部または一部を無断で複写複製（コピー）することは、
著作権上での例外を除き禁じられています。